# Beiträge zur Wirtschaftsinformatik

Kathrin Baumann

# Unterstützung der objektorientierten Systemanalyse durch Softwaremaße

Entwicklung eines meßbasierten Modellierungsratgebers

Mit 26 Abbildungen

Springer-Verlag Berlin Heidelberg GmbH

**Reihenherausgeber**
Werner A. Müller
Peter Schuster

**Autorin**
Dr. Kathrin Baumann
Karlsruhe

ISBN 978-3-7908-1018-9

Die Deutsche Bibliothek – CIP-Einheitsaufnahme
Baumann; Kathrin: Unterstützung der objektorientierten Systemanalyse durch Software-
masse: Entwicklung eines messbasierten Modellierungsratgebers / Kathrin Baumann. –

(Beiträge zur Wirtschaftsinformatik; Bd. 23)
ISBN 978-3-7908-1018-9    ISBN 978-3-662-13273-9 (eBook)
DOI 10.1007/978-3-662-13273-9

# Vorwort

Das vorliegende Buch entspricht meiner Inauguraldissertation, die unter dem Titel „Unterstützung der objektorientierten Systemanalyse durch Softwaremaße – Entwicklung eines meßbasierten Modellierungsratgebers" im Wintersemester 1996/1997 von der Fakultät für Betriebswirtschaftslehre der Universität Mannheim angenommen wurde.

Die Arbeit beschreibt die Entwicklung eines Werkzeugs, das den Entwickler zum frühestmöglichen Zeitpunkt, nämlich bereits während der objektorientierten Systemanalyse, systematisch bei der Überprüfung seiner Entwürfe unterstützen kann. Zur Identifikation möglicher Schwachstellen des Entwurfs werden Softwaremaße eingesetzt. Die Ergebnisse der Bewertung werden dem Entwickler zusammen mit nötigen Hintergrundinformationen und Hinweisen zur weiteren Vorgehensweise bereitgestellt, so daß er einerseits zur selbstkritischen, kontextspezifischen Überprüfung seines Entwurfs angeregt und andererseits bei der Anwendung anerkannter Modellierungsstrategien trainiert wird.

Ich danke meinem Doktorvater Herrn Prof. Dr. Dr. Martin Schader für die ausgezeichnete Betreuung. Seine konstruktive Kritik hat wesentlich zum Gelingen dieser Arbeit beigetragen. Für die Übernahme des Korreferats danke ich Herrn Prof. Dr. Joachim Niedereichholz.

Ferner danke ich den Mitarbeitern und Ehemaligen des Lehrstuhls für Wirtschaftsinformatik III der Universität Mannheim für ihre Unterstützung. Besonderer Dank gilt Herrn Axel Korthaus und Herrn Dr. Stefan Kuhlins für das mühevolle Korrekturlesen und Herrn Stefan Marx für seine Unterstützung bei technischen Problemen. Auch danke ich allen am MAOOAM-Projekt beteiligten Hilfskräften, Studien- und Diplomarbeitern für ihre engagierte Mitarbeit. Mein Dank gilt hier insbesondere Frau Dunja Winkens, Herrn Thomas Beier sowie Herrn Edgar Hövel.

Meinen Eltern verdanke ich vor allem den Tatendrang und die Möglichkeit zum Studium. Sie haben mich, wo immer es möglich war, nach Kräften unterstützt. Ganz besonders gilt mein Dank meinem Mann Michael, der mir auch in den schwierigsten Phasen mit viel Geduld zur Seite stand.

Karlsruhe, im Januar 1997 *Kathrin Baumann*

# Inhaltsverzeichnis

# 1. Einleitung

## Motivation und Ziele

Software dringt in immer mehr Lebensbereiche vor und dient der Lösung zunehmend komplexer Problemstellungen auch in sicherheitskritischen Bereichen. Die Abhängigkeit der Anwender von der Software steigt, und es wird wichtiger, sich auf die Qualität der Anwendungsprogramme verlassen zu können. Der Wunsch, die Qualität von Software objektiv zu bewerten, ist nur zu verständlich, wenn man bedenkt, welche Folgen mangelnde Qualität bzw. Fehlverhalten der Software haben kann: unnötige Kosten, materielle Schäden oder „nur" Vertrauensverlust bei den Anwendern und Kunden. So gibt es in der Informatik verschiedene Ansätze, quantifizierte Aussagen zu allen Aspekten der Softwareentwicklung bzw. der im Laufe des Entwicklungsprozesses entstehenden Softwareprodukte zu formulieren (vgl. z.B. Dumke (1992); Ejiogu (1991); Fenton (1993); Rombach (1984, 1990, 1991, 1993); Zuse (1991)). Zu den Softwareprodukten zählen dabei neben dem Quelltext auch alle im Laufe des Entwicklungsprozesses erstellten Dokumente (in diesem Sinne sind also auch Analyse- und Design-Dokumente Softwareprodukte).

Etwa seit Anfang der 70er Jahre wird versucht, mit Hilfe quantitativer Merkmale der betrachteten Produkte, Prozesse oder Ressourcen qualitative Eigenschaften zu bewerten oder deren spätere Ausprägung vorherzusagen. Die Vorschriften, nach denen die Merkmale erfaßt und ggf. verknüpft werden, bezeichnet man als Softwaremaße oder auch als Softwaremetriken. Gerade die Softwaremetrie, so wird die Wissenschaft des Messens und Bewertens von Software genannt, kann einen Beitrag zur Verbesserung der Wirksamkeit und Objektivität des im Zeichen der sog. Softwarekrise zunehmend wichtiger werdenden Softwarequalitätsmanagements leisten.

Hier liegt der Grund für die Aktualität der Thematik, die nicht nur an der Vielzahl der neueren Veröffentlichungen in diesem Bereich zu erkennen ist (vgl. u.a. Dumke et al. (1996); Daly et al. (1995); Günther et al. (1996); Henderson-Sellers (1995); Li et al. (1995); Lindermeier und Siebert (1995); Lorenz und Kidd (1994); Morschel und Getto (1996); Sneed und Rothhardt (1996); Thaller (1993); Wallmüller (1996)). Das wachsende Interesse am Einsatz von Softwaremaßen zeigt sich auch an der Gründung der OMG[1] Special Interest Group zum Thema Softwaremetriken

---

[1] Object Management Group

und der GI[2]-Arbeitskreise Softwaremetriken (GI-FG 2.1.6) und Qualitätsverbesserung (GI-FG 2.1.9).

Auch die objektorientierte Softwareentwicklung erfährt gegenwärtig eine wachsende Beachtung, und immer mehr Unternehmen wenden objektorientierte Techniken und Entwicklungsmethoden an. Unter anderem werden hiermit Hoffnungen auf die Verbesserung der Qualität der entstehenden Produkte verbunden (z.B. leichtere Änder- und Erweiterbarkeit, größere Flexibilität und Stabilität). Die objektorientierte Softwareentwicklung allein garantiert jedoch keinen Erfolg: Wichtig ist, daß der Entwickler die Konzepte der objektorientierten Softwareentwicklung verinnerlicht und zusätzlich als qualitätsfördernd anerkannte Eigenschaften von Entwürfen berücksichtigt.

Die Konzepte der objektorientierten Softwareentwicklung werden in der Literatur ebenso beschrieben wie Empfehlungen, die zur Erstellung guter Entwürfe beitragen sollen. Vor allem für weniger erfahrene Entwickler ist es von großem Nutzen, wenn sie bei der Überprüfung ihrer Entwürfe unterstützt werden. Softwaremaße, mit deren Hilfe Stellen oder Bereiche des Systementwurfs identifiziert werden können, die anerkannten Entwurfsempfehlungen widersprechen, können dabei als wertvolle Indikatoren eingesetzt werden. Aufbauend auf einer solchen zielgerichteten Untersuchung von Analysemodellen werden Handlungsvorschläge abgeleitet, die Entwickler bei der kontextspezifischen Überprüfung ihrer Entwürfe unterstützen, ohne die Kreativität der Entwickler einzuschränken.

Der Schwerpunkt der Betrachtung liegt deshalb sog. Produktmaßen, mit deren Hilfe Eigenschaften objektorientierter Softwareprodukte untersucht werden können. Hier soll nicht die Herleitung und Validierung neuer Softwaremaße im Mittelpunkt stehen, wie das beim überwiegenden Teil der Veröffentlichungen zum Thema Softwaremaße der Fall ist. Vielmehr sollen Softwaremaße als Hilfsmittel bei der praktischen Entwicklung begriffen werden.

Für die durchgängige und systematische Anwendung von Maßen zur Unterstützung des Entwicklers bei der objektorientierten Modellierung gibt es bisher erst wenige Ansätze. Die Autoren der gängigen objektorientierten Entwicklungsmethoden geben zwar in der Regel Hinweise, die zur Erstellung eines guten Entwurfs beitragen sollen (vgl. Booch (1994, 1994b); Coad und Yourdon (1991, 1991b); Rumbaugh *et al.* (1991); Schader und Rundshagen (1996); Shlaer und Mellor (1991); Yourdon (1994)). Die Erstellung einer wirkungsvollen „Modellkritik", die über die Prüfung von syntax- und konsistenzerhaltenden Regeln hinausgeht und mit deren Hilfe der Anwender explizit auf mögliche Schwachstellen und Fehlerquellen seines Entwurfs aufmerksam gemacht wird, ist jedoch nur ansatzweise verfügbar (vgl. Booch (1994, 1994b); Coad und Yourdon (1991, 1991b) und Kapitel 5).

Die in der Literatur für die objektorientierte Softwareentwicklung vorgeschlagenen Maße und Heuristiken sind teilweise durchaus dazu geeignet, die Entwickler bei der Modellierung zu unterstützen. Der Anwender steht jedoch zum einen vor dem

---

[2]Gesellschaft für Informatik

Problem, aus der Menge der verfügbaren die für ihn geeigneten Maße auszuwählen (vgl. Kuhlmann (1996a)). Zum anderen muß er die häufig recht allgemein definierten Maße auf seine speziellen Anforderungen zuschneiden (vgl. Kuhlmann (1994)). Hierzu müßte er sich jedoch ein eigenes Bewertungsmodell herleiten. Auch wenn die Ergebnisse einer Bewertung durch Softwaremaße jeweils kontextabhängig zu interpretieren sind und daher die Kenntnis des der Bewertung zugrundeliegenden Modells beim Anwender der Maße vorausgesetzt werden muß (vgl. z.B. Rombach (1990)), kann nicht von jedem Anwender die Herleitung eines eigenen Bewertungsmodells erwartet werden. Insbesondere Entwickler, die hinsichtlich der Güte ihres Entwurfs unsicher und daher an einer „Modellkritik" interessiert sind, wären mit einer solchen Aufgabe überfordert.

Die praktische Bedeutung eines Hilfsmittels, das den Entwickler bereits bei der Systemanalyse unterstützt, zeigt sich, wenn man die fundamentale Bedeutung der frühen Phasen der Softwareentwicklung für den Erfolg von Softwareentwicklungsprojekten bedenkt. Gerade während der frühen Phasen der Softwareentwicklung sind vielfältige Entscheidungen zu treffen, die sich stark auf das Gelingen des Entwicklungsprojekts, die Qualität des entstehenden Softwareprodukts und die entstehenden Kosten auswirken können. Der Entwickler (oder das Entwicklerteam) ist bei Entscheidungen zwischen Modellierungsalternativen jedoch häufig auf sich selbst bzw. sein eigenes Urteilsvermögen angewiesen. Das in dieser Arbeit entwickelte Konzept zur meßbasierten Bewertung objektorientierter Modelle kann zu einer Verbesserung der geschilderten Situation und so zu einer weiteren Etablierung der objektorientierten Softwareentwicklung beitragen.

Die Bewertung von Softwareprodukten durch Softwaremaße sollte wegen des entstehenden Aufwands und der Fehleranfälligkeit manueller Auswertungen mit Hilfe von entsprechenden Tools durchgeführt werden. Aus diesem Grunde schließt die Arbeit die Entwicklung des Prototyps *MEMOS* (*Me*ßbasierter *M*odellierungsratgeber für die *o*bjektorientierte *S*ystemanalyse) ein, der die Ermittlung der Bewertungsergebnisse und die Präsentation der Vorschläge und Hinweise, die den Entwickler bei der Überprüfung und Überarbeitung seines Entwurfs anleiten sollen, übernimmt. Da die objektorientierte Softwareentwicklung heute zunehmend durch CASE-Tools unterstützt wird, lag die Integration des Modellierungsratgebers in ein solches CASE-Tool nahe. Zur Auswertung der mit dem Bewertungsansatz verbundenen Softwaremaße wird das Repository des MAOOAM**Tool*s genutzt, welches die am Lehrstuhl für Wirtschaftsinformatik III entwickelte *M*annheimer *o*bjektorientierte *A*nalysemethode (MAOOAM) unterstützt.


## Gliederung der Arbeit

Die vorliegende Arbeit ist in sieben Kapitel gegliedert. Nachdem in Kapitel 2 die Grundlagen für den Einsatz von Softwaremaßen bereitgestellt werden und ein Überblick über den Stand der Forschung vermittelt wird, veranschaulicht Kapitel 3 die Notwendigkeit und die Vorgehensweise für die Herleitung von Bewertungsmodellen. Kapitel 4 motiviert, welche Eigenschaften von Softwareprodukten bei der Bewertung berücksichtigt werden sollen. Eine detaillierte Untersuchung dieser Eigenschaften schließt sich an mit dem Ergebnis, daß jeder Eigenschaft Softwaremaße für die Bewertung zugeordnet werden können. Eine Bewertung, die die Überprüfung des Entwurfs nahelegt, soll den Entwickler zunächst dazu anregen, sich mit den bewerteten Eigenschaften intensiv auseinanderzusetzen. Dies kann jeweils durch verschiedene Argumente motiviert werden. Es ist außerdem sinnvoll, dem Entwickler Hinweise zu geben, die ihn bei der Überarbeitung seines Entwurfs unterstützen. Kapitel 4 enthält daher zu jeder bewerteten Eigenschaft eine Zusammenstellung verschiedener Gesichtspunkte und Hinweise.

Für die automatische Unterstützung des so formulierten Bewertungskonzepts wird in Kapitel 5 das Werkzeug MEMOS konzipiert. Die Arbeitsweise von MEMOS zeigt sich in Kapitel 6 anhand einer Fallstudie. Die Arbeit endet mit einer abschließenden Bewertung der Untersuchungen und einem Ausblick auf künftige Aufgabenstellungen.

# 2. Softwaremaße

Dieses Kapitel soll in das Gebiet der Softwaremetrie einführen und die Anwendung von Softwaremaßen motivieren. Es beginnt mit einer kurzen Einführung über das Messen von Software und einer Betrachtung der Vorteile und Grenzen des Einsatzes von Softwaremaßen.

Anschließend wird ein Überblick über den Stand der Forschung in bezug auf Softwaremaße für die objektorientierte Softwareentwicklung gegeben. Es zeigt sich, daß die Softwaremetrie ein Gebiet aktuellen Interesses ist, wobei sehr unterschiedliche Forschungsschwerpunkte behandelt werden. Dem Einsatz von Softwaremaßen während der Systemanalyse wird bisher jedoch nur wenig Aufmerksamkeit gewidmet.

## 2.1  Das Messen von Software

Beim Messen und Bewerten der Eigenschaften von Softwareprodukten, -prozessen oder eingehenden Ressourcen kann nicht auf so fundierte Erkenntnisse zurückgegriffen werden, wie dies etwa beim Messen physikalischer Größen der Fall ist (hier ist der Zusammenhang zwischen zu messender Größe und Meßwert eindeutig und allgemein anerkannt). Wie Software dennoch mit Hilfe von Softwaremaßen bewertet werden kann, soll in diesem Abschnitt geschildert werden. Die Ausführungen lehnen sich an Fenton (1993) an.

Allem Messen geht eine empirische Beobachtung, ein intuitives Verständnis voraus. Wo die beschriebenen Relationen noch nicht als allgemein anerkannt gelten können, handelt es sich daher bei der Bewertung durch Softwaremaße um subjektive Einschätzungen, die sich beispielsweise durch Expertenbefragungen ergeben können. Kann eine allgemeine Übereinstimmung über die bewerteten Eigenschaften erzielt werden, so ist dies eine Basis, auf der „echtes" Bewerten möglich wird. Eines der größten Probleme der Softwaremetrie ist es, derartige Übereinstimmungen zu erzielen und sicherzustellen, daß die durch Softwaremaße nahegelegte Bewertung im Einklang zu dieser Einschätzung steht.

Voraussetzung einer jeden Bewertung ist also eine klare Vorstellung von der betrachteten Eigenschaft und der Menge von Softwareprodukten oder -prozessen $\mathcal{P}$, die bez. des Besitzes dieser Eigenschaft charakterisiert werden sollen. Diese Vorstellungen werden durch eine Menge *empirischer Relationen* $\mathcal{R}$ dargestellt, die zusammen mit der Menge der betrachteten Softwareprodukte oder -prozesse ein *empirisches Relationensystem* $\mathcal{E} = (\mathcal{P}, \mathcal{R})$ ergibt.

Sobald ein empirisches Relationensystem für die interessierende Eigenschaft identifiziert werden konnte, ist es notwendig, ein „Zahlensystem" zu finden, in das die Menge der Softwareprodukte oder -prozesse abgebildet werden kann. Daher wird ein numerisches Relationensystem benötigt, welches mit dem empirischen Relationensystem korrespondiert. Meist besteht ein *numerisches Relationensystem* $\mathcal{N}$ aus einer Menge $\mathcal{M}$ von Zahlen und einer Menge $\mathcal{S}$ von Relationen, die für die Elemente der Menge $\mathcal{M}$ gelten: $\mathcal{N} = (\mathcal{M}, \mathcal{S})$.

Ein Maß für die zu bewertende Eigenschaft ist eine Abbildung $\mu$, die das empirische Relationensystem $\mathcal{E}$ in ein numerisches Relationensystem $\mathcal{N}$ abbildet. Das bedeutet, daß die Elemente von $\mathcal{P}$ auf Elemente der Menge $\mathcal{M}$ (meist gilt $\mathcal{M} = \Re$) abgebildet werden und zusätzlich alle Relationen $\mathcal{R}$ durch Relationen aus $\mathcal{S}$ erhalten werden (*Repräsentationsbedingung*):

$$\forall \prec_e \in \mathcal{R} \quad \exists_1 \prec \in \mathcal{S} \quad : \quad \forall P, Q \in \mathcal{P} : P \prec_e Q \Leftrightarrow \mu(P) \prec \mu(Q)$$

Die Meßtheorie wird zwar in den folgenden Ausführungen berücksichtigt und trägt auch zur Definition der für die Beschreibung der Softwaremaße im Anhang C gewählten Klassifizierung bei. Dennoch steht sie nicht im Mittelpunkt der in dieser Arbeit durchgeführten Untersuchungen und wird daher nicht eingehender behandelt. Der interessierte Leser sei auf Fenton (1993); Pfanzagl (1964, 1971) oder Steyer und Eid (1993) verwiesen.

Obwohl es sich bei Softwaremaßen nur selten um Maße oder Metriken im mathematischen Sinne handelt, und die Anwendung von Softwaremaßen keine Messung im üblichen Sinne darstellt, wird in dieser Arbeit von Softwaremaßen und auch von Meßwerten gesprochen. Diese Bezeichnungen sind in der Literatur gebräuchlich.

## 2.2  Vorteile und Grenzen der Bewertung

Der Einsatz von Softwaremaßen kann vielfältige Vorteile mit sich bringen. Folgende Ziele können mit der Anwendung von Softwaremaßen verfolgt werden:

- Durch eine Bewertung kann überprüft werden, inwieweit einmal gestellte Qualitätsanforderungen erfüllt wurden. (Dies gilt nur, wenn ein objektiver Bewertungsansatz gefunden werden kann.)

- Eine Bewertung bereits erstellter oder noch zu erstellender Softwareprodukte kann Hilfestellung bei Entscheidungen, die für die Projektplanung oder das Entwicklungsmanagement zu treffen sind, leisten. So können Softwaremaße zur Einschätzung des notwendigen Aufwands, der zu erbringenden Kosten und des Personalbedarfs herangezogen werden.

- Ein möglichst frühzeitiges Aufzeigen von Schwachstellen im Systemdesign, die Beurteilung der Auswirkungen neuer Techniken oder Tools auf die Produktivität der Entwickler oder auf die Qualität des entwickelten Produkts sowie die Überprüfung der Einhaltung festgelegter Designstandards sind weitere mögliche Einsatzfelder für Softwaremaße (vgl. z.B. Chidamber und Kemerer (1991); Henry und Kafura (1981); Rombach (1984)).

- Darüber hinaus ist der Einsatz von Softwaremaßen Teil umfassender Konzepte zum Softwarequalitätsmanagement. Softwaremaße bzw. die zugehörigen Meßergebnisse tragen zunächst dazu bei, die betrachteten Produkte oder Prozesse besser zu verstehen oder hinsichtlich interessierender Eigenschaften zu bewerten. Die so gewonnenen Erkenntnisse dienen dazu, gezielte Verbesserungsvorschläge zu erarbeiten, deren Erfolg wiederum mit Hilfe von Softwarewaremaßen kontrolliert werden kann (vgl. hierzu z.B. Thaller (1993); Wallmüller (1995)).

Wie bereits betont, liegt der Schwerpunkt hier auf der Untersuchung des Einsatzes von Softwaremaßen zur Unterstützung des Entwicklers. Die Erarbeitung eines durchgängigen Bewertungskonzepts legt es nahe, die verschiedenen Kritikpunkte, die immer wieder gegen den Einsatz von Softwaremaßen vorgebracht werden, einer genaueren Prüfung zu unterziehen und zu überlegen, wie diesen Kritikpunkten wirkungsvoll begegnet werden kann:

- Häufig wird angeführt, daß Softwaremaße keine wirklich objektive Bewertung ermöglichen, weil die für ein Softwareprodukt wünschenswerten oder erforderlichen Eigenschaften mit den Bedürfnissen und Prioritäten der zukünftigen Anwender bzw. der Auftraggeber variieren und die allgemeingültige Definition oder Interpretation der Maße damit in Frage gestellt wird (vgl. Boehm *et al.* (1978)). Bei der Bewertung von Softwareprodukten oder des Softwareentwicklungsprozesses ist jedoch zu berücksichtigen, daß sich die Entwicklung von Software als kreativer Prozeß vollzieht, der sich nicht vollständig formalisieren bzw. durch Modelle in eindeutiger Weise beschreiben läßt. Durch die für ein konkretes Entwicklungsprojekt geltenden Rahmenbedingungen wird jedes einzelne Projekt zum Individualprojekt, das sich in derselben Form nur sehr selten wiederholen läßt (vgl. z.B. Wallmüller (1995)). Die Bewertung durch Softwaremaße und die Interpretation der Meßergebnisse muß daher an die im konkreten Fall geltenden Rahmenbedingungen angepaßt werden. Sofern es sie überhaupt gibt, weiß man über die bestehenden allgemeingültigen Zusammenhänge zwischen Qualitätseigenschaften und einfachen, quantitativen Merkmalen noch zu wenig, um Maße definieren zu können, die unter allen Rahmenbedingungen zuverlässige Aussagen liefern.

Das in dieser Arbeit vorgestellte Bewertungskonzept zielt nicht darauf ab, eine allgemeingültige Bewertung von Systementwürfen vorzunehmen und so für eine Klassifizierung von Entwürfen in „gute" und „schlechte" Entwürfe zu sorgen. Vielmehr soll der Entwickler durch die Bewertungsergebnisse dazu angeregt werden, sich mit allgemein anerkannten Entwurfsprinzipien auseinanderzusetzen. Auf der Basis der Meßergebnisse ermittelte Hinweise unterstützen ihn dabei, seinen Entwurf kritisch zu hinterfragen. Das Erfahrungswissen und die Kreativität des Entwicklers wird auf diese Weise nicht eingeschränkt, sondern explizit gefordert.

- Die Hauptschwierigkeiten bei der Bewertung von Softwareprodukten liegen neben dem individuellen Charakter der Softwareentwicklungsprojekte darin begründet, daß viele der zu bewertenden Eigenschaften nicht direkt meßbar sind. Durch Softwaremaße werden verschiedene quantifizierbare Merkmale berücksichtigt. Andere, oft wichtige, aber schwer quantifizierbare Einflußfaktoren bleiben aber unberücksichtigt. Hierbei kann es sich beispielsweise um allgemeine organisatorische und technische Rahmenbedingungen oder um menschliche Einflußfaktoren (etwa den Grad der Erfahrung der einzelnen Teammitglieder mit der Aufgabenstellung oder der zur Verfügung stehenden Entwicklungsumgebung, die Arbeitsatmosphäre oder die Motivation der beteiligten Entwickler) handeln (vgl. u.a. Rombach (1984)). Es ist jedoch in der Regel unmöglich, alle Rahmenbedingungen und Einflußfaktoren, die die Ausprägung von Eigenschaften der Softwareprodukte oder -prozesse beeinflussen könnten, in gleicher Weise zu berücksichtigen. Softwaremaße müssen vor allem einfach und intuitiv einsichtig sein, so daß die Bewertungsergebnisse sinnvoll interpretiert werden können. Werden zu viele Faktoren innerhalb eines Softwaremaßes verknüpft, so führt dies schnell zu überkomplexen und schwer interpretierbaren Softwaremaßen (ein Beispiel hierfür ist das von Chen und Lu (1993) vorgeschlagene Maß).

  Diese Überlegungen legen es nahe, Softwaremaße nicht mit dem Absolutheitsanspruch anzuwenden, der ihnen in der Literatur häufig zugeschrieben wird. Vielmehr ist die Ergänzung oder Kommentierung einer durch Softwaremaße erfolgten Bewertung durch kontextspezifische Informationen wichtig. In dieser Arbeit wird der Entwickler im Anschluß an die Bewertung explizit dazu angeregt, die Kontextinformationen, eigene Erfahrungen oder kreative Ansätze bei der Überprüfung seines Entwurfs einzubringen. Die Bewertung durch Softwaremaße liefert hierzu den Ausgangspunkt, jedoch ohne den Entwickler zu reglementieren.

- Viele Softwaremaße sind erst spät im Rahmen der Softwareentwicklung einsetzbar, weil sie auf Merkmalen beruhen, die erst nach der Implementation bestimmt werden können. Dies steht dem Wunsch entgegen, Fehler oder Schwächen im Design möglichst frühzeitig aufzudecken.

  Im Rahmen dieser Arbeit werden Softwaremaße eingesetzt, die bereits während der objektorientierten Systemanalyse angewendet werden können.

- Ein weiterer Einwand, der oft gegen den Einsatz von Softwaremaßen vorgebracht wird, ist, daß die Ermittlung von Softwaremaßen einen für den praktischen Einsatz zu hohen Aufwand erfordert. Ein Beispiel für ein Maß, für dessen Anwendung im voraus ein nicht unerheblicher Aufwand zu erbringen ist, wird von Henderson-Sellers (1991b, 1993) beschrieben. Bevor das Maß angewendet werden kann, ist eine (subjektive) Einschätzung des Aufwands für die Erstellung wiederverwendbarer Komponenten in Zeit- oder Kosteneinheiten vorzunehmen, die dann als Parameter in die Ermittlung der Meßergebnisse eingeht.

Einen hohen Aufwand erfordert jedoch nur der Einsatz solcher Softwaremaße, die sich nicht anhand von automatisch auswertbaren Merkmalen der Softwareprodukte bestimmen lassen. Im Rahmen dieser Arbeit kommen nur einfache Softwaremaße zum Einsatz; eine Bewertung könnte manuell erfolgen. Die Arbeit umfaßt jedoch die Konzeption und Entwicklung des Werkzeugs *MEMOS*, welches die verwendeten Softwaremaße automatisch anwendet.

- Softwaremaße erfüllen nur selten die aus mathematischer Sicht an ein Maß oder eine Metrik zu stellenden Anforderungen (vgl. auch Browne und Shaw (1981); Ejiogu (1991)).

  Diese Tatsache muß bei der Interpretation der Meßergebnisse und bei der Anwendung von Rechenoperationen wie beispielsweise des arithmetischen Mittels berücksichtigt werden.

- Zusätzlich ist es nicht leicht, aus der Menge der verfügbaren Softwaremaße Maße auszuwählen, die den Bedürfnissen der eigenen Auswertung gerecht werden. Zum einen sehen sich (potentielle) Anwender von Softwaremaßen einer wachsenden Zahl von in der Literatur vorgeschlagenen Softwaremaßen gegenüber, die zusätzlich in sehr unterschiedlicher Art und Weise präsentiert werden. Vielfach wird der Anwender mit einfachen, häufig ungenauen und interpretierbaren Definitionen von Softwaremaßen allein gelassen (vgl. Kuhlmann (1994) über einige Softwaremaße für die objektorientierte Softwareentwicklung); nur in seltenen Fällen liegt die ausdrückliche Formulierung des zugehörigen Meßmodells vor (vgl. Dumke und Zuse (1994)). Der Aufwand, der durch eine umfassende Untersuchung der verfügbaren Quellen entsteht, ist nicht vertretbar. Auf diese Weise läßt sich das Phänomen erklären, daß viele Autoren „eigene" Maße auf eigene Art und Weise definieren und dabei gleiche Maße von unterschiedlichen Autoren mit nicht unerheblichem Aufwand hergeleitet, definiert, beschrieben und getestet werden. Zusätzlich besteht kein Konsens darüber, welche Softwaremaße zur Bewertung welcher Eigenschaft besonders gut geeignet sind.

  Bibliotheken oder Kataloge, die den Anwender bei der Suche nach für ihn geeigneten Softwaremaßen unterstützen, sind daher von entscheidender Bedeutung für den Erfolg der Softwaremetrie (vgl. auch Kuhlmann (1996*a*)). Das in dieser Arbeit entwickelte Werkzeug MEMOS enthält eine Katalogkomponente (vgl. Kapitel 5), die es interessierten Anwendern ermöglicht, sich auf einfache Weise einen Überblick über die verfügbaren Softwaremaße zu verschaffen.

- Eine weitere Schwierigkeit beim Einsatz von Softwaremaßen sind die häufig zu beobachtenden Akzeptanzprobleme. Gründe hierfür sind der zusätzlich entstehende Aufwand für die Erfassung der erforderlichen Daten, sowie die Furcht vor einer Einschränkung der Entwicklungskreativität oder vor der persönlichen Leistungsmessung (vgl. Möller und Paulish (1993)).

  Die hier genannten Probleme liegen weniger in den Softwaremaßen selbst als vielmehr in der Praxis ihrer Anwendung begründet. Akzeptanzprobleme sind hier nicht zu erwarten, da Softwaremaße ausdrücklich als Hilfsmittel für die Entwickler verstanden werden und nicht zur Beurteilung des Entwicklers durch Dritte.

- Wie bereits die Ausführungen in Abschnitt 2.1 zeigen, sind Softwaremaße abhängig von der Gültigkeit der zugrundeliegenden Modelle, da ein direktes Messen der Eigenschaften von Softwareprodukten oder des Softwareentwicklungsprozesses nur selten möglich ist. Die Meßergebnisse eines (indirekten) Softwaremaßes können ohne ein entsprechendes Modell jedoch nicht sinnvoll interpretiert werden (vgl. Fenton (1993); Rombach (1981)). Zu den in der Literatur vorgeschlagenen Softwaremaßen wird das zugehörige Meßmodell jedoch nur in seltenen Fällen sorgfältig formuliert, was vor allem bei komplizierteren Maßen zu zusätzlichen Akzeptanzproblemen führt. Die Ergebnisse des Einsatzes von Softwaremaßen, deren Zweck von den Entwicklern nur schwer nachvollzogen werden kann, werden eher skeptisch aufgenommen und nur schwerlich akzeptiert (vgl. hierzu Bhandari *et al.* (1993)).

  Die Anwendung eines Softwaremaßes induziert automatisch eine Rangordnung auf den empirischen Objekten (in diesem Fall also auf den objektorientierten Softwareprodukten). Diese Rangordnung muß jedoch nicht notwendigerweise dem intuitiven Verständnis des Anwenders entsprechen. Ein explizites Formulieren der induzierten Rangordnung ist daher einerseits wichtig, um Fehlinterpretationen zu vermeiden (vgl. auch Fetcke (1995)) und andererseits erforderlich, um sicherzustellen, daß das zur Bewertung gehörige Meßmodell mit den Vorstellungen des Anwenders übereinstimmt. Nur wenn der Bewertungsansatz ausdrücklich formuliert wird, ist der Anwender in der Lage, die induzierte Rangordnung zu akzeptieren oder sie für seine Belange zu verwerfen.

  In dieser Arbeit werden einfache Softwaremaße zur Überprüfung von Eigenschaften eingesetzt, die allgemein als qualitätsfördernd anerkannt sind. Zu jedem Softwaremaß wird der zugehörige Bewertungsansatz formuliert. Außerdem wird das Bewertungswerkzeug *MEMOS* so flexibel gestaltet, daß erfahrenere Anwender die Zuordnung der Softwaremaße auf ihre eigenen Bedürfnisse und Wünsche zuschneiden können (vgl. hierzu die Ausführungen in Kapitel 5).

Insgesamt wird deutlich, daß die Definition von Softwaremaßen und die Durchführung von Messungen meist nicht schwierig sind. Als problematisch ist vielmehr das

Identifizieren quantifizierbarer Eigenschaften, die sinnvoll zu einer Bewertung herangezogen werden können, anzusehen (vgl. hierzu auch Buth (1991)). Nach Hausen *et al.* (1987) beruhen die Probleme bei der Bewertung von Software u.a. auf einer uneinheitlichen und unzureichenden Meßtheorie für Software. Den hierdurch erschwerten Zugang zur Softwaremetrie können umfassende, zielgerichtete Konzepte, die für die systematische Anwendung von Softwaremaßen erarbeitet werden, vereinfachen.

Die in diesem Abschnitt durchgeführten Betrachtungen zeigen außerdem, daß den meisten Kritikpunkten, die gegen den Einsatz von Softwaremaßen vorgebracht werden, durch ein bewußtes Anwenden der Maße wirkungsvoll begegnet werden kann. Verschiedene Berichte vom Einsatz von Softwaremaßen in der Praxis liefern darüber hinaus teilweise sehr vielversprechende Ergebnisse (vgl. etwa Grady (1990); Günther *et al.* (1996); Möller und Paulish (1993); Lorenz und Kidd (1994); Rombach (1990); Seibt (1987); Sneed und Rothhardt (1996)).

## 2.3 Softwaremaße und Objektorientierung

In dieser Arbeit wird die Anwendung von Softwaremaßen bei der objektorientierten Softwareentwicklung untersucht. Daher stellt sich die Frage, welche Softwaremaße hierfür zur Verfügung stehen, bzw. ob die bei der herkömmlichen Softwareentwicklung verwendeten Maße bei der objektorientierten Softwareentwicklung einsetzbar sind. Unter der „herkömmlichen" Softwareentwicklung wird im folgenden die strukturierte Softwareentwicklung verstanden, wie sie beispielsweise von DeMarco (1979); Yourdon und Constantine (1979) und Myers (1978) beschrieben wird. Bekannte Beispiele herkömmlicher Softwaremaße sind das Maß „Lines of code", welches von verschiedenen Verfassern vorgeschlagen wird, die „Software Science Maße" von Halstead (1977) oder die „Zyklomatische Zahl" von McCabe (1976).

Die Meinungen zum Einsatz „herkömmlicher" Softwaremaße für die Bewertung objektorientierter Softwareprodukte oder des objektorientierten Softwareentwicklungsprozesses gehen auseinander (vgl. Henderson-Sellers (1991, 1991b); McCabe und Watson (1994); Taylor (1993); Tegarden *et al.* (1992)). Es herrscht jedoch überwiegend die Ansicht vor, daß herkömmliche Maße nicht oder nur bedingt einsetzbar sind, da sie wesentliche Aspekte des objektorientierten Ansatzes unberücksichtigt lassen. Hierzu zählen insbesondere die verstärkte Betonung der Analyse und des Designs bei der objektorientierten Softwareentwicklung, der Aufbau von Systemen aus einzelnen, voneinander unabhängigen, selbständig miteinander kommunizierenden Einheiten, die langfristige Ausrichtung des objektorientierten Ansatzes (bessere Wart-, Änder- und Erweiterbarkeit, langfristige Einsparungen durch Wiederverwendbarkeit), der iterative inkrementelle Entwicklungsprozeß und die „neuen" Gestaltungsmöglichkeiten, die sich durch Vererbung, Polymorphismus und spätes Binden ergeben. So wird es verständlich, daß verschiedene Autoren Maße hergeleitet haben, die speziell auf objektorientiert entwickelte Softwareprodukte angewendet werden sollen (siehe u.a. Abschnitt 2.4).

Häufig handelt es sich dabei um sehr einfache Maße, die auf direkt quantifizierbaren Merkmalen der Softwareprodukte beruhen. Die Zahl der Quellen, in denen immer neue Softwaremaße für die Bewertung objektorientierter Software vorgeschlagen und mit unterschiedlichen Zielsetzungen auf verschiedene Weise eingesetzt werden, wächst. Da es für den Entwurf neuer Softwaremaße kaum Standards gibt, sind der Entwicklung hier keine Grenzen gesetzt.

## 2.4  Literaturübersicht

Die wichtigsten Ergebnisse einer ausführlichen Literaturrecherche zum Thema Softwaremaße und objektorientierte Softwareentwicklung werden im folgenden vorgestellt. Eine ausführliche Betrachtung der genannten Veröffentlichungen würde den Rahmen dieser Arbeit sprengen, so daß für weiterführende Informationen auf die Originalquellen verwiesen wird. Die Literaturübersicht vermittelt einen Eindruck davon, wie vielfältig die Veröffentlichungen zum Thema Softwaremaße in der objektorientierten Softwareentwicklung sind.

- Viele Autoren stellen neue Maße für die objektorientierte Softwareentwicklung vor, etwa Chidamber und Kemerer (1991, 1994), dazu Churcher und Shepperd (1995); Chen und Lu (1993); Henderson-Sellers (1991, 1991b, 1993); Hitz und Montazeri (1995, 1995b); Hitz (1996); Kain (1994); Kolewe (1993b); Laranjeira (1990); Li und Henry (1993); Lieberherr *et al.* (1988), Lieberherr und Holland (1989), siehe hierzu auch Sakkinen (1989); Martin (1995); Moreau und Dominick (1989); Morris (1989); Rains (1991); Rajaraman und Lyu (1992); Whitmire (1993); Williams (1994). Die hinführenden Überlegungen werden hierbei mit sehr unterschiedlicher Ausführlichkeit dargelegt. Andere Autoren listen vorhandene Maße verschiedener Autoren auf und ordnen sie nach unterschiedlichen Kriterien, u.a. Abreu und Carapuca (1994); Kuhlmann (1996*a*) und Taylor (1993).

  Gerade die Vielzahl der genannten Quellen hat die Erstellung eines umfassenden Konzepts zur Anwendung von Softwaremaßen motiviert. Die meisten der Autoren betrachten einzelne oder wenige Maße, um ganz bestimmte Eigenschaften ausgewählter Softwareprodukte zu untersuchen. Da jedoch jedes Softwaremaß naturgemäß nur eine Auswahl der relevanten Faktoren berücksichtigen kann, ist es naheliegend, mehrere Softwaremaße heranzuziehen, um ein umfassenderes Bild der Eigenschaften eines Softwareproduks zu gewinnen. (Auch Rombach und Basili (1987) vertreten eine solche mehrdimensionale Bewertung.)

  Die genauere Betrachtung der genannten Quellen zeigt außerdem, daß die vorgeschlagenen Softwaremaße überwiegend anhand des Quelltextes bestimmt werden sollen. Einige der Maße können zwar wegen der Durchgängigkeit der objektorientierten Softwareentwicklung auch in der objektorientierten Analyse eingesetzt werden, sind jedoch ursprünglich nicht dafür vorgesehen.

- Es wurden bisher zahlreiche Softwaremaße vorgeschlagen, mit deren Hilfe der Einfluß, den die Objekttechnologie tatsächlich auf die Qualitätseigenschaften der entwickelten Produkte hat, untersucht werden kann. Tatsächlich lassen sich Aussagen, die der Objekttechnologie Vorteile im Hinblick auf die relevanten Qualitätseigenschaften (teilweise im Vergleich zur herkömmlichen Softwareentwicklung) zuschreiben, zwar meist theoretisch begründen, es gibt jedoch vergleichsweise wenige Studien, die die unterstellten Zusammenhänge validieren. Ausnahmen bilden die detaillierten Untersuchungen von und Henry und Humphrey (1993); Lewis *et al.* (1991); Li und Henry (1993) sowie Li *et al.* (1995); Mancl und Havanas (1990); Rising und Calliss (1994); Sharble und Cohen (1993).

  Ein Grund dafür, daß bisher relativ wenige Ergebnisse über durchgeführte Studien veröffentlicht wurden, dürfte der hohe Aufwand sein, der mit der Durchführung derartiger Studien verbunden ist. Ein weiterer Grund ist in der Tatsache zu suchen, daß bisher noch relativ wenige objektorientiert entwickelte Systeme längerfristig im Einsatz sind, die Gegenstand von Studien unter realen Bedingungen sein könnten.

- Meßtheoretische Abhandlungen über den Einsatz von Softwaremaßen bei der objektorientierten Softwareentwicklung veröffentlichten beispielsweise Buth (1991); Dumke und Zuse (1994); Fetcke (1995) und Zuse (1994).

- Veröffentlichungen, die vom praktischen Einsatz nicht selbst entworfener Softwaremaße berichten, und im vorangegangenen noch nicht genannt wurden, sind relativ selten. Vgl. hierzu IBM (1993) oder Lorenz und Kidd (1994).

- Besonders interessant ist der Einsatz von Softwaremaßen im Rahmen umfassender Konzepte des Qualitätsmanagements, wozu auch die Einführung systematischer Meß- und Bewertungsprogramme gehört.

  Obwohl es sich um ein sehr interessantes Gebiet handelt[1], gibt es kaum Veröffentlichungen, die sich auf den Einsatz objektorientierter Softwaremaße stützen (eine Ausnahme bildet Baumann und Schader (1996)). Die Gründe hierfür liegen darin, daß nur wenige Unternehmen entsprechende Meß- und Bewertungsprogramme durchführen und anschließend bereit sind, die Ergebnisse zu veröffentlichen. Noch kleiner ist die Zahl derjenigen Unternehmen, die zusätzlich auch noch objektorientiert entwickeln.

## 2.5  Softwaremaße für Entwickler

Bisher beschäftigen sich nur wenige Berichte mit dem Einsatz von Softwaremaßen zur Unterstützung des Entwicklers (vgl. z.B. Erni (1996); Liggesmeyer (1993); Mor-

---

[1]Siehe beispielsweise Günther *et al.* (1996); Henderson-Sellers (1995); McGregor (1995); Sneed und Rothhardt (1996) und Wallmüller (1995) (auch wenn sich die genannten Autoren nicht mit der objektorientierten Softwareentwicklung beschäftigen).

schel (1994, 1995)). Die wenigen verfügbaren Veröffentlichungen beziehen sich dabei durchweg auf die Anwendung von Softwaremaßen auf Quelltexte (sog. Codemaße), wobei sich nur die Arbeiten von Erni (1996) und Morschel (1994, 1995) auf die objektorientierte Programmierung beziehen.

Liggesmeyer (1993) entwickelte ein Werkzeug, welches Anwender bei der Ermittlung geeigneter Prüfstrategien für Softwarekomponenten unterstützt. Die zu prüfenden Komponenten werden u.a. mit Hilfe von Codemaßen untersucht, um schließlich eine geeignete Prüfstrategie vorzuschlagen. Das Werkzeug ist für die Anwendung auf herkömmlich entwickelte Softwarekomponenten zugeschnitten und demonstriert einen Weg, Softwaremaße zur Unterstützung des Entwicklers einzusetzen.

Morschel (1995) konzipierte ein Tutorsystem, das die Ausbildung in objektorientierter Programmierung unterstützen soll. Teil des Tutorsystems ist eine Kritikkomponente, die unter Anwendung von sechs Codemaßen vom Anwender erstellte Programme analysiert. Bei Bedarf wird in die angemessene Lektion innerhalb der Lernumgebung verzweigt, so daß dem Lernenden aktiv Gelegenheit gegeben wird, Wissensdefizite aufzuarbeiten. Softwaremaße werden so als Hilfsmittel eingesetzt, um den Kenntnisstand der Entwickler einzuschätzen und die Präsentation des zu vermittelnden Wissens an die Bedürfnisse des Lernenden anzupassen.

Erni (1996) präsentiert einen Ansatz zur Anwendung von zwölf Softwaremaßen, die zu sog. Multimetriken zusammengefaßt werden und mit deren Hilfe die Einhaltung verschiedener Entwurfsregeln bei der objektorientierten Programmierung kontrolliert werden kann (vgl. hierzu auch Erni und Leverentz (1995b)). Die Anwendung der Methode auf ein industriell entwickeltes Framework konnte wichtige Hinweise für Verbesserungsvorschläge liefern.

Die Arbeiten von Liggesmeyer (1993), Morschel (1995) und Erni (1996) zeigen, daß der Einsatz von Softwaremaßen zur Unterstützung des Anwenders vielversprechende Ergebnisse liefern kann und haben den hier gewählten Ansatz insofern bestätigt. Durchweg beziehen sich die genannten Autoren in ihren Arbeiten jedoch auf Maße, die anhand des Quelltextes ausgewertet werden. Gerade angesichts der Vorteile, die eine möglichst frühzeitige Unterstützung des Entwicklers mit sich bringen kann, wird der Anwendung von Softwaremaßen bei der objektorientierten Analyse zu wenig Beachtung geschenkt.

## 2.6  Zusammenfassung

Die vorangegangenen Ausführungen haben gezeigt, daß die sog. Softwaremetrie zunehmende Beachtung erfährt und vielversprechende Ansatzpunkte zur Unterstützung der Softwareentwicklung und des Softwarequalitätsmanagements liefert.

Das durch vielfältige Einsatzmöglichkeiten von Softwaremaßen, eine wachsende Zahl von Veröffentlichungen, kaum verfügbare Standards und unterschiedliche Vorgehensweisen bei der Anwendung von Softwaremaßen geprägte Bild der Softwaremetrie zeigte die Bedeutung, die umfassenden Konzepte für die systematische Anwendung von Softwaremaßen zukommt.

Für den Einsatz von Softwaremaßen zur Unterstützung der Entwickler gibt es bisher nur wenige Ansätze, und auch dem Einsatz von Softwaremaßen bei der Systemanalyse wird insgesamt kaum Beachtung geschenkt. Da aber gerade die frühzeitige Unterstützung der Entwickler sinnvoll und notwendig ist, wird in dieser Arbeit ein systematisches Konzept zur Anwendung von Softwaremaßen als Hilfestellung für die Entwickler bei der objektorientierten Systemanalyse erstellt.

Grundlage systematischer Konzepte zur Anwendung von Softwaremaßen sind sog. Bewertungsmodelle, durch die die Zusammenhänge zwischen bewerteten Eigenschaften und den zugeordneten Softwaremaßen formuliert werden. Das hier zugrundegelegte Bewertungsmodell wird in Kapitel 4 hergeleitet, nachdem in Kapitel 3 das hierfür notwendige Grundwissen bereitgestellt wird.

# 3. Vorüberlegungen

Um Softwaremaße gezielt zur Unterstützung des Entwicklers einsetzen zu können, wird ein Bewertungsmodell benötigt, welches die Zusammenhänge zwischen direkt quantifizierbaren Merkmalen und den interessierenden Eigenschaften des Softwareprodukts wiedergibt. Das Bewertungsmodell ist Voraussetzung dafür, daß die ermittelten Bewertungsergebnisse richtig interpretiert werden können (vgl. z.B. Rombach (1990)). Auf diese Zusammenhänge wurde im vorangegangenen Kapitel bereits hingewiesen.

Für die Herleitung von Bewertungsmodellen werden in der Literatur verschiedene Vorgehensweisen vorgeschlagen. Einer der wohl bekanntesten Ansätze ist das „Goal Question Metric" (GQM)-Paradigma von Rombach und Basili (1987), welches in Abschnitt 3.1 erläutert wird. Es handelt sich hierbei um eine „top down"-Vorgehensweise, bei der das eigentliche Ziel der Bewertung schrittweise präzisiert wird, bis für die als relevant erachteten Fragestellungen direkt Softwaremaße angegeben werden können.

In dieser Arbeit soll ein dem GQM-Ansatz nachempfundenes Verfahren angewendet werden, um für das in Abschnitt 3.2 formulierte Hauptziel der Arbeit schrittweise ein Bewertungsmodell herleiten zu können. Es folgen einige vorbereitende Überlegungen zur Konkretisierung des Hauptziels sowie in Abschnitt 3.3 zu den Anforderungen, die in dieser Arbeit an die eingesetzten Softwaremaße gestellt werden sollen. Insbesondere wird der Einsatz von Softwaremaßen während der Systemanalyse motiviert und schließlich durch eine Zusammenstellung der Informationen, die während der Systemanalyse zu spezifizieren sind, vorbereitet.

## 3.1  Der GQM-Ansatz

Nach Rombach und Basili (1987) läßt sich die Softwarequalitätssicherung durch die folgenden vier „W-Fragen" charakterisieren: Was wird sichergestellt? Wann wird sichergestellt? Wie wird gesichert? Wer stellt sicher? Begründet durch die Tatsache, daß die erste der W-Fragen (Was wird sichergestellt?) in der Literatur nicht ausreichend berücksichtigt wird, leiten Rombach und Basili eine Methode zur Definition und Nutzung geeigneter Maße für die quantitative Softwarequalitätssicherung her. Diese Methode besteht aus den folgenden sechs Schritten (vgl. Rombach und Basili (1987), S. 149):

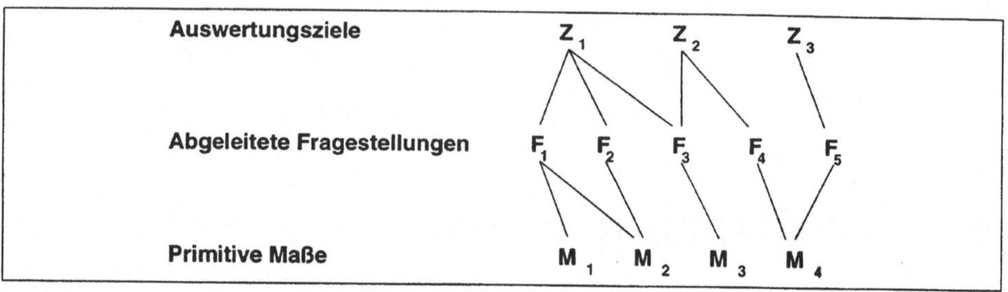


Abbildung 3.1: Nach dem GQM-Ansatz definiertes Bewertungsmodell (vgl. Rombach und Basili 1987)

1. Definition von Auswertungszielen für alle projektspezifischen Qualitätsmerkmale, deren Erfüllung nachzuweisen ist.

2. Ableitung von Fragestellungen, die zur Quantifizierung dieser Auswertungsziele beitragen.

3. Ableitung von Maßen, die Informationen zur Beantwortung der Fragestellungen liefern.

4. Entwurf eines Mechanismus, der die möglichst genaue Erfassung der Meßwerte für alle im vorangegangenen Schritt zugeordneten Maße erlaubt.

5. Validierung der Meßwerte.

6. Interpretation der Meßwerte zum Zwecke der Gesamtbewertung der projektspezifischen Qualitätsziele.

Ein konkretes Auswertungsziel zusammen mit allen zugehörigen Fragestellungen und Maßen definiert ein vollständiges Bewertungsmodell, in dessen Kontext die Interpretation der Meßwerte eingebettet werden muß. Abbildung 3.1 veranschaulicht die Zusammenhänge grob: Die Auswertungsziele $Z_1 - Z_3$ werden mit Hilfe der abgeleiteten Fragestellungen $F_1 - F_5$ konkretisiert. Für die Beantwortung der verschiedenen Fragestellungen werden die Softwaremaße $M_1 - M_4$ zugeordnet. Nach Abschluß der Bewertung führt die Interpretation der Meßergebnisse zur Beantwortung der abgeleiteten Fragestellungen. Die Ergebnisse und Rückkopplungen sollen anschließend zu einer verbesserten Erreichung der im Vorfeld definierten Qualitätsziele beitragen.

Dieser Ansatz zur zielorientierten Definition und Nutzung von Softwaremaßen wird in der Literatur als „Goal Question Metric (GQM)"-Ansatz bezeichnet und gilt als sehr nützlich (vgl. z.B. Fenton (1993)). Als Leitfaden für die Anwendung der Methode stellen Rombach und Basili (1987) ein „Muster zur Definition von Zielen sowie zur gezielten Formulierung von Fragestellungen" bereit. Bei der Definition von Auswertungszielen wird hier beispielsweise ausdrücklich empfohlen, den Zweck, den Blickwinkel und die Rahmenbedingungen für die durchzuführende Studie klar zu formulieren. Ein Befolgen des von Rombach und Basili (1987) empfohlenen

Leitfadens führt dazu, daß Anwender an die Problematik der quantitativen Bewertung von Software oder des Softwareentwicklungsprozesses herangeführt und in die Lage versetzt werden, die für ihr konkretes Bewertungsproblem geeigneten Maße zu identifizieren. Auf diese Weise wird die unbedachte Anwendung von (ggf. vorhandenen oder leicht ermittelbaren) Maßen und die damit verbundene Gefahr von Fehl- oder Überinterpretationen der Meßergebnisse vermieden.

Bisher wird der GQM-Ansatz in der Praxis zwar eingesetzt, es sind jedoch vergleichsweise wenige Veröffentlichungen über den Einsatz von GQM oder des „Quality Improvement Paradigm" (QIP), welches eine Weiterentwicklung des GQM-Ansatzes darstellt, vorhanden (vgl. beispielsweise Günther *et al.* (1996); Rombach und Basili (1987b); Schmidthals (1993)). Ein Grund hierfür ist, daß die Ergebnisse von GQM-Studien häufig die Interna der Unternehmen berühren, so daß eine Veröffentlichung der Ergebnisse nicht ohne weiteres möglich ist. GQM und QIP zielen insbesondere auf die Erreichung unternehmens- oder projektbezogener Verbesserungen des Entwicklungsprozesses ab.

Shepperd und Ince (1993) erweitern die von Rombach und Basili vorgeschlagene nicht formalisierte Vorgehensweise, so daß ein formales Bewertungsmodell inkl. der dazugehörigen axiomatischen Beschreibung entwickelt werden kann. Die Vorteile einer formalen Beschreibung von Bewertungsmodellen liegen nach Shepperd und Ince (1993) zum einen darin, daß die Formulierung der zugrundegelegten Annahmen und der gestellten Forderungen die Grundlagen der Bewertung klärt und damit die Aufmerksamkeit des Anwenders der Maße auf die für ihn möglicherweise problematischen Grundannahmen lenkt. Zudem erlaubt eine formale Beschreibung die theoretische Validierung eines Bewertungsansatzes. Diese reicht zwar nach Shepperd und Ince (1993) allein nicht aus, um eine allgemeine Gültigkeit der Modellannahmen zu beweisen. Mit Hilfe einer theoretischen Validierung ist es oft frühzeitig und mit vergleichsweise geringem Aufwand möglich, unpassende Modellannahmen oder Anomalien zu identifizieren, die bei der Bewertung auftreten können.

Die Probleme bei Anwendung des GQM-Verfahrens liegen im Aufstellen der Ziele (Management-Ziele) sowie in der Gliederung der identifizierten Ziele in die „richtigen" Fragestellungen. Hier gibt es in der Literatur bis auf den genannten Fragenkatalog oder Beispielanwendungen wenig Hilfestellungen. Es sind jedoch Bestrebungen erkennbar, diesen Schwierigkeiten mit Hilfe sogenannter Erfahrungsdatenbanken zu begegnen (vgl. Fellger (1996)). Die Durchführung des GQM-Verfahrens wird in der Praxis i.a. von einem GQM-Experten begleitet, dem das so gesammelte Know-how zugänglich ist.

Da die Auswertungsziele beim GQM-Ansatz meist durch das Management vorgegeben werden, besteht grundsätzlich die Gefahr, daß das Wissen der Entwickler „an der Basis" vernachlässigt wird oder daß die in Abschnitt 2.2 genannten Akzeptanzprobleme auftreten bzw. die Meßergebnisse sogar durch die Projektmitarbeiter dadurch verfälscht werden, daß sie sich möglichst „meßkonform" zu verhalten versuchen. Hetzel (1993) schaltet der „top down"-Gliederung der Ziele eine „bottom up"-Ermittlung der sinnvollen Fragestellungen voran, um die eben genannten

Schwierigkeiten zu umgehen. Über die systematische Anwendung von Softwaremaßen auf die im Rahmen des Entwicklungsprozesses erzeugten Softwareprodukte
sollen Anomalien oder Schwachstellen aufgezeigt werden, die dann gezielt – wiederum durch Einsatz von Softwaremaßen – hinterfragt werden können. Hierbei
ist allerdings zu bedenken, daß bei hinreichend großen Entwicklungsprojekten eine
enorme Menge an Daten anfallen kann, deren Auswertung nicht nur aufwendig ist,
sondern darüber hinaus das Formulieren von Hypothesen über die aufzudecken-
den Zusammenhänge erfordert. So gesehen verwischen sich dabei „top down"- und
„bottom up"- Ansatz.

Hier soll den Ansätzen von Rombach und Basili (1987), Shepperd und Ince (1993)
und Hetzel (1993) insofern gefolgt werden, als die Vorgehensweise als solche übernommen wird. Ausgehend von dem in Abschnitt 3.2 formulierten Hauptziel der Arbeit soll der Einsatz von Softwaremaßen, die zur Unterstützung des Entwicklers bei
der objektorientierten Softwareentwicklung eingesetzt werden können, schrittweise
motiviert werden. Grundlage für die Formulierung der betrachteten Auswertungsziele sind hier nicht unternehmens- oder projektspezifische Gegebenheiten, deren
Verbesserung angestrebt werden soll. Vielmehr steht hier die Unterstützung des
Entwicklers bei der objektorientierten Systemanalyse im Mittelpunkt der Betrachtungen. Deutlich hervorzuheben ist die Tatsache, daß das Ziel nicht die Herleitung
eines komplexen Maßes ist, mit dessen Hilfe der Grad der Zielerreichung bez. der
angegebenen Auswertungsziele bewertet werden soll. Statt dessen wird mit Hilfe
von mehreren einfachen Maßen eine mehrdimensionale Bewertung angestrebt, wie
sie auch von Rombach und Basili (1987) empfohlen wird.


## 3.2   Formulierung des Hauptziels der Arbeit

Es gibt eine Reihe von Empfehlungen, die Entwickler bei der Erstellung guter
Entwürfe helfen sollen. Jedoch muß der Entwickler diese Empfehlungen zum einen
kennen und zum anderen auf seinen Entwurf übertragen. Werden mit Hilfe von
Softwaremaßen Stellen eines Entwurfs identifiziert, die als qualitätsfördernd anerkannten Eigenschaften widersprechen, so kann der Entwickler explizit auf die
verletzten Kriterien aufmerksam gemacht und durch geeignete Hinweise bei der
Überprüfung seines Entwurfs unterstützt werden.

Ziel der vorliegenden Arbeit, das in einer „top down"-Vorgehensweise schrittweise
weiter analysiert werden soll, ist damit das folgende:

**Ziel:**  *Unterstützung des Entwicklers bei der Überprüfung objektorientierter Entwürfe.*

Unter einem Entwurf wird im folgenden die Gesamtheit der Entwicklungsergebnisse der objektorientierten Systemanalyse verstanden. Ein Entwurf ist damit
ein vollständig dokumentiertes logisches Modell des relevanten Realweltausschnitts
(vgl. Schader und Rundshagen (1996)). Hierzu sind Objekte, Klassen und deren
Strukturen bzw. Abhängigkeiten abzubilden (statisches Modell der Systemanaly-

se), und es müssen die notwendigen Abläufe erfaßt (dynamisches Modell) sowie das lokale funktionale Verhalten spezifiziert werden (funktionales Modell).

Die Überprüfung eines Entwurfs oder allgemeiner von Softwareprodukten hat gemäß der an sie gestellten Anforderungen zu erfolgen. Die im konkreten Fall geltenden Anforderungen können jedoch sehr unterschiedlich sein, was in der Regel zu ebenso verschiedenen Bewertungsmaßstäben führt. Gerade der individuelle Charakter der Softwareentwicklungsprojekte macht es sehr schwierig, von Ergebnissen, die in einem Softwareprojekt gewonnen wurden, in sinnvoller Weise auf Ergebnisse laufender oder künftiger Projekte zu schließen (vgl. z.B. Buth (1991)). Nur bei gleichen Rahmenbedingungen und ähnlicher Aufgabenstellung können Ergebnisse übertragbar sein. Die Herleitung eines allgemeinen Bewertungsmodells ist daher nur dann sinnvoll, wenn es sich auf allgemeingültige Zielsetzungen stützt. (Von kontext- und projektspezifischen Zusammenhängen wird dabei abstrahiert; wie diese dennoch berücksichtigt werden können, wird in Kapitel 5 gezeigt.)

Die Untersuchung von Entwürfen soll deshalb im Hinblick auf die Verwirklichung der Schlüsselkonzepte der objektorientierten Softwareentwicklung erfolgen. „Gut" ist in diesem Sinne ein Entwurf, der die Schlüsselkonzepte der objektorientierten Softwareentwicklung erfüllt und allgemein anerkannten Entwurfsempfehlungen genügt. Als „Anomalien" oder Schwachstellen der Modellierung werden dementsprechend Komponenten des Entwurfs bezeichnet, bei denen die Verwirklichung der objektorientierten Schlüsselkonzepte hinterfragt werden sollte.

Die berücksichtigten Schlüsselkonzepte sowie die mit Hilfe dieser Schlüsselkonzepte hergeleiteten, für die Bewertung eines Entwurfs relevanten Eigenschaften werden in Kapitel 4 ausführlich behandelt. Welche Softwaremaße zur Bewertung dieser Eigenschaften herangezogen werden sollen und wie mit Hilfe dieser Maße Stellen des Entwurfs als „auffällig" identifiziert werden, zeigen anschließend die Kapitel 4 und 5.

## 3.3  Anforderungen an Softwaremaße

Vor der Herleitung des Bewertungsmodells und der Zuordnung der einzusetzenden Softwaremaße muß festgelegt werden, welche Eigenschaften die eingesetzten Maße haben sollen. In der Literatur findet sich eine Reihe von Anforderungskatalogen (vgl. Basili und Reiter (1979); Conte *et al.* (1986); Fenton und Whitty (1986); Kearney *et al.* (1986); Prather (1984); Weyuker (1988); Zuse (1991)). Einen Überblick über die verschiedenen formalen und nicht formalen Anforderungen geben Gustafson und Prasad (1991)).

Um die für diese Arbeit geltenden Forderungen an Softwaremaße formulieren zu können, werden folgende Definitionen vorangestellt:

**Definition 3.1** *Ein* **Softwareprodukt** *ist ein Erzeugnis des Softwareentwicklungsprozesses.*

In diesem Sinne handelt es sich also bei allen Analyse- und Designmodellen und
-dokumenten, bei Programmcode und bei der Dokumentation um Softwareprodukte. Auch ein Entwurf ist ein Softwareprodukt. Er besteht wiederum aus Softwareprodukten: Jede Modellsicht für sich genommen ist ein Softwareprodukt. Es
wird deutlich, daß der Begriff des Softwareprodukts sehr weit gefaßt ist und daß es
Softwareprodukte unterschiedlichen Detaillierungsgrads gibt.

Im folgenden werden nur Softwareprodukte betrachtet, die Ergebnis der objektorientierten Systemanalyse nach Schader und Rundshagen (1996) sind. (Dies wird in
Abschnitt 3.3.1 motiviert.)

**Definition 3.2** *Ein* **Softwaremaß** *(hier synonym:  Produktmaß oder Maß) ist
eine empirische, objektive Zuordnung einer Zahl (oder eines Symbols) zu einem
Softwareprodukt, um es bez. des Besitzes von Eigenschaften zu charakterisieren,
die für die Erreichung klar definierter Ziele als wesentlich erachtet werden (vgl.
Fenton (1993)).*

Durch ein Softwaremaß wird eine Abbildung von der Menge der Softwareprodukte
$\mathcal{P}$ in den Wertebereich des Softwaremaßes definiert, welche die Repräsentationsbedingung erfüllt (vgl. auch Ausführungen in Abschnitt 2.1). Für die folgenden
Betrachtungen genügt es, Abbildungen in die reellen Zahlen zu betrachten.

## 3.3.1   Nicht formale Anforderungen

Für die in Abschnitt 3.2 motivierte Zielsetzung erscheint es sinnvoll, die folgenden
Forderungen an die einzusetzenden Softwaremaße zu stellen.

**Forderung 3.1** *Ein Softwaremaß $\mu$ sollte bei der objektorientierten Softwareentwicklung frühzeitig und phasenübergreifend anwendbar sein.*

Diese Forderung schränkt die Merkmale von Softwareprodukten ein, auf die für
die Herleitung von Softwaremaßen Bezug genommen werden kann. Es können nur
Merkmale herangezogen werden, die während aller Phasen des Softwarelebenszyklus feststellbar sind. Hierbei handelt es sich im wesentlichen um die Menge der
Merkmale, die bereits während der Systemanalyse bestimmt werden können. Dabei ist zu berücksichtigen, daß der Detaillierungsgrad ihrer Darstellung sich über
die verschiedenen Phasen der Entwicklung hinweg verändert.

Die Einschränkung auf frühzeitig quantifizierbare Merkmale wird auch von anderen
Autoren bewußt in Kauf genommen (vgl. Kearney *et al.* (1986); Shepperd (1990);
Shepperd und Ince (1993)). Sie erscheint weniger gravierend, wenn man folgende
Argumente bedenkt:

- Der hergeleitete Bewertungsansatz bleibt allgemeingültig, da Merkmale, die
  erst während des Systemdesigns oder der Implementierung bestimmt werden können und damit eine stärkere Bezugnahme auf die zugrundeliegende
  Entwicklungsumgebung erfordern, unberücksichtigt bleiben.

- Bei der objektorientierten Softwareentwicklung kommt der Systemanalyse eine noch größere Bedeutung zu als bei der herkömmlichen Softwareentwicklung. Fehler oder Schwachstellen in den frühen Phasen sind daher von besonderer Bedeutung. (Thaller (1993) stellt für die herkömmliche Softwareentwicklung fest, daß etwa 85 % der Fehler ihren Ursprung in den Phasen Analyse und Design haben.)

- Der objektorientierte Softwareentwicklungsprozeß ist inkrementell und iterativ, so daß die Systemanalyse in der Regel mehrmals durchlaufen wird und die in der Systemanalyse erstellten Softwareprodukte sukzessiv erweitert werden. Eine Beschränkung auf Merkmale der Systemanalyse bedeutet daher keine so große Einschränkung wie im Rahmen der herkömmlichen (strukturierten) Softwareentwicklung, da die Grenzen zwischen den verschiedenen Phasen u.a. durch die weitgehende Konsistenz der Darstellungstechniken fließend werden.

- Als plattformunabhängige Einheiten bieten die Entwicklungsergebnisse der frühen Phasen der Softwareentwicklung die besten Voraussetzungen für die Wiederverwendung, da so die größten Einsparungen im Laufe der weiteren Entwicklung erreicht werden können. Dies zeigt, welche Bedeutung bereits den Ergebnissen der Systemanalyse zukommt.

  Die Aktualität dieses Aspekts wird u.a. auch durch die Gründung der „Business Object Domain Task Force" (BODTF) der OMG erkennbar, die danach strebt, branchenspezifische Lösungen in allgemeiner Form zur Wiederverwendung anzubieten (weitere Informationen hierüber erhält man durch die neueren Veröffentlichungen zum Thema „Business Objects", vgl. z.B. OMG (1995)). Hier sind auch Bestrebungen zu nennen, sog. „Vertical Market Common Facilities" in die „Common Object Request Broker Architecture" (CORBA) zu integrieren (vgl. OMG (1996, 1995b)).

Die Forderung 3.1 kann folgendermaßen konkretisiert werden:

**Forderung 3.2** *Ein Softwaremaß $\mu$ soll auf Merkmalen beruhen, die aus dem statischen, dynamischen oder funktionalen Modell der objektorientierten Systemanalyse abgeleitet werden können.*

Es ist jeweils möglich, zwischen statischen und dynamischen Softwaremaßen zu unterscheiden. Während statische Maße anhand der statischen Repräsentation des Systems (Analyse- und Designdokumente sowie Quelltexte) bestimmt werden können und damit insbesondere unabhängig von den Ausführungsbedingungen der entstehenden Anwendung sind, werden dynamische Maße zur Laufzeit unter Berücksichtigung der konkreten Ausführungsbedingungen ermittelt. Bei der Interpretation von Meßergebnissen, die mit Hilfe dynamischer Maße gewonnen wurden, ist zu berücksichtigen, daß die Meßergebnisse vom Zeitpunkt der Bewertung abhängen und daher im Zeitablauf starken Schwankungen unterworfen sein können. Die Forderung 3.2 impliziert, daß dynamische Softwaremaße von der Betrachtung ausgeschlossen werden.

**Forderung 3.3** *Ein Softwaremaß $\mu$ muß intuitiv einsichtig und leicht verständlich sein.*

Um Softwaremaße für die Unterstützung insbesondere unerfahrener Entwickler nutzen zu können, sollten sie möglichst einfach und intuitiv einsichtig sein. Mit einer Modellprüfung soll eine Feedback-Wirkung erreicht werden, weshalb der durch das Maß implizierte Bewertungsansatz mit den intuitiven Vorstellungen des Anwenders übereinstimmen sollte. Das ist eine Forderung, die auch von anderen Autoren gestellt wird, vgl. z.B. Basili und Reiter (1979); Conte *et al.* (1986). Die Beurteilung des Erfüllungsgrads der Forderung 3.3 ist subjektiv und damit vom Wissensstand desjenigen abhängig, der ein Softwaremaß beurteilt.

Die Klarheit der Definition eines Softwaremaßes, wie sie beispielsweise von Kearney *et al.* (1986) gefordert wird, beschreibt, wie gut der Anwender eines Softwaremaßes verstehen kann, welche Eigenschaften des betrachteten Softwareprodukts das Meßergebnis beeinflussen. In die gleiche Richtung gehen Forderungen nach der Einfachheit und der leichten Interpretierbarkeit der Meßergebnisse (vgl. Conte *et al.* (1986)) oder nach der Ableitbarkeit von Maßnahmen zur Verbesserung der Bewertung (vgl. Kearney *et al.* (1986)). Die genannten Forderungen lassen sich zusammenfassen zu einer grundlegenden Forderung, nämlich der Forderung nach einem klar spezifizierten, der Bewertung zugrundeliegenden Ansatz.

**Forderung 3.4** *Einem Softwaremaß $\mu$ soll ein gut spezifizierter Bewertungsansatz zugrunde liegen.*

Zur Spezifizierung eines Bewertungsansatzes gehört zunächst eine Darlegung der Gesichtspunkte, die die angestrebte Bewertung motivieren. Außerdem ist die klare Definition der eingehenden Faktoren und Parameter sowie die anschauliche Motivation für ihre Verknüpfung notwendig. Auch eine Definition der Ergebnisse der Bewertung und Hinweise für ihre Interpretation sind wichtig. Auf diese Weise wird eine unmißverständliche Beziehung zwischen dem Bewertungansatz und der Realität hergestellt (vgl. Shepperd und Ince (1993) und auch Ausführungen im Abschnitt 2.1).

Die Bewertung der Dokumentationsqualität durch Softwaremaße ist ein noch nicht ausreichend erforschtes Themengebiet (vgl. Lehner (1994)). Auch der zuverlässige Rückschluß auf die repräsentierten Inhalte ist auf der Basis einer textuellen, nicht formalisierten Beschreibung kaum möglich. Dieser Tatsache soll durch die Forderung 3.5 an die in dieser Arbeit zu verwendenden Softwaremaße Rechnung getragen werden.

**Forderung 3.5** *Ein Softwaremaß $\mu$ soll nicht auf der Auswertung textueller Beschreibungen basieren.*

## Robustheit und Monotonie

Die Forderung nach Robustheit eines Maßes ist in der Literatur häufig zu finden (vgl. Conte *et al.* (1986); Kearney *et al.* (1986)). Dabei wird unter Robustheit u.a. verstanden, daß die Bewertung durch ein Softwaremaß sich nicht verbessern kann, solange nicht Verbesserungen bzw. Veränderungen am Softwareprodukt vorgenommen wurden. Diese Forderung kann von einem Softwaremaß jedoch nur dann erfüllt werden, wenn es ein Softwareprodukt unabhängig vom geltenden Umfeld bewertet, was z.B. bei einer Betrachtung der eingehenden Kopplungen einer Klasse nicht der Fall ist (vgl. Abschnitt 4.3). Generell kann die Forderung nach Robustheit eines Maßes immer dann nicht erfüllt werden, wenn es um die Bewertung sog. externer Attribute eines Softwareprodukts geht (vgl. Fenton (1993)). Die Robustheit ist daher eine spezifische Eigenschaft einzelner Softwaremaße (vgl. Abschnitt 3.3.2).

Häufig wird in der Literatur auch die Gültigkeit der sog. Monotoniebedingung gefordert, die besagt, daß Erweiterungen eines Softwareprodukts seine Bewertung durch das betrachtete Softwaremaß nicht verringern sollten (vgl. Gustafson und Prasad (1991)). Beispielsweise im Zusammenhang mit der Kopplung einer Klasse ist die Monotoniebedingung nicht sinnvoll. Denn die Kopplung einer Klasse kann sich durchaus verringern, wenn die Klasse mit einer oder mehreren anderen Klassen verschmolzen und auf diese Weise erweitert wird. Zudem setzt die Forderung nach der Gültigkeit der Monotoniebedingung die Existenz einer Verknüpfungsoperation für Softwareprodukte voraus, die sich durch die numerische Addition repräsentieren läßt (extensives Messen, vgl. z.B. Steyer und Eid (1993)). Dieser Fall stellt jedoch eher die Ausnahme als die Regel dar.

Auch die Forderung, daß niedrige Bewertungen als „besser" gelten sollen als hohe Bewertungen, wird oft gestellt. Diese Forderung ist für Komplexitätsmaße zwar durchaus sinnvoll (vgl. z.B. Weyuker (1988)), sollte jedoch nicht ohne weiteres auf alle Softwaremaße angewendet werden.

## Richtwerte und Ableitbarkeit von Handlungsvorschriften

In der Literatur werden weitere informelle Forderungen an Softwaremaße gestellt. Hier sind z.B. der Wunsch nach der Existenz eines Richtwerts oder einer anzustrebenden Idealbewertung und die klare Ableitbarkeit von Handlungsvorschriften zu nennen (vgl. Fenton und Whitty (1986); Kearney *et al.* (1986)).

Diese Anforderungen zu erfüllen, ist nicht leicht. Die Existenz allgemein verbindlicher Richtwerte könnte die Interpretation von Softwaremaßen sehr erleichtern. Bei genauerer Untersuchung der Richtwerte, die für heute verfügbare Softwaremaße angegeben werden, stellt man aber fest, daß diese i.d.R. nicht allgemeingültig sind. Viele der absoluten Richtwerte werden ermittelt, indem über mehrere Projekte hinweg Daten gesammelt und analysiert werden (vgl. z.B. Lorenz und Kidd (1994)). Die generelle Übertragbarkeit dieser Ergebnisse auf beliebige andere Projekte muß aber wegen der oft sehr unterschiedlichen Rahmenbedingungen bezweifelt werden (vgl. Buth (1991); Rombach und Basili (1987)). Andere der angegebenen Richtwerte beziehen sich auf die Arbeiten von Miller (1963), der Untersuchungen über die Aufnahmefähigkeit des menschlichen Gehirns durchführte. Auf einer Übertragung seiner Ergebnisse beruhen Empfehlungen wie „Eine Vererbungsstruktur sollte nicht mehr als $7\pm2$ Ebenen umfassen" (vgl. Coad und Yourdon (1991b)). Die Gültigkeit derartiger Richtwerte kann angezweifelt werden. Denn Millers Ergebnisse wurden ohne Rücksicht auf die Art der von ihm durchgeführten Experimente und den Zweck seiner Untersuchung übertragen (vgl. hierzu auch Coulter (1983)). Dies zeigt, daß meist keine allgemeingültigen Richtwerte für Softwaremaße angegeben werden können. Eine objektive „schwarzweiß"-Entscheidung zwischen guten und schlechten Entwürfen ist daher mit Hilfe von Softwaremaßen nicht möglich.

Aus ähnlichen Gründen kann auch die eindeutige Ableitbarkeit von Handlungsvorschriften aus den Meßergebnissen nicht vorausgesetzt werden. Es wäre zwar wünschenswert, für jedes einzelne Softwaremaß eindeutige Rezepte zur Verfügung zu haben, nach denen im Falle einer „schlechten" Bewertung verfahren werden kann. Und in manchen Fällen mag dies auch gelingen (vgl. Lieberherr *et al.* (1988) und Lieberherr und Holland (1989)). Doch die meisten heute verfügbaren Softwaremaße dienen bei Über- oder Unterschreitung der empfohlenen Richtwerte bzw. bei vergleichsweise sehr hoher oder sehr niedriger Bewertung als Indikatoren für eine kontextabhängige Überprüfung eines Softwareprodukts (vgl. Kuhlmann (1994)).


## 3.3.2   Formale Anforderungen

Shepperd und Ince (1993) empfehlen die Formalisierung von Bewertungsansätzen. Die zugrundeliegenden Annahmen sollen als Axiome bzw. als grundsätzlich an Softwaremaße zu stellende Forderungen formuliert werden. Die von Shepperd und Ince (1993) bzw. Weyuker (1988) genannten allgemeinen Axiome werden im folgenden nur insoweit modifiziert, als daß durchgängig von Softwareprodukten und -maßen die Rede ist[1]. Bei der Formulierung der Axiome und Forderungen wird auf die Definitionen 3.1 und 3.2 zurückgegriffen.

Voraussetzung einer jeden Bewertung ist eine klare Vorstellung von der betrachteten Eigenschaft und der Menge von Softwareprodukten, die bez. des Besitzes dieser Eigenschaft charakterisiert werden sollen. Dies führt zu folgender Forderung:


**Forderung 3.6** *Auf der betrachteten Menge der Sofwareprodukte muß eine Gleichheitsrelation erklärt sein (vgl. Shepperd und Ince (1993)).*


**Forderung 3.7** *Ein Softwaremaß $\mu$ darf keine Anomalien erzeugen; die Bewertung durch das Maß muß die empirischen Relationen erhalten (vgl. Shepperd und Ince (1993)).*

---

[1]Weyuker (1988) bezieht ihre Axiome speziell auf Komplexitätsmaße.

Diese Forderung stellt sicher, daß das *Repräsentationsproblem* (vgl. z.B. Fenton (1993), Abschnitt 2.1) gelöst wurde, so daß es sich bei der Abbildung $\mu$ auch tatsächlich um ein Softwaremaß im Sinne der Ausführungen aus Abschnitt 2.1 handelt. Die weiteren grundlegenden Forderungen gewährleisten, daß die Bewertung durch das Softwaremaß „sinnvoll" ist. Dabei wird im folgenden o.B.d.A. vorausgesetzt, daß nicht alle in der Menge $\mathcal{P}$ enthaltenen Softwareprodukte bez. der bewerteten Eigenschaft(en) als gleichwertig angesehen werden.

**Forderung 3.8** *Die Bewertung durch ein Softwaremaß $\mu$ muß mindestens zwei Äquivalenzklassen erzeugen. Es muß gelten (vgl. Shepperd und Ince (1993); Weyuker (1988)):*

$$\exists P \in \mathcal{P}, \exists Q \in \mathcal{P} : \mu(P) \neq \mu(Q)$$

Durch Anwendung des Maßes $\mu$ muß es also möglich sein, bez. der interessierenden Eigenschaft zwischen verschiedenen Softwareprodukten zu differenzieren. Mit der Forderung 3.8 wird die Sensitivität eines Softwaremaßes bez. der interessierenden Eigenschaft von Softwareprodukten sichergestellt. Diese Sensitivität darf jedoch auch nicht zu groß sein:

**Forderung 3.9** *(vgl. Weyuker (1988); ähnlich: Shepperd und Ince (1993))*

$$\exists P \in \mathcal{P}, \exists Q \in \mathcal{P}, P \neq Q : \mu(P) = \mu(Q)$$

Ohne diese Forderung wäre es möglich, daß jedes Softwareprodukt eine eigene Bewertung erhält. Ein Beispiel für ein solches Maß wäre die Klassifizierung von Softwareprodukten anhand ihres Namens, des Entwicklers, des Erstellungsorts und des Erstellungsdatums.

**Forderung 3.10** *Die Bewertung anhand eines Softwaremaßes darf nicht nur vom Zweck abhängen, dem das Softwareprodukt dient. Es soll mindestens zwei Softwareprodukte geben, die denselben Zweck erfüllen, aber eine unterschiedliche Bewertung erhalten (nach Weyuker (1988)).*

$$\exists P \in \mathcal{P}, \exists Q \in \mathcal{P}, P \equiv Q : \mu(P) \neq \mu(Q),$$

*wobei $P \equiv Q \Leftrightarrow P$ erfüllt denselben Zweck wie $Q$.*

Mit dieser Forderung wird erreicht, daß die Art der Entwicklung des Softwareprodukts Einfluß auf seine Bewertung hat. Ein Softwaremaß, welches diese Forderung nicht erfüllt, kann im Rahmen einer „Modellkritik" kaum sinnvoll eingesetzt werden.

Der Vollständigkeit wegen sei erwähnt, daß für einzelne Softwaremaße weitere, spezifischere Axiome gelten können. Shepperd und Ince (1993) ordnen einzelnen

Maßen beispielsweise Axiome zu, die Verknüpfungen von Softwareprodukten und ihre Auswirkungen auf die Bewertung betreffen. Derartige Axiome werden z.B. von Weyuker (1988) für Komplexitätsmaße beschrieben. Andere spezifische Axiome oder Forderungen können Invarianten beschreiben, die für die Bewertung gelten sollen, oder die Sensibilität eines Maßes genauer spezifizieren. Für letzteres können die in Abschnitt 3.3.1 genannte Forderung nach Robustheit sowie die Monotoniebedingung als Beispiel dienen.

## 3.4   Repositoryinformationen der Analyse

Da die Bewertung gemäß der Forderung 3.2 in Abschnitt 3.3.1 anhand der bereits während der Systemanalyse spezifizierten Informationen erfolgen soll, wird an dieser Stelle zunächst ein kurzer Überblick darüber gegeben, welche Informationen dies sind. Für die Ausführungen dieses Abschnitts wird die MAOOAM-Methode nach Schader und Rundshagen (1996) zugrundegelegt. Dies bedeutet jedoch keine wesentliche Einschränkung der Allgemeingültigkeit, denn die MAOOAM-Methode ist aus einer Synthese mehrerer objektorientierter Ansätze zur Systemanalyse hervorgegangen und stellt damit eine allgemeine Ausgangsbasis dar (vgl. Schader und Rundshagen (1996) und Leverentz (1993); Stein (1994) zu weiteren Methoden der Systemanalyse). Merkmale, die bei der Systemanalyse nach MAOOAM festgelegt werden, können (oder sollten) in dieser oder anderer Form auch in anderen Analysemethoden spezifiziert werden.

Die objektorientierte Systemanalyse nach Schader und Rundshagen (1996) gliedert sich in die statische, die dynamische und die funktionale Sicht des zu modellierenden Systems. Die verschiedenen Sichten werden an dieser Stelle grob beschrieben; die einzelnen Abschnitte dienen dazu, die Informationen, die während der Systemanalyse bereitgestellt werden, den verschiedenen Modellsichten zuzuordnen. Die Grundlagen der objektorientierten Softwareentwicklung werden dabei als bekannt vorausgesetzt. Sie können u.a. bei Schader und Rundshagen (1996) nachgelesen werden.

### 3.4.1   Das statische Modell

Im statischen Modell der Systemanalyse werden die Objekte des interessierenden Realweltausschnitts abgebildet. Die von Schader und Rundshagen (1996) beschriebene Vorgehensweise ist untergliedert in die Abschnitte:

- Identifizieren von Klassen und Objekten
- Definition von Attributen
- Definition von Objektbeziehungen
- Definition von Strukturen

- Identifizieren von Methoden und Nachrichtenverbindungen
- Identifizieren von Subjekten

Die bei der Modellierung des statischen Modells der objektorientierten Systemanalyse festgelegten Informationen lassen sich in zusammengefaßter Form der Klassenspezifikation entnehmen (vgl. Schader und Rundshagen (1996)). Sie werden in der Schriftart Schreibmaschine angegeben. Zusätzliche Informationen und Ergänzungen werden jeweils im Anschluß beschrieben.

**Informationen über Klassen und Vererbungsstrukturen**

```
Klasse <Name, Spezialisierungen, Generalisierungen, Beschreibung>
```

Über die aus der Klassenspezifikation ermittelbaren Informationen hinaus wird bei der Systemanalyse festgelegt, ob es sich um abstrakte oder konkrete Klassen handelt.

**Informationen über Aggregationsstrukturen und Objektverbindungen**

```
Teil <Name, Kardinalitäten, Strukturtyp, Beschreibung>
Teil ...
```

Bei Aggregationsstrukturen wird nach Schader und Rundshagen (1996) zwischen folgenden Strukturtypen unterschieden: physisch existent, Container/Inhalt, konzeptionell.

```
Objektverbindung <Beteiligtes Objekt, Kardinalitäten, Beschreibung>
Objektverbindung ...
```

Durch eine Objektbeziehung werden zweistellige Beziehungen zwischen Objekten modelliert.

**Informationen über Attribute und Methoden**

```
Attribut <Name, Datentyp, Beschreibung>
Attribut ...
```

```
Methode <Name, Argumente (Name, Datentyp), Funktionswert, Beschreibung>
Methode ...
```

Während der Systemanalyse werden lediglich die expliziten Methoden modelliert. Implizite Standardmethoden wie Konstruktoren, Zugriffsfunktionen und Verbindungsfunktionen werden im statischen Modell normalerweise nicht berücksichtigt, da es sich in der Regel um algorithmisch einfache Methoden handelt, deren Existenz im Sinne des objektorientierten Verständnisses vorausgesetzt werden kann.

**Informationen über Nachrichtenverbindungen**

```
Nachrichtenverbindung<Beteiligtes Objekt, Methode, Argumente (Name,
Datentyp), Funktionswert, Beschreibung>
Nachrichtenverbindung ...
```

Nachrichtenverbindungen werden jeweils beim Senderobjekt beschrieben. Dabei werden i.a. nur Nachrichtenverbindungen in das statische Modell aufgenommen, die dem Aufruf expliziter Methoden dienen. Eine Ausnahme bilden dabei Konstruktoraufrufe. Hier werden Nachrichtenverbindungen aufgebaut, deren Empfänger die Klasse ist, von der Objekte erzeugt werden sollen.

Endet eine Nachrichtenverbindung an einer abstrakten Basisklasse, so kann es sich um einen polymorphen Methodenaufruf handeln.

**Informationen über Subjekte**

Je nach Komplexität des zugrundeliegenden Problembereichs kann ein Analysemodell aus sehr vielen Klassen bestehen. Um die Übersichtlichkeit auch in solchen Fällen zu wahren, können Gruppen von Klassen so gebildet werden, daß Klassen derselben Gruppe eine konzeptionelle Einheit bilden (vgl. z.B. Schader und Rundshagen (1996)). Zusätzlich zu den o.g. Informationen werden im statischen Modell auch die Subjekte mit den zugehörigen Klassen und evtl. enthaltenen Subjekten spezifiziert. Für Subjekte werden jedoch keine Zustände und kein Verhalten modelliert.

## 3.4.2  Das dynamische Modell des Systems

Der Entwurf des dynamischen Modells der Systemanalyse dient der Beschreibung des Systemverhaltens mit Hilfe von *Szenarios*, *Ereignisfolgediagrammen* und *Zustandsdiagrammen*.

**Szenarios und Ereignisfolgediagramme**

Als Szenario wird eine für die Anwendung bedeutsame Folge von Ereignissen bezeichnet, die angibt, wie das System auf bestimmte Eingaben reagieren soll und welche Kommunikationsbeziehungen zwischen den Objekten des Systems hierfür notwendig sind.

Die folgenden Betrachtungen konzentrieren sich auf die Ereignisfolgediagramme, die eine formalere und detailliertere Darstellung der in den Szenarios beschriebenen Kommunikationsbeziehungen zwischen den Objekten ermöglichen.

Den Ereignisfolgediagrammen können jeweils beteiligte Objekte sowie zwischen ihnen versendete Nachrichten entnommen werden. Dabei werden auch Nachrichten berücksichtigt, die ein Objekt sich selbst sendet. (Über Namenskonventionen kann der Bezug zwischen den in den Ereignisfolgediagrammen verwendeten Objekten und Klassen hergestellt werden.)

Darüber hinaus besteht in den Ereignisfolgediagrammen die Möglichkeit, Nachrichtenverbindungen zu gruppieren, die aufgrund desselben Methodenaufrufs versendet werden. Ereignisfolgediagramme können weitere Ereignisfolgediagramme enthalten.

**Zustandsdiagramme und -spezifikationen**

Das Zustandsdiagramm einer Klasse soll die durch Ereignisfolgediagramme und Szenarios modellierten Ereignisse, Zustände, Aktivitäten und Aktionen im Zusammenhang darstellen und ihre mögliche Aufeinanderfolge visualisieren. Dem Zustandsdiagramm einer Klasse können daher mögliche Zustände, die Objekte der Klasse annehmen können, sowie die zugehörigen Zustandsübergänge entnommen werden. Zustandsdiagramme werden nur für Klassen angefertigt, deren Objekte ein nennenswertes dynamisches Verhalten aufweisen. Die Informationen können im einzelnen der Zustandsspezifikation entnommen werden:

```
Zustand <Name, Beschreibung, Attributwerte, Verbindungen, Aktivitä-
ten, Aktionen, Folgezustand>


Ereignis <Name, Sender, Argumente (Name, Datentyp)>
Ereignis ...
```

## 3.4.3 Das funktionale Modell

Das funktionale Modell der Systemanalyse dient der algorithmischen Beschreibung der identifizierten Methoden und Aktivitäten durch

- Struktogramme oder Pseudocode (oder nur natürlichsprachig)

- ggf. Objektflußdiagramme

Während das statische Modell der Systemanalyse in der Regel als vergleichsweise stabile Basis angesehen werden kann, und auch die im dynamischen Modell
beschriebenen Sachverhalte nach einer Konsolidierungsphase als relativ stabil betrachtet werden können, erlangt die im funktionalen Modell spezifizierte algorith-
mische Beschreibung der Methoden erst während des Designs und der Implementierung seine endgültige Form (vgl. Schader und Rundshagen (1996)).  Bei der
Systemanalyse erfolgt meist nur eine grobe, teilweise natürlichsprachige Spezifikation, die sich als Ausgangsbasis für die Anwendung von Softwaremaßen nur schwer
eignet.  Im folgenden wird daher auf die Auswertung des funktionalen Modells
verzichtet.

## 3.4.4   Objektorientiertes Design

Beim objektorientierten Design geht es darum, zusätzlich zu den Vorgaben aus der
Analyse technische Rahmenbedingungen wie Zielhardware, Programmiersprache,
Betriebssystem, Datenbank usw. zu berücksichtigen. Typische Fragestellungen des
Designs betreffen z.B. die Realisierung der modellierten Beziehungen, die Gestal-
tung der Benutzeroberfläche, das Datenmanagement, die Verteilung der Objekte
im System, das Taskmanagement sowie die Fehler- und Ausnahmebehandlung (vgl.
Coad und Yourdon (1991b); Schader und Rundshagen (1996)).

Das bedeutet, daß insbesondere die folgenden Informationen erst während des Designs festgelegt werden (vgl. z.B. Booch (1994b)) und damit für eine Bewertung
bei der Systemanalyse nicht zur Verfügung stehen:

- Zugriffsrechte

  Während bei der Systemanalyse alle Objekte als konsequent gekapselt gelten, werden im Design Zugriffsrechte festgelegt (für die Attribute und Methoden einer Klasse ebenso wie für Vererbungsstrukturen; in C++ können
  sie `public`, `private` oder `protected` deklariert werden, vgl. Schader und
  Kuhlins (1995)).

- Implizite Methoden

  Die Existenz der sog. impliziten Methoden wird während der Systemanalyse
  vorausgesetzt.  Implizite Methoden werden i.a. nicht modelliert.  Erst im
  Design fällt die Entscheidung, welche der impliziten Methoden tatsächlich
  benötigt werden.

- Eigenschaften von Attributen und Methoden

  Eigenschaften von Attributen und Methoden, wie sie etwa in C++ mit den
  Schlüsselwörtern `const`, `static`, `inline` usw. verbunden sind, werden erst
  während des Systemdesigns festgelegt.

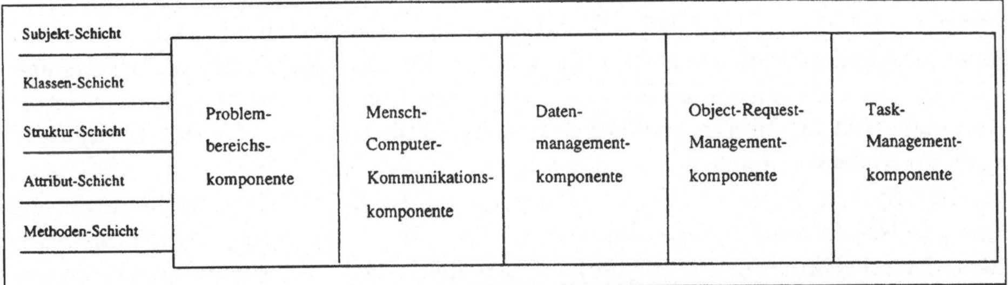


Abbildung 3.2: Objektorientiertes Design in „5 Schichten und 5 Komponenten"

- Realisierung der modellierten Objektbeziehungen und Aggregationsstrukturen

  Für die während der Analysephase modellierten Objektverbindungen und Aggregationsstrukturen wird im Design festgelegt, ob es sich um bidirektionale oder unidirektionale Verbindungen handelt und wie diese Beziehungen realisiert werden sollen (z.B. „by value" oder „by reference" oder mit Hilfe zusätzlicher Container-Klassen).

- Designspezifische Klassen

  Das bei der Systemanalyse erstellte Modell wird im Design sukzessiv erweitert. Es kommen designspezifische Klassen (z.B. Klassen für systemnahe Aufgaben) ebenso hinzu, wie z.B. wiederverwendete Template-Klassen oder Klassen aus Klassenbibliotheken.

- Sichtbarkeit und Geltungsbereich der modellierten Objekte

  Entscheidungen über die Sichtbarkeit und den Geltungsbereich der modellierten Objekte werden ebenfalls erst während des Designs getroffen. Dies gilt u.a. auch für Überlegungen, die zu einer Verletzung der Datenkapselung führen (beispielsweise die Verwendung von `friends` in C++).

- Verwendung von globalen Funktionen

- Umsetzung der Subjekte

  Ob Subjekte lediglich konzeptionelle Einheiten bilden oder auch bei der weiteren Entwicklung zur Partitionierung des Systems herangezogen werden sollen, wird ebenfalls während des Designs entschieden. Beispielsweise können Subjekte durch die Implementierung der zum Subjekt gehörigen Klassen innerhalb eines Moduls, durch Speicherung der zur Realisierung eines Subjekts notwendigen Dateien innerhalb eigener Verzeichnisse oder durch Verwendung von `namespaces` realisiert werden.

Nach Coad und Yourdon (1991b) vollzieht sich das objektorientierte Design in vier Komponenten. Nach Schader *et al.* (1995) wird diese Darstellung um eine weitere

Komponente erweitert, so daß sich das objektorientierte Design in folgende Komponenten gliedert (vgl. auch Abbildung 3.2[2]): Bei der Gestaltung der *Problembereichskomponente* geht es um die Erweiterung der Ergebnisse der objektorientierten Systemanalyse um designspezifische Aspekte. Innerhalb der *Mensch-Computer--Kommunikationskomponente* ist die Art und Weise festzulegen, wie der Benutzer mit dem System kommunizieren soll. Dabei soll die Benutzeroberfläche direkt auf den späteren Anwender zugeschnitten werden. Die *Datenmanagementkomponente* dient der Abstimmung der (bisherigen) Ergebnisse auf das einzusetzende Datenbanksystem, sofern die Verwaltung persistenter Objekte erforderlich ist. Innerhalb der *Object-Request-Managementkomponente* wird die Verteilung der Objekte in einem Netzwerk und die Behandlung von Abfragen auf verteilte Objekte betrachtet, und die *Task-Managementkomponente* behandelt die Koordination der benötigten Tasks bei Multitaskingsystemen.

Dabei folgt die Entwicklung der Mensch-Computer-Kommunikationskomponente, der Datenmanagementkomponente, der Object-Request-Managementkomponente und Task-Managementkomponente wiederum den für die objektorientierte Systemanalyse und das objektorientierte Design der Problembereichskomponente beschriebenen Vorgehensweise. (Dies soll durch die „5 Schichten", die in der Abbildung 3.2 links dargestellt sind, symbolisiert werden, vgl. Coad und Yourdon (1991b).)

## 3.5   Zusammenfassung

In diesem Kapitel wurden die Grundvoraussetzungen für die systematische Anwendung von Softwaremaßen bei der objektorientierten Systemanalyse vorgestellt. Zuerst wurde die allgemeine, an den GQM-Ansatz von Rombach und Basili (1987) angelehnte Vorgehensweise für die schrittweise Präzisierung des in Abschnitt 3.2 formulierten Hauptziels der vorliegenden Arbeit erläutert.

Da die Entwicklung eines Bewertungsmodells mit der sukzessiven Zuordnung von Softwaremaßen einhergeht, wurden die Anforderungen, die im folgenden an Softwaremaße gestellt werden sollen, in Abschnitt 3.3 zusammengestellt.

Hier wurde u.a. die Eingrenzung auf Softwaremaße, die bereits während der Systemanalyse eingesetzt werden können, vorgenommen und diskutiert. Das Kapitel endete mit einer Darstellung der Informationen, die bei der objektorientierten Systemanalyse nach der MAOOAM-Methode von Schader und Rundshagen (1996) spezifiziert werden und die daher im weiteren Verlauf der Arbeit die Grundlage für die Anwendung der Softwaremaße bilden.

Im folgenden Kapitel wird mit Hilfe der so bereitgestellten Grundlagen ein Bewertungsmodell entwickelt.

---

[2]Hier handelt es sich um eine entsprechend modifizierte Abbildung von Coad und Yourdon (1991b).

# 4. Herleitung eines Bewertungsmodells

Wie in Abschnitt 3.2 motiviert, sollen Softwaremaße hier zur Unterstützung des Entwicklers bei der Überprüfung objektorientierter Entwürfe eingesetzt werden. Dabei sollen Entwürfe auf die Einhaltung der Schlüsselkonzepte der objektorientierten Softwareentwicklung bzw. auf die Berücksichtigung von qualitätsfördernden Eigenschaften hin untersucht werden.

Um dieses Ziel erreichen zu können, werden in diesem Kapitel zunächst die Schlüsselkonzepte der objektorientierten Softwareentwickung sowie Eigenschaften von Softwareprodukten identifiziert, die Gegenstand allgemein anerkannter Entwurfsempfehlungen sind. Dabei werden die Komplexität, die Kopplung, die Bindung, die Wiederverwendbarkeit und die Zweckmäßigkeit als Eigenschaften erkannt, deren Bewertung bereits im Rahmen der Systemanalyse sinnvoll möglich ist. Jede dieser Eigenschaften wird für sich untersucht, so daß schließlich Softwaremaße zugeordnet werden können, die der Bewertung dieser Eigenschaften dienen. Durch die Anwendung der Maße werden Stellen des Systementwurfs aufgezeigt, die im Sinne des Bewertungsmodells auffällig sind. Der Entwickler soll derartige Stellen einer kontextspezifischen Prüfung unterziehen. Um ihn hierzu zu motivieren, werden für jede bewertete Eigenschaft Argumente zusammengestellt, die die Bedeutung der Eigenschaft für die Güte eines Entwurfs erläutern. Zusätzlich werden Hinweise gegeben, die der Entwickler bei einer ggf. notwendigen Überarbeitung seines Entwurfs nutzen kann.

## 4.1 Qualitätsfördernde Eigenschaften

Als Schlüsselkonzepte der objektorientierten Softwareentwicklung werden in der Literatur die folgenden genannt (vgl. z.B. Booch (1994); Coad und Yourdon (1991b); Henderson-Sellers (1991); Martin (1995)):

S1 Der Aufbau eines Systems aus möglichst unabhängigen, selbständig (über Nachrichten) miteinander kommunizierenden Einheiten (Objekten).

S2 Die möglichst realitätsnahe Abbildung der Semantik des Problembereichs. Die Objekte des interessierenden Realweltausschnitts gehen über in Objekte des objektorientiert entwickelten Anwendungssystems, so daß sich eine übersichtliche, (für Problemexperten) leicht verständliche Strukturierung des Systems ergibt.

S3 Die Objekte bzw. Klassen bilden Sachverhalte des Problembereichs mit wohldefinierter inhaltlicher Bedeutung vollständig ab und kapseln deren Realisierung nach außen (Datenkapselung, „Information Hiding").

S4 Allgemeine Strukturen werden mit Hilfe des Vererbungsmechanismus explizit betont, so daß eine saubere, stufenweise verfeinernde Entwicklungsmethodik erreicht wird und ein redundanzarmer Entwurf entsteht.

S5 Die Wiederverwendung existierender Lösungen wird durch die objektorientierte Entwicklungsmethodik unterstützt. Auch die Schaffung wiederverwendbarer Lösungen sollte daher Ziel bei der objektorientierten Softwareentwicklung sein.

Der konsequenten Verwirklichung der o.g. Schlüsselkonzepte wird häufig ein Kausalzusammenhang mit interessierenden Qualitätseigenschaften der erzeugten Produkte unterstellt. So werden objektorientiert entwickelten Produkten Vorteile hinsichtlich ihrer Anpaßbarkeit, Wiederverwendbarkeit, Wartbarkeit, Änderbarkeit, Testbarkeit und Verständlichkeit zugeschrieben. Eine Verbesserung dieser Qualitätseigenschaften der entwickelten Produkte kann insbesondere auf veränderlichen Märkten erhebliche Wettbewerbsvorteile mit sich bringen. Auch wenn die o.g. Zusammenhänge bisher nur teilweise durch statistische Untersuchungen validiert wurden (entsprechende Fallstudien wurden z.B. von Henry und Humphrey (1993); Lewis *et al.* (1991) und Mancl und Havanas (1990) durchgeführt), lohnt sich die Überlegung, inwieweit die Einhaltung der o.g. Schlüsselkonzepte anhand objektiv quantifizierbarer Merkmale des Entwurfs nachvollzogen werden kann.

Neben den Schlüsselkonzepten S1 bis S5 ist bei der Überprüfung von Softwareentwürfen die Verwendung anerkannter Entwurfstechniken zu berücksichtigen. Hierzu gehören (vgl. z.B. Coad und Yourdon (1991b); Myers (1978); Yourdon (1993)):

• *Strukturierung*

   Systeme werden zur Komplexitätsbewältigung in kleinere, überschaubarere Einheiten gegliedert („top down") bzw. aus ihnen aufgebaut („bottom up"). Bei der herkömmlichen Softwareentwicklung ist es Ziel, eine möglichst gute modulare Struktur zu erreichen. Bei der objektorientierten Softwareentwicklung stehen nicht Module im herkömmlichen Sinne sondern Klassen und Objekte im Mittelpunkt der Betrachtungen.

   Kriterien einer guten Strukturierung sind vor allem die hohe *Bindung*, geringe *Kopplung*, eine angemessene *Komplexität* und die *Zweckmäßigkeit* der Einheiten.

- *Abstraktion*

  Abstrahieren bedeutet, das Wesentliche eines Sachverhalts unter einem bestimmten Blickwinkel herauszuarbeiten (vgl. Denert (1991)). Unwesentliche Details werden zugunsten der charakteristischen Merkmale vernachlässigt (vgl. Schader und Rundshagen (1996)).

  Die jeweils „richtigen" Abstraktionen zu identifizieren, erfordert viel Erfahrung, da das Wesentliche für die konkrete Anwendung repräsentiert werden muß. Ziel der objektorientierten Softwareentwicklung ist es vor allem auch, die Abstraktionen möglichst so zu wählen, daß sie auf andere, ähnlich gelagerte Anwendungsfälle übertragen werden können (vgl. Küffmann (1994)).

  Eigenschaften von Softwareprodukten, die in enger Beziehung zu den durch sie repräsentierten Abstraktionen stehen, sind ihre *Bindung* und ihre *Wiederverwendbarkeit*.

- *Datenkapselung, Information Hiding*

  Für jede Einheit erfolgt eine saubere Trennung der Außen- von der Innensicht und damit eine Trennung zwischen dem äußeren Erscheinungsbild (der Schnittstelle) und der internen Realisierung (vgl. Ferstl und Sinz (1990)). Zusammengehörige Attribute und Methoden werden zu einer Klasse zusammengefaßt. Welche Attribute und Methoden innerhalb der Objekte gekapselt und wie die Methoden der Schnittstelle implementiert sind, bleibt der Sicht von außen verborgen. Dieses Prinzip ist auch als „Information Hiding", „Geheimnisprinzip" oder „Kapselung" bekannt.

  Die Informationen, die auf die Verwirklichung der Datenkapselung schließen lassen, werden erst während des Designs festgelegt (vgl. Abschnitt 3.4). Während der objektorientierten Analyse gelten dagegen alle Einheiten als konsequent gekapselt, so daß eine Bewertung der Datenkapselung erst während des Designs oder bei der Implementierung sinnvoll ist.

- *Redundanzarmut*

  Die Vermeidung von Redundanzen gehört ebenfalls zu den wichtigen Prinzipien guter Softwareentwicklung. Redundanzen in der Spezifikation, im Entwurf oder der Implementation führen leicht zu Inkonsistenzen und zu erhöhter Fehleranfälligkeit.

  Die objektorientierte Softwareentwicklung ist per se auf die Vermeidung von Redundanzen ausgerichtet. So dient vor allem der Einsatz der Vererbung dazu, Redundanzen zu vermeiden. Es wäre denkbar, dennoch auftretende Redundanzen mit Hilfe von Namensgleichheiten oder -ähnlichkeiten zu identifizieren. Die Basis für derartige Auswertungen ist jedoch recht vage. Die Redundanzarmut eines Entwurfs wird aus diesem Grunde im folgenden nicht explizit bewertet. Der Entwickler wird jedoch im Zusammenhang mit bestimmten Bewertungsergebnissen dazu angeregt, seinen Entwurf auf versteckte Redundanzen hin zu untersuchen (vgl. Anhang A).

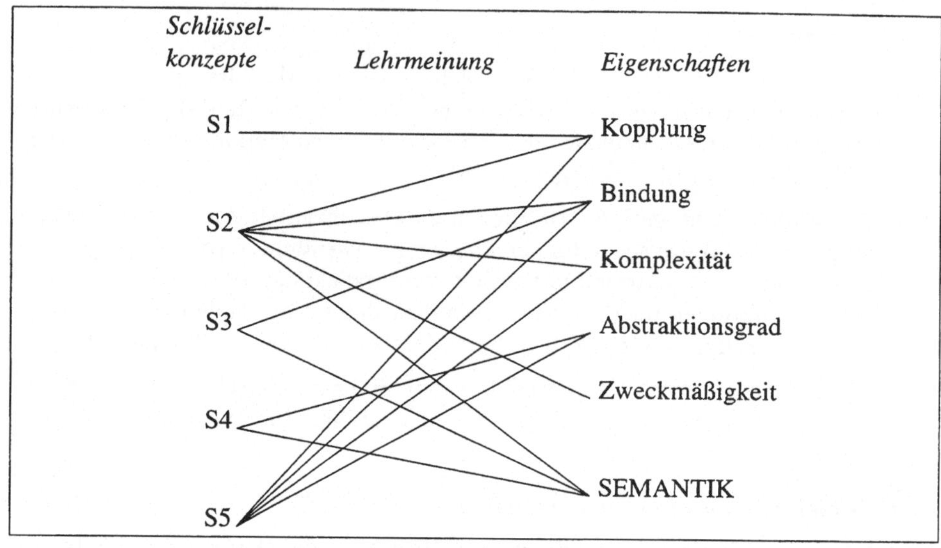


Abbildung 4.1: Schlüsselkonzepte und qualitätsfördernde Eigenschaften

Bei näherer Betrachtung der Entwurfstechniken und der Schlüsselkonzepte S1 – S5 zeigen sich inhaltliche Überschneidungen. Abbildung 4.1 zeigt eine Zuordnung der Schlüsselkonzepte S1 – S5 zu verschiedenen Eigenschaften der Softwareprodukte. Die hergestellten Zusammenhänge entstehen dabei entweder „per definitionem" oder werden aus den in der Literatur beschriebenen gängigen Lehrmeinungen abgeleitet. (Ein Beispiel für eine solche allgemein akzeptierte Meinung ist *Eine Einheit ist um so schwieriger zu verstehen, von je mehr anderen Einheiten sie abhängt.*)

Da bei der objektorientierten Softwareentwicklung die Betonung inhaltlicher Aspekte im Vordergrund steht (vgl. Konzept S3), ist bei der Bewertung von Entwürfen insbesondere wichtig, wie die Semantik des Problembereichs innerhalb des Entwurfs abgebildet wurde. Dies wird auch in der Abbildung 4.1 deutlich. Ob eine geeignete Abbildung der Semantik des Problembereichs vorliegt oder nicht, läßt sich durch einfache Softwaremaße nicht quantifizieren. Die zugehörigen Kontextinformationen sowie das Wissen des Entwicklers können nicht ersetzt werden und müssen auf andere Weise in die Bewertung eingehen. Wie dies im einzelnen geschehen soll, wird in Kapitel 5 erläutert.

Wie die verschiedenen Eigenschaften definiert sind und welche Wechselwirkungen zwischen ihnen bestehen, wird in den sich anschließenden Abschnitten erläutert. Dazu werden die Eigenschaften unabhängig voneinander vorgestellt und hinsichtlich ihrer Bedeutung für die objektorientierte Softwareentwicklung charakterisiert. Über eine an den GQM-Ansatz angelehnte „top down"-Vorgehensweise werden Softwaremaße identifiziert, die zur Quantifizierung der verschiedenen Eigenschaften herangezogen werden können. Die Bewertung wird jeweils durch verschiedene Gesichtspunkte motiviert. Darüber hinaus werden Hinweise bereitgestellt, die dem

Entwickler bei der Überprüfung seines Entwurfs hinsichtlich der bewerteten Eigenschaft helfen sollen, sofern die Meßergebnisse dies nahelegen.

In bezug auf die herkömmliche Softwareentwicklung wurden die genannten Eigenschaften bereits hinlänglich untersucht (vgl. z.B. Yourdon und Constantine (1979) oder Myers (1978)). Während dort meist Module betrachtet werden, stehen bei der objektorientierten Softwareentwicklung Klassen, Methoden, Vererbungsstrukturen, Objektbeziehungen, Aggregationsstrukturen und Subjekte oder Systeme im Zentrum des Interesses. Die Betrachtung der genannten Eigenschaften wird u.a. hinsichtlich dieser Elemente differenziert, so daß verschiedene Ebenen der Bewertung zu unterscheiden sind: die Ebene der Subjekte, die Ebene der Klassen und Objekte und die Ebene der Methoden und Attribute. Auf der Ebene der Subjekte können sowohl Teilsysteme als auch das ganze System bewertet werden.

## 4.2  Komplexität

Bei der Diskussion der Komplexität von Software oder allgemeiner von Softwareprodukten stellt sich zunächst die Frage, was unter dem Begriff Komplexität verstanden werden soll. Es ist nicht leicht, eine Definition anzugeben, da in der Literatur verschiedene Komplexitätsbegriffe verwendet werden, mit denen häufig versucht wird, die Gesamtheit aller oder einer Anzahl bestimmter interner Attribute eines Softwareprodukts zu beschreiben (vgl. Fenton (1993)).

Umgangssprachlich versteht man unter der Komplexität die „Gesamtheit aller Merkmale [und] Möglichkeiten" bzw. die „Vielschichtigkeit". Als komplex wird etwas angesehen, das „vielschichtig" ist oder „viele, sehr verschiedene Dinge umfaßt" (vgl. Duden (1990)). Einige Zitatfragmente sollen einen Eindruck vermitteln, was in bezug auf Softwareprodukte mit dem Begriff Komplexität verbunden wird: „Wir definieren den Begriff Softwarekomplexität als den Grad der Schwierigkeit, Software zu analysieren, zu testen, zu designen und zu implementieren." (vgl. Ramamorphy *et al.* (1985)); „Komplexität ist eine metaphysische Eigenschaft und daher nicht direkt beobachtbar." (vgl. Shepperd (1988)); „Im allgemeinen bezeichnet der Begriff Komplexität den geistigen Aufwand, der für das Verständnis notwendig ist." (s. Sullivan (1975)); „[Wir] beschreiben Komplexität als die Schwierigkeit, (ein Stück) Software zu verstehen." (s. Curtis (1979)); der Begriff Softwarekomplexität beschreibt, „wie schwierig ein Programm zu verstehen und einzusetzen ist." (s. Harrison *et al.* (1982)); „Komplexität ist ein Maß für die Ressourcen, die von anderen Systemen bei der Interaktion mit einer bestimmten Software verbraucht werden." (s. Basili (1980)), „Die wahre Bedeutung der Softwarekomplexität ist die Schwierigkeit, Software zu warten, zu ändern und zu verstehen. Dies umfaßt die psychologische Komplexität von Programmen." (s. Zuse (1991)). Komplexität ist „der Schwierigkeitsgrad eines Systems", der von verschiedenen Charakteristika bestimmt wird (IEEE (1983)). (Eine Zusammenstellung dieser und weiterer verschiedener Definitionen von Komplexität findet man bei Zuse (1991).)

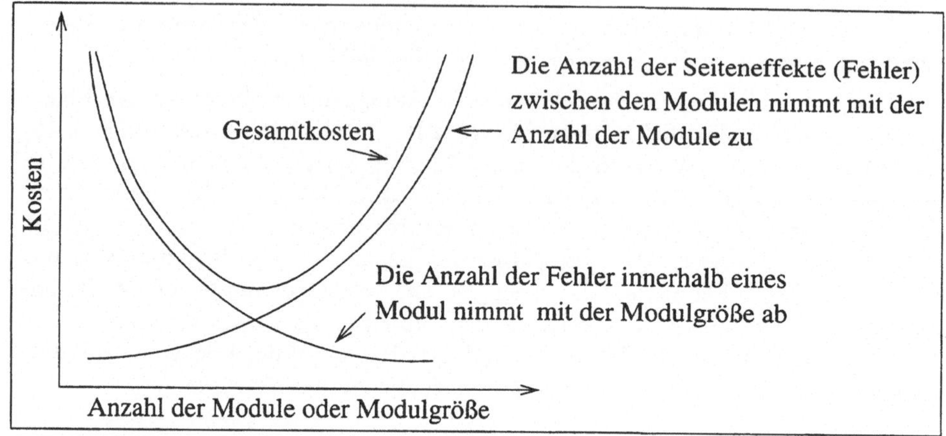


Abbildung 4.2: Modulgröße und intermodulare Wechselbeziehungen (vgl. Yourdon und Constantine (1979))

Trotz der Unschärfe des Komplexitätsbegriffs wird der Einsatz von Komplexitätsmaßen bei der herkömmlichen Softwareentwicklung als sinnvoll erachtet. Es wurde festgestellt, daß die Fehlerquote mit wachsender Komplexität der Softwareprodukte zunimmt. Dieses Anwachsen geschieht überproportional, sobald die Komplexität des Softwareprodukts die Aufnahmekapazität des menschlichen Gehirns überschreitet (vgl. Yourdon und Constantine (1979)). Auch die sog. Pareto-Regel kann den Einsatz von Komplexitätsmaßen positiv motivieren. Diese Regel besagt, daß 80 % der Fehler in 20 % der Softwareprodukte stecken, die ein System ausmachen. Diese zeichnen sich häufig durch hohe Komplexität aus (vgl. Booch (1996)),

Die Komplexität eines Systems wird bei der strukturierten Softwareentwicklung durch Aufspaltung in Module (Modularisierung) reduziert. Jedoch ist es nicht sinnvoll, ein System in sehr viele sehr kleine Module zu gliedern. Es gibt einen Punkt, an dem der Nutzen einer weiteren Zergliederung, nämlich die Einfachheit der entstehenden Module, durch die Komplexität der intermodularen Wechselbeziehungen kompensiert wird. Die Abbildung 4.2 veranschaulicht dies.

Die der Problemstellung angemessene Komplexität eines Systems und seiner Teile muß der Entwickler selbst bestimmen. In der Literatur werden verschiedene Softwaremaße und Heuristiken für herkömmlich entwickelte Softwareprodukte vorgestellt, die den Entwickler hierbei unterstützen können (vgl. Albrecht und Gaffney (1983); Card und Glass (1990); Elshoff (1976); Halstead (1977); Henry und Kafura (1981); McCabe (1976); Munson und Khosgoftaar (1992) und Yourdon und Constantine (1979)).

Auch bei der objektorientierten Softwareentwicklung ist es sinnvoll, die Komplexität eines Systems bzw. seiner Teile zu betrachten. Nach Booch (1994b) gilt auch hier die Pareto-Regel: In ihrer Komplexität hervorstechende Klassen sind häufig fehleranfälliger als andere: 80% der Fehler stecken in 20% der Klassen eines

Systems. Deshalb lohnt es sich, die komplexesten Klassen im System möglichst frühzeitig zu identifizieren.

## Konkretisierung des Komplexitätsbegriffs

Die Vielzahl der im vorangegangenen recht unscharfen Definitionen des Komplexitätsbegriffs läßt erahnen, daß eine objektive Bewertung der Komplexität von Softwareprodukten schwierig ist. Da Softwaremaße jedoch eine objektive Bewertung ermöglichen sollen, verwundert es nicht, daß die in der Literatur vorgestellten Softwaremaße i.a. auf quantitativ bestimmbaren Merkmalen beruhen. Verallgemeinert kann der jeweils zugrundeliegende Bewertungsansatz wie folgt beschrieben werden:

**Definition 4.1** *Die* **Komplexität** *eines Softwareprodukts wird bestimmt durch die Menge der Informationen, die für seine korrekte Erstellung, Nutzung, Wartung, Erweiterung, Änderung und Verwaltung verstanden und verarbeitet werden müssen.*

Statt des zwar intuitiv einsichtigen, aber schwer definierbaren Schwierigkeitsgrads wird hier auf die Menge der Informationen zurückgegriffen, die jeweils verstanden und verarbeitet werden müssen. Die nicht objektiv bewertbaren Aspekte (z.B. menschliche Einflußfaktoren) werden dabei zunächst ausgeklammert, sind jedoch bei der Interpretation der Meßergebnisse zu berücksichtigen.

Viele Faktoren beeinflussen die Komplexität eines Softwareprodukts. Sie lassen sich nicht insgesamt durch ein einziges Maß beschreiben. Für die folgenden Betrachtungen werden drei Kategorien der Komplexität unterschieden (vgl. hierzu auch Ejiogu (1991); Fenton (1993); Kuhlmann (1996*b*)):

**Definition 4.2** *Das* **Volumen** *eines Softwareprodukts wird bestimmt durch die Anzahl der Informationen, die für seine korrekte Erstellung, Nutzung, Wartung, Erweiterung, Änderung oder Verwaltung verstanden und verarbeitet werden müssen.*

*Die* **logische Komplexität** *eines Softwareprodukts wird bestimmt durch die Menge der Informationen, die die Aufgabenerfüllung des Softwareprodukts beschreiben. Die logische Komplexität umfaßt damit die Komplexität der Verarbeitungen, die durch das Softwareprodukt realisiert werden (Funktionalität des Softwareprodukts) sowie die Komplexität des dynamischen Verhaltens des Softwareprodukts.*

*Die* **strukturelle Komplexität** *eines Softwareprodukts wird bestimmt durch die Menge der Informationen, die den strukturellen Aufbau eines Softwareprodukts beschreiben.*

Während das Volumen also lediglich die Anzahl der zu betrachtenden Informationen berücksichtigt, werden bei der logischen und der strukturellen Komplexität auch Wechselwirkungen, die zwischen den Informationen bestehen, und die ein Softwareentwickler zwangsläufig berücksichtigen muß, mit einbezogen. Die genannten

Kategorien sind nicht völlig überschneidungsfrei. Dennoch hat sich diese Einteilung bei einer Katalogisierung verschiedener bisher für die objektorientierte Softwareentwicklung vorgeschlagener Softwaremaße als sinnvoll und ausreichend erwiesen (vgl. Kuhlmann (1996a)) und wird für die folgenden Betrachtungen zugrunde gelegt.

### Hinweis zur Interpretation der Meßergebnisse

Bei der Interpretation der im Rahmen der Komplexitätsbewertung gewonnenen Meßergebnisse sind psychologische und problembedingte Aspekte zu berücksichtigen, die kaum anhand allgemeiner formaler Merkmale von Softwareprodukten bewertet werden können.

- *Psychologische Aspekte*

  Bei der Beurteilung der psychologischen Komplexität einer Methode, Klasse o.ä. spielt u.a. der Erfahrungsgrad des Entwicklers mit dem betrachteten Problembereich eine Rolle. Auch andere menschliche Faktoren, wie die Motivation und die momentane persönliche Verfassung des Entwicklers können das subjektive Empfinden der Komplexität einer Methode oder einer anderen Modellierungseinheit beeinflussen.

  Zusätzlich kann auch die Erwartungshaltung des Entwicklers, was die durch die betrachtete Methode oder Klasse zu erfüllende Aufgabe anbelangt, Einfluß auf die psychologische Komplexität haben: Stimmt beispielsweise die tatsächliche Aufgabe der Methode oder Klasse nicht mit derjenigen überein, die der Entwickler ihr intuitiv zuordnet, so wird es (insbesondere bei Wartung und Erweiterung) für ihn schwieriger, die tatsächliche Bedeutung und Aufgabe zu durchschauen (vgl. hierzu Yourdon und Constantine (1979) über Module).

- *Problembedingte Aspekte*

  Die problembedingte Komplexität beschreibt die Komplexität der durch das betrachtete Element (z.B. eine Methode oder eine Klasse) abzudeckenden Problemstellung. Der problembedingten Komplexität wird durch den Entwickler in der Regel die lösungsbedingte Komplexität hinzugefügt (vgl. Card und Glass (1990)).

Des weiteren tragen die Schwierigkeiten, die sich bei der Durchführung größerer Softwareprojekte ergeben können, zur Komplexität entstehender Softwareprodukte bei (vgl. Booch (1994)): Probleme können beispielsweise bei Koordination und Leitung der Teammitglieder entstehen (Schwierigkeiten im Abstimmungsprozeß oder auch ungenügende Kommunikation). Darüber hinaus können sich Probleme durch eine hohe Variabilität der Vorgaben des Auftraggebers oder Anwenders und durch die Versuchung, alle Möglichkeiten, die die moderne Softwareentwicklung bietet, auch auszuschöpfen, ergeben (Flexibilität zur Entwicklung individuellster und „überperfekter" Systeme).

| | Kategorie der Komplexität | | |
|---|---|---|---|
| Ebene | Volumen | strukturell | logisch |
| Methode | − | − | * |
| Klasse | * | * | * |
| Vererbungsstruktur | * | * | − |
| Subjekt / System | * | * | − |
| Ereignisfolgediagramm | * | * | − |
| Zustandsdiagramm | * | * | − |

Tabelle 4.1: Kategorien und Ebenen der Komplexitätsbetrachtung

## Systematik der Komplexitätsbewertung

Zunächst wird die Komplexitätsbewertung systematisch vorbereitet. Neben den Kategorien der Komplexität sind, wie eingangs erwähnt, verschiedene Ebenen der Betrachtung zu unterscheiden. Tabelle 4.1 zeigt die Systematik der Bewertung. Sie wird in den folgenden Abschnitten zur Konkretisierung des Unterziels 1 aufgegriffen. Dabei wird jedem Abschnitt eine im Sinne des GQM-Ansatzes abgeleitete Fragestellung, die das die Komplexität betreffende Unterziel 1 der Arbeit konkretisieren hilft, vorangestellt.

**Unterziel 1** *Bewertung eines Entwurfs hinsichtlich der Komplexität, so daß diesbezügliche Auffälligkeiten von Modelleinheiten aufgezeigt werden können.*

Die Tabelleneinträge in Tabelle 4.1 haben die folgende Bedeutung (diese Bezeichnungen werden in den Abschnitten 4.3, 4.4, 4.5 und 4.6 ebenso verwendet):

- − Die Eigenschaft kann nicht bewertet werden, da die während der Systemanalyse bereitgestellten Informationen hierzu nicht ausreichen.

- * Die Eigenschaft wird bewertet, soweit dies auf der Basis der während der Systemanalyse bereitgestellten Informationen möglich ist.

Auf jeder Ebene der Bewertung werden im Anschluß Softwaremaße zugeordnet, die zur Quantifizierung der bewerteten Eigenschaft herangezogen werden sollen. Die zugehörigen Meßwerte können theoretisch manuell ermittelt werden. In Kapitel 5 wird jedoch das Werkzeug MEMOS beschrieben, welches die Bestimmung der Meßwerte übernimmt.

Abhängig von den ermittelten Meßwerten werden dem Entwickler Elemente seines Entwurfs zur kontextspezifischen Überprüfung ihrer Komplexität vorgeschlagen (vgl. Kapitel 5 und 6). Um dem Entwickler die der Komplexitätsbetrachtung zugrundeliegenden Gedankengänge zu vermitteln, werden für jede Ebene verschiedene Gesichtspunkte zusammengestellt, unter denen die Betrachtung der Komplexität sinnvoll erscheint. Darüber hinaus erhält der Entwickler Hinweise, wie die Komplexität ggf. reduziert werden kann. (Analog wird in Abschnitt 4.3 für die Kopplung,

| Beschreibung | Seite |
|---|---|
| *Anzahl der formalen Argumente:* Die Anzahl der formalen Argumente, die für eine Methode spezifiziert werden, läßt Rückschlüsse auf die Komplexität eines Methodenaufrufs zu und kann als Indikator für die Komplexität der Verarbeitungen dienen. | 172 |

Tabelle 4.2: Maße für die Bewertung der Komplexität von Methoden

in Abschnitt 4.4 für die Bindung, in Abschnitt 4.5 für die Wiederverwendbarkeit und in Abschnitt 4.6 für die Zweckmäßigkeit verfahren.)

## 4.2.1  Komplexität von Methoden

**Abgeleitete Fragestellung 1.1** *Durch welche Maße kann die Komplexität von Methoden bewertet werden?*

Die Bewertung der verschiedenen Kategorien der Komplexität von Methoden ist im Rahmen der Systemanalyse nur eingeschränkt möglich. Volumen und strukturelle Komplexität von Methoden können z.B. nicht ohne weiteres bewertet werden, da hierzu eine auswertbare Spezifikation des Methodenrumpfs Voraussetzung ist. (Diese liegt jedoch i.a. erst im Design oder nach der Implementierung vor.) Rückschlüsse auf die logische Komplexität einer Methode sind dagegen z.B. mit Hilfe der Argumente, die einer Methode bei Aufruf übergeben werden müssen, möglich (vgl. z.B. Lorenz und Kidd (1994), Morschel (1994)).

Zur Bewertung der Komplexität von Methoden wurde im Rahmen dieser Arbeit nur das in Tabelle 4.2 genannte Softwaremaß ausgewählt. Dieses Maß wird hier ebenso wie die Softwaremaße, die im folgenden zugeordnet werden, nur kurz motiviert. Die angegebene Seitenzahl verweist auf die ausführlichere Beschreibung des Maßes im Anhang C. Die bei Anwendung der verschiedenen Softwaremaße ermittelten Meßergebnisse werden in *hohe, mittlere* und *niedrige* Meßwerte eingestuft. (Wie dies im einzelnen geschieht und wie die benötigten Referenzwerte für die Einteilung bestimmt wurden, wird in Kapitel 5 beschrieben. Die Referenzwerte selbst werden bei der Beschreibung der Softwaremaße in Anhang C genannt.) Bei der Komplexitätsbewertung gelten hohe Meßwerte als auffällig. Elemente, denen hohe Komplexitätswerte zugeordnet werden, sollten daher überprüft werden.

Die im Rahmen dieser Arbeit durchgeführten Untersuchungen bestätigten die Nützlichkeit des in Tabelle 4.2 vorgestellten Softwaremaßes als Indikator für Schwachstellen des Entwurfs. Die Anzahl der formalen Argumente, die einer Methode während der Systemanalyse zugeordnet werden, läßt nur sehr grobe Rückschlüsse auf deren wirkliche Komplexität zu. Man bedenke etwa, daß den formalen Argumenten eine sehr unterschiedliche Bedeutung für die Verarbeitungen innerhalb der Methoden zukommen kann und daß die Argumente unterschiedlich strukturiert sein können. Dennoch sollten Entwickler zur Überprüfung von Methoden mit vergleichsweise vielen formalen Argumenten angeregt werden. Verschiedene Hinweise unterstützen ihn, falls er sich zu einer solchen Überprüfung entschließt (vgl. Anhang A).

**Motivation und Hinweise:**

* Die Methoden einer Klasse sollten möglichst einfach sein; die von der Methode zu erfüllende Aufgabe sollte sich mit einem kurzen Satz mit nur einem Objekt und einem Prädikat beschreiben lassen (vgl. Coad und Yourdon (1991b)). Komplexe Methoden sollten daraufhin überprüft werden, ob sie vereinfacht werden können. Vereinfachen bedeutet meist, daß eine Methode in mehrere weniger komplexe Methoden zerlegt wird (vgl. Coad und Yourdon (1991b)).

* Sehr komplexe Methoden erfüllen häufig nicht eine einzige, klar definierte Aufgabe. Dies kann ein Indikator dafür sein, daß funktionsorientierter Code entwickelt wurde (vgl. Coad und Yourdon (1991b)).

* Methoden mit vergleichsweise vielen formalen Argumenten wurden mitunter der falschen Klasse zugeordnet. Methoden sollten stets derjenigen Klasse zugeordnet werden, deren Objekte als kleinste mögliche Einheit alle für die Methodendurchführung notwendigen Informationen besitzen.

## 4.2.2  Komplexität von Klassen

**Abgeleitete Fragestellung 1.2** *Durch welche Maße kann die Komplexität von Klassen bewertet werden?*

Alle Kategorien der Komplexität lassen sich bereits während der Systemanalyse betrachten. Das Volumen einer Klasse kann mit Hilfe der Anzahl der Elemente bewertet werden. Zu den Elementen gehören in diesem Sinne die Attribute, die Methoden sowie die für Objekte der Klasse modellierten Objektbeziehungen und Aggregationsstrukturen, da auch diese für die korrekte Verwendung der Objekte verstanden werden müssen. Es wird zwischen „eigenen" und geerbten Elementen unterschieden.

Es ist zudem sinnvoll, nach Art der Nutzung einer Klasse zwischen dem Volumen der Schnittstelle einer Klasse, d.h. dem für die „black box"-Nutzung der Klasse entscheidenden Volumen und dem Gesamtvolumen (dem Volumen, das für die „white box"-Nutzung der Klasse entscheidend ist) zu unterscheiden. Dies wird durch die in Tabelle 4.3 getroffene Auswahl an Softwaremaßen deutlich.

Rückschlüsse auf die strukturelle Komplexität einer Klasse sind anhand der modellierten Objektverbindungen und Aggregationsstrukturen als auch mit Hilfe der Basisklassen, mit denen eine Klasse durch Vererbungsstrukturen verknüpft ist, möglich. Objektbeziehungen und Aggregationsstrukturen werden jedoch bereits bei der Bewertung des Volumens berücksichtigt und leisten darüber hinaus noch

| Beschreibung | Seite |
|---|---|
| *Maße für das Volumen* | |
| *Anzahl der „eigenen" Methoden einer Klasse* Die Anzahl der Methoden einer Klasse gibt das Volumen der Schnittstelle der Klasse an. | 173 |
| *Anzahl der Methoden einer Klasse* (inkl. geerbter Methoden) | 173 |
| *Anzahl der „eigenen" Elemente einer Klasse* Die Anzahl der Elemente einer Klasse gibt an, wie viele Elemente für die Entwicklung, den Test und die Wartung einer Klasse berücksichtigt werden müssen. Zu den Elementen werden hier die Attribute, die Methoden sowie die für die Objekte der Klasse modellierten Objektbeziehungen und Aggregationsstrukturen gezählt. | 176 |
| *Anzahl der Elemente einer Klasse* (inkl. geerbter Elemente) | 176 |
| *Maße für die strukturelle Komplexität* | |
| *Anzahl der Basisklassen einer Klasse* Die Anzahl der (direkten und indirekten) Basisklassen einer Klasse zeigt an, wie viele Klassen für das komplette Verstehen einer Klasse nachvollzogen werden müssen. | 177 |
| *Verhältnis von Eigenanteil zu Gesamtvolumen* Dieses Maß gibt an, welcher prozentuale Anteil der Elemente, die eine abgeleitete Klasse hat, von ihren Basisklassen geerbt wurde und in welchem Maße die Vererbung zum Volumen der Klasse beiträgt. | 184 |
| *Verhältnis von „eigenen" zu insgesamt verfügbaren Methoden* Dieses Maß gibt an, welcher Anteil der Elemente der Schnittstelle, die eine abgeleitete Klasse hat, von ihren Basisklassen geerbt wurde. | 184 |
| *Anzahl der direkten Basisklassen* Dieses Maß gibt an, ob die Klasse durch Mehrfachvererbung entsteht. | 178 |
| *Maße für die logische Komplexität* | |
| *Anzahl der Zustände einer Klasse* Die Anzahl der Zustände, die die Objekte einer Klasse annehmen können, läßt Rückschlüsse auf die Komplexität des relevanten dynamischen Verhaltens zu. | 178 |
| *Anzahl der Zustandsübergänge* Die Anzahl der möglichen Zustandsübergänge, die Objekte einer Klasse durchlaufen können, läßt Rückschlüsse auf die Komplexität des relevanten dynamischen Verhaltens zu. | 179 |

Tabelle 4.3: Maße für die Bewertung der Komplexität von Klassen

einen Beitrag zur Kopplung der Klasse bzw. ihrer Objekte (vgl. Abschnitt 4.3). Ergänzend wird hier die vererbungsbedingte strukturelle Komplexität betrachtet.

Die logische Komplexität einer Klasse kann mit Hilfe der Zustandsdiagramme bewertet werden, da ein Zustandsdiagramm den Lebenszyklus der Objekte einer Klasse beschreibt, falls diese ein interessantes dynamisches Verhalten aufweisen (vgl. Schader und Rundshagen (1996)).

Tabelle 4.3 zeigt die Softwaremaße, die für die Bewertung der Komplexität von Klassen ausgewählt wurden (vgl. auch Anhang C für weitere Informationen). Der Entwickler kann durch folgende Erklärungen zu einer kontextspezifischen Überprüfung der Komplexität einer von ihm modellierten Klasse angeregt werden:

**Motivation und Hinweise:**

* Je größer die Komplexität einer Klasse ist, desto mehr Informationen muß
  ein Anwender verstehen, der die Klasse entwickeln, testen, warten, erweitern, einsetzen oder verwalten soll. Dies läßt Rückschlüsse auf die jeweils
  entstehenden Aufwände zu (vgl. z.B. Chidamber und Kemerer (1991)).

* Hohe Komplexität wirkt sich nachteilig auf die Wiederverwendbarkeit aus
  (vgl. z.B. Chidamber und Kemerer (1991)). Denn komplexe, schwer verständliche Klassen sind schwieriger einzusetzen und zu erweitern.

* Die Klassen eines objektorientiert entwickelten Systems sollten so einfach wie
  möglich sein; jede Klasse sollte einen klar definierten inhaltlichen Sachverhalt
  (im folgenden auch als Konzept bezeichnet) minimal, aber vollständig realisieren (vgl. hierzu auch Abschnitt 4.4.2). Sehr komplexe Klassen erfüllen diese
  Anforderungen oft nicht (vgl. z.B. Coad und Yourdon (1991b)). Deswegen
  kann eine hohe Komplexität einer Klasse ein Indikator dafür sein, daß die der
  Klassenbildung zugrundeliegenden Entwurfsentscheidungen überdacht werden sollten. Eventuell existieren unnötige Attribute, Methoden oder Beziehungen, eine Verallgemeinerung wurde nicht modelliert, oder die Klasse kann
  sinnvoll in mehrere, weniger komplexe Klassen aufgespaltet werden.

* Ein Entwurf ist immer das Ergebnis von Überlegungen, die die Vor- und Nach-
  teile einer geringeren Anzahl umfangreicher Klassen gegenüber einer größeren
  Anzahl weniger umfangreicher (kleinerer) Klassen gegeneinander abwägen.
  Im Rahmen der Systemanalyse sollte hier besser eine größere Anzahl kleinerer Klassen modelliert werden, da es leichter ist, kleinere Klassen zu einer umfangreicheren Klasse zusammenzufassen als umgekehrt (vgl. Balzert
  (1995)).

* Komplizierte Zustandsdiagramme sind häufig Ausdruck eines komplizierten
  Bedingungsgefüges, das das Verhalten der Objekte beschreibt. Da Klassen
  stets so einfach wie möglich gestaltet werden sollten, ist es ratsam, Klassen,
  deren Objekte ein kompliziertes dynamisches Verhalten aufweisen, daraufhin
  zu überprüfen, ob Verantwortlichkeiten sinnvoll delegiert werden können.

Je nach Aufbau der zur Überprüfung vorgemerkten Klasse kann der Entwickler
durch weitere Hinweise bei der kontextspezifischen Überprüfung unterstützt werden. (Die Ratschläge sind im einzelnen in Anhang A zusammengefaßt. Es handelt
sich dabei um Hinweise, mit deren Hilfe Elemente identifiziert werden können, die
überflüssig modelliert oder innerhalb des Modells falsch angesiedelt wurden.) Vor
allem das Gegenüberstellen der eigenen und der geerbten Komplexitätswerte liefert
mitunter wertvolle Hinweise. Insbesondere bei größeren Modellen lassen sich auf
diese Weise Komplexitätsschwerpunkte erkennen, die auf den ersten Blick unkri-
tisch wirken.

## 4.2.3  Komplexität von Vererbungsstrukturen

**Abgeleitete Fragestellung 1.3** *Durch welche Maße kann die Komplexität von Vererbungsstrukturen bewertet werden?*

Für die Bewertung der verschiedenen Kategorien der Komplexität von Vererbungsstrukturen können Softwaremaße angegeben werden: Das Volumen einer Vererbungsstruktur läßt sich mit Hilfe der Anzahl der Klassen bestimmen. Die strukturelle Komplexität einer Vererbungsstruktur wird durch die Breite und Tiefe der Struktur als auch durch die Anzahl ihrer Blätter angegeben. Als Blätter werden dabei Klassen der Vererbungsstruktur bezeichnet, von denen keine weiteren Klassen abgeleitet sind.

Als logische Komplexität einer Vererbungsstruktur werden an dieser Stelle Aspekte bewertet, die sich aus der Verwendung von Objekten, die in Vererbungsstrukturen eingebettet sind, für die Verständlichkeit des dynamischen Verhaltens ergeben können. Vererbung in Verbindung mit Polymorphismus und spätem Binden kann dazu führen, daß innerhalb eines Systems mehrere Methoden gleichen Namens aber ggf. unterschiedlicher Verarbeitungen existieren. Die zur Laufzeit auszuführende Methode wird dann anhand des dynamischen Typs des zur Laufzeit referenzierten Objekts ermittelt (vgl. Schader und Kuhlins (1995)). Ein rein statisches Nachvollziehen der Abläufe eines Systems ist dadurch nicht mehr oder nur noch bedingt möglich. Die Vererbung oder genauer die Verwendung überschriebener Methoden sorgt so für eine Steigerung der Komplexität, die sich vor allem dann bemerkbar macht, wenn Programme nur mit Hilfe des Quelltextes nachvollzogen werden müssen (vgl. hierzu z.B. Budd (1991)).

Ausgehend von diesen Überlegungen wurden die in Tabelle 4.4 genannten Softwaremaße ausgewählt (vgl. auch Anhang C). Die im Anschluß zusammengestellten Überlegungen können eine kontextspezifische Überprüfung der Komplexität einer Vererbungsstruktur motivieren:

**Motivation und Hinweise:**

* Die Vererbungsstrukturen eines objektorientiert entwickelten Systems sollten so übersichtlich wie möglich sein, um die Klassen in den Vererbungsstrukturen „offen" für die Wiederverwendung zu erhalten (vgl. Coad und Yourdon (1991b)).

* Vererbungsstrukturen mit sehr hoher Komplexität sollten daraufhin überprüft werden, ob sie der Abbildung einer inhaltlichen „is a"-Beziehung dienen. Häufig können andere Modellierungskonstrukte als Vererbungsstrukturen genutzt werden, um die relevanten Sachverhalte abzubilden. Oft werden hier beispielsweise Aggregationsstrukturen eingesetzt (vgl. etwa Budd (1991), Gamma *et al.* (1995), Williams (1994) und auch Anhang B).

* Sind vergleichsweise viele Klassen auf derselben Ebene einer Vererbungsstruktur angesiedelt (die Vererbungsstruktur ist dann vergleichsweise breit), so

| Beschreibung | Seite |
|---|---|
| *Maße für das Volumen* | |
| *Anzahl der Klassen einer Vererbungsstruktur* Die Anzahl der Klassen in einer Vererbungsstruktur gibt an, wie viele Klassen nachvollzogen werden müssen, um die Vererbungsstruktur vollständig zu verstehen. | 189 |
| *Maße für die strukturelle Komplexität* | |
| *Tiefe einer Vererbungsstruktur* Die Tiefe einer Vererbungsstruktur gibt an, über wie viele Ebenen hinweg die Informationen zum Verständnis einer abgeleiteten Klasse im schlechtesten Fall verteilt sind. | 189 |
| *Breite einer Vererbungsstruktur* Die maximale Anzahl der Klassen einer Vererbungsstruktur mit gleicher Tiefe in der Vererbungsstruktur gibt an, wie viele strukturell verschiedene Spezialisierungen die Vererbungsstruktur enthält. | 190 |
| *Anzahl der Blätter einer Vererbungsstruktur* Die Anzahl der Blätter einer Vererbungsstruktur zeigt, wie viele Spezialisierungen insgesamt durch eine „is a"-Relation verknüpft wurden. | 190 |
| *Anzahl Klassen mit mehr als einer direkten Basisklasse* Die Anzahl der Mehrfachvererbungen hat Einfluß darauf, wie schwierig eine Vererbungsstruktur zu verstehen ist. | 190 |
| *Maße für die logische Komplexität* | |
| *Anteil der überschriebenen Methoden* Das Verhältnis zwischen den insgesamt innerhalb einer Vererbungsstruktur modellierten und den überschriebenen Methoden zeigt, welcher Anteil der Methoden polymorph aufgerufen werden kann. | 191 |

Tabelle 4.4: Maße für die Bewertung der Komplexität von Vererbungsstrukturen

kann dies darauf hindeuten, daß zusätzlich mögliche Verallgemeinerungen nicht ausmodelliert wurden. Evtl. wurden sinnvolle Abstraktionen übersehen, die die Breite der Vererbungsstruktur durch Einführung zusätzlicher Ebenen reduzieren können. Durch „Was wäre wenn"-Überlegungen kann geprüft werden, ob für die Zukunft wahrscheinliche Erweiterungen der Anwendung die Einführung einer zusätzlichen Abstraktionsebene rechtfertigen.

* Hat eine Vererbungsstruktur vergleichsweise viele „Blätter", so kann dies ein Hinweis darauf sein, daß die Vererbungsstruktur bei künftig sinnvollen Erweiterungen leicht „ausufert".

Für die Überarbeitung „ausufernder" Vererbungsstrukturen bietet sich die Anwendung der Entwurfsmuster „Decorator" und „Bridge" von Gamma *et al.* (1995) an. Auch die Anwendung des Darsteller-Rollen-Musters (vgl. Schader und Rundshagen (1996)) kann helfen.

* Wenn eine Vererbungsstruktur vergleichsweise tief ist, so sind die abgeleiteten Klassen, die am tiefsten in der Struktur angesiedelt sind, häufig speziell (vgl. Coad und Yourdon (1991b)). Die Informationen, die für ihr Verständnis

| Beschreibung | Seite |
|---|---|
| *Maße für das Volumen* | |
| *Anzahl der Klassen eines Subjekts* Die Anzahl der Klassen eines Subjekts gibt an, wie viele Klassen nachvollzogen werden müssen, um das Subjekt zu verstehen. | 193 |
| *Maße für die strukturelle Komplexität* | |
| *Anzahl der eingebetteten Subjekte* Die Anzahl der in einem Subjekt enthaltenen Subjekte zeigt, aus wie vielen konzeptionell unterschiedlichen „Teilen" sich ein Subjekt zusammensetzt. | 194 |

Tabelle 4.5: Maße für die Bewertung der Komplexität von Subjekten

notwendig sind, sind über mehrere Ebenen der Vererbungsstruktur verteilt. Polymorphismus kann hier das Verständnis der Klassen bzw. ihres dynamischen Verhaltens zusätzlich erschweren (vgl. Budd (1991)).

Die Vererbungsstruktur sollte daraufhin überprüft werden, ob tatsächlich alle Ebenen der Struktur sinnvoll sind und inhaltliche „is a"-Relationen repräsentieren. Auch hier bieten sich „Was wäre wenn"-Überlegungen an, die die zukünftige Weiterentwicklung des Problembereichs und der entwickelten Anwendung berücksichtigen.

## 4.2.4   Komplexität von Subjekten

**Abgeleitete Fragestellung 1.4** *Durch welche Maße kann die Komplexität von Subjekten bewertet werden?*

An dieser Stelle sei darauf hingewiesen, daß alle Aussagen, die im Verlauf der Arbeit zu Subjekten gemacht werden, i.w. auch auf das System als Ganzes übertragen werden können. Vereinfachend wird nicht länger von Subjekten, Teilsystemen und Systemen gesprochen, sondern nur noch von Subjekten.

Da es sich bei Subjekten um konzeptionelle Einheiten handelt, für die kein eigenes dynamisches Verhalten modelliert wird, wird die logische Komplexität von Subjekten hier nicht bewertet. Rückschlüsse auf die Verarbeitungen, die innerhalb der Subjekte erfolgen, wären evtl. anhand der durch Ereignisfolgediagramme spezifizierten Objektinteraktionen innerhalb des Subjekts möglich. Hierauf wird jedoch verzichtet. Die Begründung dieser Entscheidung folgt in Abschnitt 4.2.5.

Für die Bewertung des Volumens und der strukturellen Komplexität von Subjekten wurden die in Tabelle 4.5 angegebenen Softwaremaße ausgewählt. Für weitere Informationen siehe Anhang C.

Der Entwickler kann durch folgende Argumente zu einer kontextspezifischen Überprüfung der Komplexität eines von ihm modellierten Subjekts angeregt werden.

**Motivation und Hinweise:**

* Je größer die Komplexität eines Subjekts ist, desto mehr Informationen muß ein Entwickler verstehen, der das Subjekt entwickeln, testen, warten, erweitern, einsetzen, verwalten oder wiederverwenden soll. Dies läßt Rückschlüsse auf die jeweils entstehenden Aufwände zu.

* Subjekte mit hoher Komplexität können aus vielerlei Gründen entstehen. Ein Grund ist eine hohe problembedingte Komplexität. Jedoch kann auch die lösungsbedingte Komplexität eine hohe Komplexität des entstehenden Subjekts zur Folge haben.

* Jedes Subjekt sollte Klassen zusammenfassen, die inhaltlich zusammengehören und insgesamt der Erreichung eines gemeinsamen Ziels dienen. Subjekte, die vergleichsweise komplex sind, erfüllen diese Vorgabe häufig nicht und können oft sinnvoll in mehrere Subjekte zerlegt werden.

## 4.2.5 Komplexität von Abläufen

**Abgeleitete Fragestellung 1.5** *Durch welche Maße kann die Komplexität von Abläufen bewertet werden?*

Unter einem Ablauf wird hier wie im folgenden eine Interaktionsfolge verstanden, die zwischen den Objekten des Problembereichs spezifiziert ist und mit Hilfe von Ereignisfolgediagrammen modelliert wird. Die Bewertung der verschiedenen Kategorien der Komplexität von Abläufen ist im Rahmen der Systemanalyse möglich. So kann das Volumen eines Ablaufs mit Hilfe der Anzahl der beteiligten Objekte und Ereignisse bewertet werden. Die in einem Ereignisfolgediagramm spezifizierten Objekte lassen jedoch nur sehr bedingt Rückschlüsse darauf zu, wie viele Objekte zur Laufzeit tatsächlich wie oft in der angegebenen Weise kommunizieren. Rückschlüsse auf die strukturelle Komplexität von Abläufen sind im Rahmen der Systemanalyse nur eingeschränkt möglich. So kann zwar die Anzahl der Klassen, deren Objekte am Ablauf beteiligt sind und die daher zum Verständnis des Ablaufs verstanden werden müssen, berücksichtigt werden. Eine weitergehende Betrachtung der Abläufe anhand quantifizierbarer Merkmale erscheint jedoch wenig erfolgversprechend.

Durch Szenarios und Ereignisfolgediagramme werden jeweils mögliche Objektinteraktionen beschrieben. Ablaufpläne, wie sie bei der herkömmlichen Softwareentwicklung üblicherweise verwendet und zur Bewertung der strukturellen Komplexität von Abläufen herangezogen werden, sind bei der objektorientierten Softwareentwicklung infolge des veränderten Systemverständnisses sowie durch Vererbung, Polymorphismus und spätes Binden nur noch bedingt sinnvoll. Ein Ablauf im herkömmlichen Sinne wird aus diesem Grunde meist durch mehrere Ereignisfolgediagramme beschrieben, deren Zusammengehörigkeit aber nicht explizit formuliert wird.

| Beschreibung | Seite |
|---|---|
| *Maße für das Volumen* | |
| *Anzahl der Objekte, die an einer Verarbeitung beteiligt sind* Alle für einen Ablauf modellierten Objekte müssen korrekt verstanden und verwendet werden. | 192 |
| *Anzahl der Ereignisse* Alle modellierten Nachrichtenverbindungen müssen verstanden werden. | 192 |
| *Maße für die strukturelle Komplexität* | |
| *Anzahl der Klassen, deren Objekte an einer Verarbeitung beteiligt sind* Es können mehrere Objekte einer Klasse an demselben Ablauf beteiligt sein. Wichtig für das Verständnis des Ablaufs ist die Kenntnis der beteiligten Klassen. | 192 |

Tabelle 4.6: Maße für die Bewertung der Komplexität von Abläufen

Daher ist eine Bewertung der strukturellen Komplexität, wie sie für herkömmliche Abläufe z.B. mit Hilfe der zyklomatischen Zahl von Chen (1978) vorgenommen wird, hier nicht in sinnvoller Weise möglich. Für die logische Komplexität gelten die Aussagen entsprechend.

Zur Bewertung der Komplexität von Abläufen wurden im Rahmen dieser Arbeit die in Tabelle 4.6 genannten Softwaremaße ausgewählt (vgl. auch Anhang C).

Entwickler, denen aufgrund der ermittelten Meßwerte eine kontextspezifische Überprüfung von Systemabläufen nahegelegt wird, können durch die folgenden Gesichtspunkte und Hinweise hierzu motiviert werden.

**Motivation und Hinweise:**

* Verarbeitungen, an denen sehr viele Objekte beteiligt sind, werden stark verteilt bearbeitet. Falls derartige Abläufe, z.B. bei der Suche nach Fehlern, nachvollzogen werden müssen, sind alle Klassen, deren Objekte an den Verarbeitungen beteiligt sind, in die Betrachtungen mit einzubeziehen (vgl. zu dieser Problematik z.B. Budd (1991) oder auch Wilde und Huitt (1992)).

  Dies kann die Nachvollziehbarkeit der Abläufe erschweren und hat entsprechende Auswirkungen auf die Aufwände, die für Test, Wartung und Änderung der entsprechenden Abläufe berücksichtigt werden müssen.

* Verarbeitungen, an denen Objekte beteiligt sind, deren Klassen in Vererbungsstrukturen eingebettet sind und evtl. über polymorphe Methoden verfügen, können schwer nachvollziehbar sein, wenn die Vererbungsstruktur nicht bewußt modelliert und gut dokumentiert wurde (mit den gleichen Konsequenzen wie den oben genannten, vgl. z.B. Budd (1991) zum sog. Jojo-Problem).

* Für weitere Überlegungen zur Gestaltung von Abläufen vgl. Abschnitt 4.3.4.

## 4.2.6  Abschließende Bemerkungen zur Komplexität

Die vorangegangenen Ausführungen haben verdeutlicht, wie differenziert bei der Bewertung der Komplexität objektorientierter Softwareprodukte vorgegangen werden sollte. Zum einen wurden verschiedene Kategorien der Komplexität unterschieden, zum anderen kann die Komplexität auf verschiedenen Ebenen bzw. Detaillierungsstufen untersucht werden.

In der Literatur herrscht Einigkeit darüber, daß die Komplexität einer Einheit so gering wie möglich sein sollte. Allerdings ist die unendlich feine Zergliederung eines Entwurfs nicht sinnvoll. (Die Aussagen, die anhand der Abbildung 4.2 getroffen wurden, lassen sich in entsprechender Weise auf die objektorientierte Softwareentwicklung übertragen.) Die systematische Betrachtung der Komplexität führte zur Auswahl verschiedener Softwaremaße, die zur Bewertung der Komplexität bereits während der Systemanalyse herangezogen werden können.

In Kapitel 5 wird beschrieben, wie die Meßergebnisse ermittelt und hinsichtlich ihrer Ausprägung in *hohe*, *mittlere* und *geringe* Meßwerte eingestuft werden. Werden Einheiten hoher Komplexität identifiziert, soll der Entwickler zunächst durch die genannten Gesichtspunkte für die kontextspezifische Überprüfung der Komplexität der betrachteten Methode, Klasse, Vererbungsstruktur oder des betrachteten Subjekts motiviert werden. Durch geeignete Hinweise wird er zudem dabei unterstützt, die Komplexität des betrachteten Elements zu reduzieren (vgl. Anhang A). Verschiedene der hier ausgewählten Softwaremaße wurden bereits von anderen Autoren vorgeschlagen. Bei der ausführlichen Beschreibung der Softwaremaße im Anhang C sind entsprechende Verweise angegeben.

Für die Bewertung der Komplexität bei der objektorientierten Softwareentwicklung bedeutet die Beschränkung auf bereits im Rahmen der Systemanalyse objektiv bestimmbare Merkmale insbesondere auf der Methodenebene Einschränkungen. Diese werden hier jedoch, wie bereits in Abschnitt 3.3 betont, bewußt in Kauf genommen.

# 4.3  Kopplung

Was unter dem Begriff Kopplung verstanden wird, drückt folgende Definition ganz allgemein aus (vergleichbare Definitionen findet man beispielsweise bei Berard (1993); Myers (1978) oder Yourdon und Constantine (1979)):

**Definition 4.3** *Die* **Kopplung** *(synonym: Coupling) einer Einheit beschreibt die Wechselbeziehungen, die sie zu anderen Einheiten unterhält, und die damit verbundenen Abhängigkeiten.*

Für die herkömmliche Softwareentwicklung wurde die Kopplung bereits intensiv untersucht. Systeme werden i.a. in Module gegliedert. Dabei ist ein Modul unabhängig von einem anderen, wenn es ohne die Existenz des zweiten Moduls vollständig funktionsfähig ist. Jede Beziehung, die zwischen zwei Modulen besteht, schafft einen gewissen Grad der Abhängigkeit, eine Sensibilität gegenüber Änderungen in anderen Modulen des Systems. Die zentrale Frage bei der Betrachtung der Kopplung ist, wieviel man über ein oder mehrere andere Module wissen oder verstehen muß, um ein Modul zu warten und zu verstehen (vgl. Yourdon und Constantine (1979), S. 85).

In der Literatur werden verschiedene Arten der Kopplung zwischen Modulen unterschieden. Von der schwächsten zur stärksten und damit am wenigsten wünschenswerten Form der Kopplung unterscheidet man (vgl. Berard (1993); Myers (1978); Yourdon und Constantine (1979)):


1. *Kopplung durch Daten (Data Coupling)*

2. *Kopplung durch Steuerungsinformationen (Control Coupling)*

3. *Kopplung über globale Bereiche (Common Environment Coupling, External Coupling)*

4. *Kopplung über Modulinhalte (Content Coupling)*


Der Grad der Kopplung zwischen Modulen, d.h. die Art der entstehenden Abhängigkeiten ist ein wichtiges Kriterium bei der Bewertung der Güte eines Entwurfs. Im Rahmen verschiedener Studien wurden Zusammenhänge zwischen der Kopplung zwischen Modulen und den bez. eines Softwareprodukts interessierenden Qualitätseigenschaften wie Zuverlässigkeit, Wart- und Änderbarkeit, Wiederverwendbarkeit, Handhabbarkeit und Verständlichkeit hergeleitet. (Vgl. z.B. Henry und Kafura (1981); Kitchenham *et al.* (1990); Lohse und Zweben (1984); Myers (1978); Offutt *et al.* (1993); Selby und Basili (1991); Shepperd (1990); Shepperd und Ince (1993); Troy und Zweben (1981); Yourdon und Constantine (1979).)

Generell ist es beim Design von Systemen wichtig, unnötige Kopplungen zu vermeiden und den Grad der notwendigen Kopplungen so gering wie möglich zu halten. Aussagen über die „optimale Kopplung" sind in der Regel nicht möglich, da viele pragmatische Aspekte bei der Gestaltung von Entwürfen eine Rolle spielen (vgl. z.B. Card und Glass (1990); Myers (1978); Yourdon und Constantine (1979)). Dennoch gibt es Heuristiken und Maße, die einem Entwickler dabei helfen sollen, Systeme zu entwickeln, welche aus möglichst gering gekoppelten Modulen aufgebaut sind. Die Fülle der verfügbaren Quellen zeigt, welche Bedeutung der Kopplung beigemessen wird. Weitere Informationen findet man beispielsweise bei Card und Glass (1990), Fenton und Melton (1990), Goodman (1993), Henry und Kafura (1981), Offutt *et al.* (1993), Selby und Basili (1991), Yourdon und Constantine (1979).

## Kopplung bei der objektorientierten Softwareentwicklung

Die Kopplung sollte auch bei der objektorientierten Softwareentwicklung überprüft werden. Dies wird zum einen an detaillierten Beschreibungen der verschiedenen Aspekte deutlich, die in bezug auf die Kopplung bei der objektorientierten Softwareentwicklung zu unterscheiden sind (vgl. z.B. Berard (1993); Embley und Woodfield (1987) über die Kopplung abstrakter Datentypen). Zum anderen fällt auf, daß viele der bereits verfügbaren Maße und Heuristiken für die Kopplung bei der objektorientierten Softwareentwicklung auf Überlegungen basieren, denen eine Übertragung der bez. der herkömmlichen Softwareentwicklung gewonnenen Erkenntnisse zugrunde liegt. Vgl. hierzu Chidamber und Kemerer (1991); Coad und Yourdon (1991, 1991b); Li und Henry (1993); Lieberherr *et al.* (1988) und Lieberherr und Holland (1989); Lorenz und Kidd (1994); Love (1991); Moreau und Dominick (1989); Morschel (1995); Riel (1994); Sharble und Cohen (1993); Stiebellehner *et al.* (1994); Wild (1991) und Williams (1994).

Die Gliederung eines Systems folgt bei der objektorientierten Softwareentwicklung nicht denselben Prinzipien wie bei der herkömmlichen Softwareentwicklung. Systeme werden als Gesamtheit möglichst unabhängiger, selbständig miteinander kommunizierender Einheiten angesehen, die zudem inhaltlich sinnvolle Konzepte des Problembereichs abbilden sollen. Daher sind zunächst Überlegungen darüber anzustellen, inwieweit die Erkenntnisse über die Kopplung bei der herkömmlichen Softwareentwicklung übertragen werden können. Dabei zeigt sich, daß insbesondere die Vererbung zusätzliche Formen der Kopplung bedingt (vgl. z.B. Berard (1993) oder auch Schach (1996)) und daß die objektorientierte Softwareentwicklung eine erweiterte Sichtweise der Kopplung nahelegt.

Zu berücksichtigen ist, daß sich die Verwendung objektorientierter Entwicklungsmethoden an sich schon positiv auf die Kopplung auswirkt (vgl. z.B. Hitz und Montazeri (1995)). Die Grundideen der objektorientierten Softwareentwicklung führen zur Verteilung der Systemverantwortlichkeiten nach inhaltlich sinnvollen Konzepten auf die Klassen und Objekte des Problembereichs. Entwickler werden darüber hinaus zur konsequenten Verwirklichung der Datenkapselung angehalten, was zur Vermeidung der bei der herkömmlichen Softwareentwicklung als besonders stark bezeichneten Kopplungsarten führt.

## Verschiedene Arten der Kopplung

Je nach Art des Zustandekommens unterscheidet man bei der objektorientierten Softwareentwicklung folgende Arten der Kopplung:

K1 Kopplung durch Methodenaufrufe

K2 Kopplung durch nicht vererbungsbedingte Beziehungen

K3 Kopplung durch Verwendung nicht lokaler[1] Objekte

K4 Kopplung durch Verletzungen der Datenkapselung

K5 Kopplung durch Redundanzen

K6 Kopplung durch Vererbung

K7 Kopplung zwischen den Attributen und Methoden einer Klasse

Neben der Unterscheidung der Kopplungen nach der Art ihres Zustandekommens kann auch eine Unterscheidung der Kopplungen nach ihrem Bezug vorgenommen werden (vgl. hierzu Berard (1993)): *Kopplungen im eigentlichen Sinne*, die zwischen Einheiten entstehen (Kopplungsarten K1 - K5) und *innere Kopplungen*, die innerhalb der Einheiten, also zwischen den Elementen, aus denen die Einheit aufgebaut ist, entstehen (Kopplungsarten K6 und K7).

Bei der Bewertung der Kopplung ist zu berücksichtigen, daß insbesondere Kopplungen durch Methodenaufrufe und Vererbungsstrukturen „gewollt" und notwendig sind, um die Funktionsfähigkeit eines objektorientiert entwickelten Systems zu gewährleisten. Deshalb ist jeweils zwischen notwendigen und unnötigen Kopplungen zu unterscheiden (vgl. Berard (1993)). Unnötige Kopplungen gilt es zu vermeiden, notwendige Kopplungen sollten so „lose" wie möglich sein.

Die Betrachtung der Kopplung bei der objektorientierten Softwareentwicklung sollte nicht, wie bei der herkömmlichen Softwareentwicklung üblich, auf die Betrachtung der Kopplung zwischen zwei Einheiten reduziert werden. Statt dessen erscheint es sinnvoll und notwendig, die Kopplungen, in die eine Einheit involviert ist, insgesamt zu betrachten (vgl. hierzu auch Stiebellehner *et al.* (1994), die ebenso vorgehen). Denn bei der objektorientierten Softwareentwicklung erfolgt die Gliederung nicht mehr streng hierarchisch wie bei der strukturierten Softwareentwicklung. (Dort wird nach dem „top down"-Ansatz ein aufrufendes, übergeordnetes Modul identifiziert, welches untergeordnete Module aufruft. Insgesamt entsteht hierbei in der Regel eine baumförmige Aufrufstruktur der Module.)

Zudem erscheint die paarweise Betrachtung in bezug auf Einheiten, die in wechselnden Kontexten wiederverwendbar sein sollen, zu stark vereinfachend. Bei der objektorientierten Softwareentwicklung sind die Beziehungen flexibler gestaltbar. Klassen als Einheiten der Wiederverwendung sollen insbesondere möglichst unabhängig von ihrem Umfeld sein. Hier wird deshalb die „Gesamtkopplung" der Einheiten (z.B. Klassen) betrachtet, d.h. die Kopplung unter Berücksichtigung des gesamten Umfelds der Einheit.

Lediglich als Ergänzung zur Betrachtung der Gesamtkopplung kann eine Bewertung der Kopplung zwischen je zwei Einheiten (z.B. Klassen bzw. Objekte) sinnvoll sein, wie sie z.B. von Hitz und Montazeri (1995) vorgeschlagen wird. Dabei können dann die Ergebnisse aus der Betrachtung der Kopplung bei der herkömmlichen

---

[1]Als lokal werden hier Objekte bezeichnet, die entweder Attribute des betrachteten Objekts sind, oder die innerhalb der Methoden lokal definiert werden, vgl. auch Stiebellehner *et al.* (1994).

| Kopplungsart | Richtung |
|---|---|
| K1 | unidirektional |
| K2 | bidirektional |
| K3 | unidirektional |
| K4 | unidirektional |
| K5 | bidirektional |
| K6 | unidirektional |
| K7 | unidirektional |

Tabelle 4.7: Richtungen der verschiedenen Kopplungsarten

Softwareentwicklung übertragen werden (vgl. hierzu auch Schach (1996)), wobei der Einfluß der Vererbung allerdings zusätzlich zu berücksichtigen ist.

## Richtung der Kopplungen

Die entstehenden Kopplungen können unidirektional oder bidirektional sein. Besteht eine unidirektionale Kopplung zwischen einer Einheit $E_1$ und einer Einheit $E_2$, so „kennt" Einheit $E_1$ zwar Einheit $E_2$, $E_2$ aber nicht notwendigerweise $E_1$. (D.h. eine Änderung der Einheit $E_2$ kann eine Änderung der Einheit $E_1$ zur Folge haben, eine Änderung der Einheit $E_1$ betrifft die Einheit $E_2$ jedoch i.a. nicht.) Bei bidirektionalen Kopplungen sind alle verknüpften Klassen bzw. Objekte von der Beziehung betroffen. In Tabelle 4.7 ist für jede Kopplungsart ihre Richtung angegeben. Die Einträge werden im einzelnen erläutert.

**Definition 4.4** *Eine Einheit E ist an alle anderen Einheiten E' gekoppelt, zu denen entweder eine unidirektionale Kopplung besteht, die von der Einheit E ausgeht, oder zu denen eine bidirektionale Kopplung besteht.*

Ruft beispielsweise eine Methode $m$ eine Methode $m'$ auf, so ist zwar die Methode $m$ an die Methode $m'$ gekoppelt. Der Umkehrschluß gilt i.a. nicht. Kopplungen der Kopplungsart K1 sind daher unidirektional. Mit ähnlicher Begründung werden die Kopplungsarten K3, K4 und K7 als unidirektional eingestuft. Der herkömmlichen Sichtweise, in der ein Modul an alle Module gekoppelt ist, mit denen es globale Bereiche gemeinsam nutzt, wird hierbei nur indirekt entsprochen. Zwar entstehen z.B. durch Verletzungen der Datenkapselung ähnlich viele mögliche Abhängigkeiten, die jedoch in einem gewissermaßen zweistufigen Verfahren ermittelt werden müssen. Zuerst ist zu klären, an welche anderen Einheiten eine Einheit $E$ direkt gekoppelt ist und welcher Art die Kopplungen sind. Bestehen direkte Kopplungen der Art K4, K7, ggf. auch K3 zu einer Einheit $E'$, so sind erst in einem zweiten Schritt diejenigen Einheiten $E''$ zu ermitteln, die ebenfalls durch Kopplungen der Art K4, K7 oder auch K3 an die Einheit $E'$ gekoppelt sind und an die die Einheit $E$ somit indirekt gekoppelt wäre. Veränderungen der Interna der Einheit $E'$ durch eine Einheit $E''$ können auch die Einheit $E$ betreffen.

Bestehen zwischen den Objekten zweier Klassen Objektbeziehungen oder Aggregationsstrukturen, so muß auf der Basis der Analyseinformationen prinzipiell davon ausgegangen werden, daß bidirektionale Beziehungen vorliegen können, d.h. Beziehungen, in denen beide beteiligten Objekte ihre jeweiligen Partner „kennen". Kopplungen der Kopplungsart K2 werden aus diesem Grunde als bidirektional betrachtet.

Kopplungen der Kopplungsart K5 werden als bidirektional eingestuft, da redundant modellierte Zusammenhänge in jedem Fall konsistent gehalten werden sollten. Im Falle von Änderungen sind stets alle durch Redundanzen gekoppelten Einheiten betroffen (auch wenn deren Lokalisierung u.U. nur schwer gelingt).

Kopplungen durch Vererbung (Kopplungsart K6) sind unidirektional, da zwar die abgeleiteten Klassen durch Änderungen der Basisklasse betroffen sind, Änderungen der abgeleiteten Klassen sich aber in der Regel nicht auf die Basisklasse auswirken.


## Wertung der verschiedenen Arten der Kopplung

Gegenwärtig ist noch keine allgemein anerkannte Rangordnung der verschiedenen Kopplungsarten bei der objektorientierten Softwareentwicklung verfügbar, wie es für die Kopplung zwischen je zwei Modulen bei der herkömmlichen Softwareentwicklung existiert (vgl. z.B. Yourdon und Constantine (1979) oder Myers (1978) zur Kopplung zwischen Modulen). Kopplungen durch Methodenaufrufe dürfen jedoch als vergleichsweise schwach, Kopplungen durch Verletzungen der Datenkapselung als vergleichsweise stark angesehen werden (in Analogie zu den bei der herkömmlichen Softwareentwicklung für die Kopplung von Modulen unterschiedenen Kopplungsgraden). Auch infolge von Vererbung entstehende Kopplungen werden als stark angesehen (vgl. Berard (1993); Schach (1996); Wild (1991)), lassen sich aber in die gebräuchliche und auf die objektorientierte Softwareentwicklung übertragbare Rangordnung für die Kopplung zwischen je zwei Einheiten nur schwer einordnen. Denn die Kopplung durch Vererbung ist eine Kopplung durch strukturelle Beziehungen zwischen Klassen, während die anderen Arten der Kopplung infolge des Informationsaustauschs zwischen den Objekten der Anwendung entstehen.

Überlegungen dazu, wie unterschiedliche Grade der Kopplung bei der objektorientierten Softwareentwicklung unterschieden werden können, findet man beispielsweise bei Berard (1993), Hitz und Montazeri (1995) oder Kuhlmann (1995). Hingewiesen sei zudem auf die Frage nach der Bedeutung, die einer Klassifikation des Grads der Kopplung zwischen je zwei Einheiten hinsichtlich des Grads der Gesamtkopplung zukommt[2]. Hierüber besteht ebenfalls kein Konsens, was durch die Vielfalt der Aspekte, die bei der Bewertung des Grads der Kopplung eine Rolle spielen können, begründet werden kann.

---

[2]Bei der Kopplung zwischen je zwei Modulen wird meist die stärkste auftretende Kopplung als für die Beziehung entscheidend angesehen.

| | Kopplungsarten | |
|---|---|---|
| Ebene | K1 | K2 |
| Methode | * | o |
| Klasse | * | * |
| Klasse in Vererbungsstruktur | o | o |
| Subjekt | * | * |

Tabelle 4.8: Aspekte der Kopplung und mögliche Ebenen der Auswertung

**Bewertung der Kopplung**

Wie die Komplexität kann auch die Kopplung für Einheiten auf verschiedenen Detaillierungsebenen betrachtet werden. Die Tabelle 4.8 gibt die Zusammenhänge wieder; die Bedeutung der Tabelleneinträge wurde auf Seite 43 bereits erläutert, wobei hier ein zusätzlicher Tabelleneintrag berücksichtigt werden muß:

„o" Die Eigenschaft wird für die betrachtete Einheit nicht bewertet, da sie für die betrachtete Einheit entweder nicht sinnvoll definiert werden kann oder bei Klassen in Vererbungsstrukturen in gleicher Weise erfolgt wie bei Klassen, die nicht in Vererbungsstrukturen eingebettet sind.

Die Zusammenstellung zeigt, daß im folgenden nur die für die Systemanalyse wichtigsten Kopplungsarten (K1: Kopplung durch Methodenaufrufe und K2: Kopplung durch nicht vererbungsbedingte Beziehungen) untersucht werden. Die anschließenden Ausführungen verdeutlichen, warum die Betrachtung der übrigen Kopplungsarten nicht sinnvoll oder im Rahmen der Systemanalyse nicht möglich ist.

**Kopplung durch Verwendung nicht lokaler Objekte:** Der lesende oder der schreibende Zugriff auf Objekte, die weder Attribute des Objekts bzw. der betrachteten Klasse, noch in den Methoden des Objekts definiert sind (nicht lokale Objekte), setzt voraus, daß diese Objekte entweder als Argumente übergeben werden, oder daß auf sie unter Verletzung der Datenkapselung zugegriffen wird.

An Methoden übergebene Argumente wurden bereits in Abschnitt 4.2.1 für die Bewertung der Komplexität von Methoden herangezogen. Sie können zur Bewertung der Kopplung ebenso verwendet werden. Alle weiteren Zugriffe auf nicht lokale Objekte sind anhand der Informationen der Systemanalyse nicht ohne weiteres ermittelbar und werden bei der folgenden Bewertung vernachlässigt (vgl. hierzu Abschnitt 3.4).

**Kopplungen durch Verletzungen der Datenkapselung:** Durch Verletzungen der Datenkapselung wird der direkte Zugriff auf die Interna eines Objekts durch Methoden anderer Objekte ermöglicht. Die entstehende Kopplung ist daher mit der Kopplung zwischen Modulen über globale Bereiche vergleichbar (vgl. Abschnitt 4.3). Kopplungen, die durch Verletzungen der Datenkapselung entstehen, sind als schwerwiegender zu beurteilen als die Kopplung durch Methodenaufrufe, da hierdurch nicht nur Abhängigkeiten von der Schnittstelle anderer Klassen entstehen, sondern auch von deren Interna, so daß sich eine Sensibilität gegenüber Veränderungen der Interna anderer Klassen ergibt.

Verletzungen der Datenkapselung werden häufig aus Gründen der Performance in Kauf genommen. Sie äußern sich beispielsweise durch freizügige Vergabe von Zugriffsrechten (öffentlich sichtbare Attribute, auf die ohne Verwendung der Zugriffsfunktionen zugegriffen werden kann) oder auch durch explizites Aufheben der Zugriffsbeschränkungen, wie es beispielsweise durch die Verwendung von `friends` in C++ ermöglicht wird. Festlegungen über die Verletzung der Datenkapselung wie etwa die Angabe von Zugriffsrechten, oder auch die Deklaration von `friends` in C++ erfolgen erst während des Designs oder während der Implementierung.

Eine weitere Form der Verletzung der Datenkapselung ist die implizite Verletzung der Datenkapselung. Hier werden z.B. auf der Basis von Annahmen über die Interna einer Klasse Methoden anderer Klassen implementiert. So entsteht eine Form der Kopplung, die undokumentiert und nicht ohne weiteres erkennbar ist und zu schwerwiegenden Wartungsproblemen führen kann (vgl. Embley und Woodfield (1987) über abstrakte Datentypen).

Da während der Systemanalyse Klassen und Subjekte als konsequent gekapselt gelten, ist eine Bewertung der Kopplung durch Verletzungen der Datenkapselung erst während des objektorientierten Designs oder der Implementierung sinnvoll. Die Einschränkung erscheint weniger gravierend, wenn man bedenkt, daß den Design- und Implementationsentscheidungen für die Verletzung der Datenkapselung Beziehungen und Strukturen zugrunde liegen, die bereits während der Systemanalyse modelliert wurden oder hätten modelliert werden sollen. Zusätzlich kann der Nutzen, den eine frühzeitige, d.h. im Rahmen der Systemanalyse durchgeführte Bewertung mit sich bringt, nur nochmals betont werden.

**Kopplung durch versteckte Redundanzen:** Versteckte, d.h. nicht erkannte Redundanzen führen ebenfalls zu Kopplungen (vgl. Embley und Woodfield (1987) über abstrakte Datentypen). Werden gleiche Sachverhalte mehrmals an unterschiedlichen Stellen des Entwurfs modelliert, so entsteht im Falle einer Änderung oder Erweiterung an jeder dieser Stellen Änderungsbedarf. Anschaulich entstehen versteckte Redundanzen beispielsweise, wenn Teile einer aggregierten Klasse nicht spezifiziert (mehrere Klassen enthalten zwar gleiche Teile, diese werden jedoch nicht als Objekte einer gemeinsamen Teilklasse explizit modelliert) oder Vererbungsstrukturen nicht erkannt wurden (mehrere Klassen enthalten dann diejenigen Attribute und Methoden, die einer gemeinsamen Basisklasse zugeordnet werden könnten).

Versteckte Redundanzen können sich beispielsweise durch Namensgleichheiten andeuten. Da die Basis für entsprechende Auswertungen jedoch recht vage ist, können versteckte Redundanzen nicht zuverlässig durch Anwendung einfacher Softwaremaße identifiziert werden. Es hat sich jedoch als sinnvoll erwiesen, Entwickler im Zusammenhang mit einer vergleichsweise hohen Komplexität auf die Möglichkeit versteckter Redundanzen hinzuweisen. (Vgl. hierzu auch die in Anhang A erfaßten Ratschläge zur Überprüfung von Entwürfen.)

**Kopplung innerhalb einer Klasse:** Kopplungen innerhalb einer Klasse entstehen zwischen den Methoden der Klasse. Gemeint sind hier insbesondere Kopplungen der Methoden über die Attribute der Klasse (vgl. Berard (1993)). Verschiedene Autoren empfehlen, die Kopplung der Methoden über die Attribute dadurch möglichst gering zu halten, daß auch die Methoden einer Klasse nur über die speziell definierten Zugriffsfunktionen auf die Attribute zugreifen dürfen (vgl. Berard (1993); Love (1991)); eine Methode gilt dann als jeweils nur an die Zugriffsfunktion gekoppelt, nicht auch an alle anderen Methoden der Klasse über die gemeinsam genutzten Attribute und ihre Werte.

Diesem Ansatz wird hier jedoch nicht entsprochen. Klassen sind konzeptionelle Einheiten und werden von Entwicklern i.d.R. als Ganzes betrachtet. Sie sollten dementsprechend überschaubar sein und auch bei Änderung der Repräsentation von Attributen leicht wartbar bleiben. Klassen, bei denen dies nicht der Fall ist, werden in der Regel nicht nur durch eine hohe innere Kopplung, sondern zusätzlich durch hohe Komplexität auffallen.

Eine Entkopplung der Methoden von den Attributen einer Klasse mag in verschiedenen Fällen sinnvoll sein (beispielsweise bei interner Verwendung von komplexen Datenstrukturen, deren Implementation austauschbar bleiben sollte). Es ist jedoch zu bezweifeln, daß es generell notwendig ist, die Methoden einer Klasse vor der Struktur der Attribute zu schützen. Dem durch die konsequente Nutzung der Zugriffsfunktionen durch die Methoden einer Klasse entstehenden Overhead steht kein erkennbarer Nutzen gegenüber.

Von einer Bewertung der Kopplungen innerhalb von Klassen wird daher im folgenden abgesehen.

**Kopplung durch Vererbung:** Kopplungen durch Vererbung sind Kopplungen, die zwischen Basisklassen und den von ihnen abgeleiteten Klassen entstehen. Verschiedene Autoren empfehlen, die Abhängigkeit einer Klasse von den geerbten Attributen möglichst gering zu halten und sie auf diese Weise vor Änderungen der Attributdefinition innerhalb der Basisklasse zu schützen. Dies soll dadurch geschehen, daß abgeleitete Klassen nur mit Hilfe der entsprechenden Zugriffsmethoden auf die geerbten Attribute zugreifen dürfen (vgl. Berard (1993), Love (1991) und Wild (1991)).

Auch dieser Ansatz wird verworfen. Abgeleitete Klassen sind definitionsgemäß von ihrer bzw. ihren Basisklassen abhängig und damit sensibel für Änderungen in den Basisklassen (Änderungen der Schnittstelle und z.T. auch

Änderungen der Interna; vgl. z.B. `protected` deklarierte Attribute und Methoden in C++). In verschiedenen Fällen ist es sinnvoll, den Regeln von Berard (1993), Love (1991) und Wild (1991) zu folgen[3], daß jedoch eine allgemeingültige Forderung abgeleitet werden kann, ist aufgrund der gleichen Argumentation wie bei der Diskussion von Kopplungen innerhalb von Klassen zu bezweifeln. Die durch Vererbung entstehenden inneren Kopplungen werden im folgenden nicht berücksichtigt.

Generell sollten Vererbungsstrukturen wegen der entstehenden engen Beziehung zwischen Basisklasse und abgeleiteten Klassen sehr bewußt eingesetzt werden. Basisklassen sollten möglichst stabil und hinsichtlich ihres Leistungsumfangs vollständig sein, so daß nur im Notfall Änderungen an den Basisklassen vorgenommen werden müssen, die sich in einem Dominoeffekt auf alle abgeleiteten Klassen ausbreiten. Werden solche Änderungen dennoch notwendig, so ist die Ursache hierfür eher in einem konzeptionell falschen Entwurf als in einer auffallenden Kopplung der Methoden der abgeleiteten Klasse an die von den Basisklassen geerbten Attribute zu suchen.

Nach Rajaraman und Lyu (1992) ist jeweils ein Kompromiß zu finden zwischen dem Wunsch, die Kopplung zwischen Klassen gering zu halten, und dem Wunsch, Vererbungsstrukturen einzusetzen. Es steht außer Frage, daß es sich beim Vererbungsmechanismus um eine wertvolle Möglichkeit der Modellierung handelt, die wesentlich zur Vermeidung von Redundanzen und zur Erreichung hoher Flexibilität durch leichte Erweiterbarkeit beiträgt. Dennoch kann die Vererbung – insbesondere in Verbindung mit Polymorphismus und spätem Binden – zu einer Steigerung der Komplexität beitragen. (Diesem Aspekt wurde aber bereits in Abschnitt 4.2.2 durch die Bewertung der vererbungsbedingten Komplexität Rechnung getragen.)

Gemäß der Forderung 3.2 wird das Bewertungsmodell auf die Informationen der Systemanalyse zugeschnitten. Der in Tabelle 4.8 veranschaulichten Systematik folgend, wird im Anschluß das Unterziel 2 sukzessiv konkretisiert.

**Unterziel 2** *Bewertung eines Entwurfs hinsichtlich der Kopplung, so daß diesbezügliche Auffälligkeiten von Modelleinheiten aufgezeigt werden können.*

## 4.3.1  Kopplung von Methoden

**Abgeleitete Fragestellung 2.1** *Durch welche Maße kann die Kopplung von Methoden bewertet werden?*

---

[3]Auch hier kann die Verwendung komplexer Datenstrukturen, deren Implementation als veränderlich angesehen werden muß, als Beispiel herangezogen werden; insbesondere bei Klassen, die zur späteren Wiederverwendung in anderen Kontexten vorgesehen sind, erscheint es sinnvoll, derartige Überlegungen anzustellen.

Die Bewertung der Kopplung von Methoden durch Methodenaufrufe ist im Rahmen der Systemanalyse nur eingeschränkt möglich. Von einer Methode ausgehende Methodenaufrufe werden im funktionalen Modell spezifiziert, können aber auch in den Ereignisfolgediagrammen dargestellt werden. Dies ist jedoch nicht zwingend, so daß die notwendigen Informationen nur bedingt ermittelbar sind. Die Kopplung durch Methodenaufrufe, die von Methoden einer Klasse an Methoden anderer Klassen bzw. ihrer Objekte gesendet werden, wird wegen der Verfügbarkeit der Informationen erst auf der Ebene der Klassen durch Softwaremaße quantifiziert.

Die Menge der formalen Argumente, die für eine Methode spezifiziert wurden, könnte in Analogie zu Überlegungen für die herkömmliche Softwareentwicklung (vgl. z.B. Yourdon und Constantine (1979)) zur Bewertung des Grads der Kopplung der aufrufenden an die aufgerufene Methode herangezogen werden. Der Ansatz ist jedoch nicht unproblematisch, da die Struktur und die Homogenität der Argumente vernachlässigt werden (vgl. hierzu auch Yourdon und Constantine (1979), S. 73 ff).

Zudem variiert je nach Bedeutung der Argumente für die von der Methode durchgeführten Verarbeitungen das Wissen, das über die aufgerufene Methode vorhanden sein muß. So können Methoden, denen keine Argumente übergeben werden müssen, als „black box" eingesetzt werden. Bei Methoden, für die formale Argumente spezifiziert wurden, ist die Bedeutung, die die Argumente für die Verarbeitungen haben, für den Grad der entstehenden Kopplungen relevant. In Analogie zu den Betrachtungen der Kopplung zwischen Modulen von Yourdon und Constantine (1979) läßt sich feststellen: Ist die Verarbeitung innerhalb der Methode unabhängig von der Ausprägung oder sogar unabhängig vom Typ der übergebenen Argumente (wie das beispielsweise durch die Verwendung generischer Klassen möglich ist), so ist die entstehende Kopplung mit der Kopplung durch Daten zwischen Modulen vergleichbar. Wird die Verarbeitung innerhalb der Methode dagegen von der Ausprägung der übergebenen Argumente beeinflußt, d.h. werden Argumente mit Steuerungsinformationen übergeben, so ist die entstehende Kopplung mit der Kopplung über Steuerungswerte zwischen Modulen vergleichbar (sog. *Control Coupling*, vgl. Berard (1993); Yourdon und Constantine (1979)). Zu beachten ist, daß die Aussagen bez. der Kopplungen durch übergebene Argumente in entsprechender Weise auch für etwaige Rückgabewerte der aufgerufenen Methode gelten.

Die Anzahl der einer Methode übergebenen Argumente wurde bereits in Abschnitt 4.2.1 berücksichtigt. Welche Bedeutung die einzelnen Argumente für die Verarbeitung der Methoden haben, läßt sich nur anhand einer ausreichend detaillierten und stabilen Methodenspezifikation feststellen. Deren Existenz kann während der Systemanalyse jedoch nicht o.w. vorausgesetzt werden (vgl. auch Abschnitt 3.4). Obwohl die Kopplung von Methoden aus diesem Grunde indirekt auf Klassenebene mitbewertet wird, werden hier zur Abrundung der Überlegungen verschiedene Hinweise angegeben, die die kontextspezifische Überprüfung gekoppelter Methoden anregen und unterstützen können.

| Beschreibung | Seite |
|---|---|
| *Maße für die Kopplung durch Methodenaufrufe* | |
| *Anzahl der Nachrichtenempfänger* Jede der Klassen, die oder deren Objekte als Nachrichtenempfänger spezifiziert wurden, muß bei Entwicklung, Test und Wartung der betrachteten Klasse berücksichtigt werden. | 179 |
| *Anzahl der Nachrichtenempfänger* (auch geerbte) | 179 |
| *Maße für die Kopplung durch nicht vererbungsbedingte Beziehungen* | |
| *Anzahl der Server-Klassen* Alle Klassen, von denen die Klasse über nicht vererbungsbedingte Beziehungen abhängt, müssen bei Entwicklung, Test und Wartung der Klasse berücksichtigt werden. | 182 |
| *Anzahl der Server-Klassen* (auch geerbte) | 182 |

Tabelle 4.9: Maße für die Bewertung der Kopplung von Klassen

**Motivation und Hinweise:**

* Methoden, die an viele andere Methoden gekoppelt sind, implizieren einen höheren Entwicklungs-, Test- und Wartungsaufwand. Denn zusätzlich zur Methode selbst müssen bei Entwicklung, Test und Wartung diejenigen Methoden bzw. Klassen mit einbezogen werden, zu denen Kopplungen bestehen.

* Änderungen in den Methoden oder Klassen, zu denen Kopplungen bestehen, können die betrachtete Methode betreffen, auch wenn kein direkter inhaltlicher Zusammenhang besteht. Dies kann (insbesondere bei Kopplungen durch Verletzung der Datenkapselung) zu erhöhter Fehleranfälligkeit führen.

* Methoden, die an viele andere Methoden gekoppelt sind, führen zu starker Kopplung zwischen Klassen. Dies führt zu Abhängigkeiten zwischen Klassen, die sich im Hinblick auf die Wiederverwendbarkeit von Klassen nachteilig auswirken.

* Methoden, die vergleichsweise viele andere Methoden aufrufen, erfüllen häufig mehr als nur eine Aufgabe oder üben sogar zentrale Steuerungsfunktionen aus. Häufig wurde funktionsorientierter Code entwickelt (vgl. Lorenz und Kidd (1994)). Solche Methoden können oft sinnvoll in mehrere Methoden mit geringerer Kopplung aufgespalten werden.

## 4.3.2   Kopplung von Klassen

**Abgeleitete Fragestellung 2.2** *Durch welche Maße kann die Kopplung von Klassen bewertet werden?*

Obwohl es sich bei der Kopplung durch Methodenaufrufe oder nicht vererbungsbedingte Beziehungen um Kopplungen zwischen Objekten handelt, wird hier von der Kopplung von Klassen gesprochen. Denn die Eigenschaften und das Verhalten der Objekte werden in der zugehörigen Klasse spezifiziert.

Die Kopplung von Klassen durch Methodenaufrufe und durch nicht vererbungsbedingte Beziehungen kann anhand der im Rahmen der Systemanalyse bereitgestellten Informationen bewertet werden. Da für das Zustandekommen einer Nachrichtenverbindung die Existenz eines sog. Nachrichtenwegs (vgl. Rundshagen (1995)) Voraussetzung ist, treten Nachrichtenverbindungen meist gemeinsam mit Objektbeziehungen oder Aggregationsstrukturen auf. Hier ist darauf zu achten, daß keine Doppelgewichtung der entstehenden Kopplungen erfolgt. Für die Bewertung der Kopplung wurden die in Tabelle 4.9 genannten Softwaremaße ausgewählt. Für eine detaillierte Beschreibung der Maße wird wieder auf den Anhang C verwiesen.

Entwickler können durch verschiedene Argumente zu einer kontextspezifischen Überprüfung von Klassen mit vergleichsweise hoher Kopplung angeregt werden. Verschiedene Hinweise können darüber hinaus bei der Überarbeitung des Entwurfs helfen.

**Motivation und Hinweise:**

* Die Klassen eines Systems sollten möglichst unabhängig voneinander sein, so daß sie eine möglichst geringe Kopplung untereinander aufweisen.

* Zahlreiche Kopplungen zwischen Klassen wirken sich negativ auf die Verständlichkeit aus (vgl. Hitz und Montazeri (1995)) und können ein Hinweis darauf sein, daß die Klasse bzw. ihre Objekte kein klar definiertes inhaltliches Konzept realisieren.

* Klassen, die an viele andere Klassen gekoppelt sind, verursachen einen höheren Test-, Wartungs- und Entwicklungsaufwand (vgl. Chidamber und Kemerer (1991)). Zusätzlich zur Klasse selbst müssen bei Entwicklung, Test und Wartung diejenigen Klassen berücksichtigt werden, zu denen Kopplungen bestehen.

* Kopplungen an andere Klassen können zu (unerwarteten) Seiteneffekten bei Änderungen in den Klassen, zu denen Kopplungen bestehen, führen (vgl. Hitz und Montazeri (1995b)). Dies kann eine erhöhte Fehleranfälligkeit zur Folge haben.

* Klassen, die vergleichsweise stark an andere Klassen gekoppelt sind, sind i.a. schlechter wiederverwendbar. Denn eine Klasse, die an andere Klassen gekoppelt ist, kann nur unter Berücksichtigung dieser Klassen wiederverwendet werden (vgl. Chidamber und Kemerer (1991)).

* Bei Klassen, die an viele andere Klassen gekoppelt sind, sollte generell geprüft werden, ob alle modellierten Beziehungen auch wirklich sinnvoll und notwendig sind.

  Mitunter werden Beziehungen redundant modelliert. Auch kommt es vor, daß einer Klasse bzw. ihren Objekten Beziehungen zugeordnet werden, die nicht für alle Objekte der Klasse sinnvoll sind. Dies kann darauf hinweisen, daß eine mögliche Spezialisierung (vgl. auch Coad *et al.* (1995)) oder eine Möglichkeit zur allgemeineren Darstellung der Sachverhalte übersehen wurde.

* Zahlreiche Kopplungen zwischen Klassen können darauf hinweisen, daß eine Klasse zentrale Steuerungsaufgaben wahrnimmt. Dies ist nach dem objekt-orientierten Verständnis zu vermeiden (vgl. Coad *et al.* (1995); Williams (1994); vgl. auch Abschnitt 4.3.4).

Als Ursache für die Modellierung zentral steuernder Klassen kommt neben einer von vornherein funktionalen Sichtweise des Systems auch der Versuch in Frage, Objekte als Abbild der Personen und ihrer Aufgaben innerhalb des Problembereichs zu modellieren. Dies ist jedoch nur in wenigen Fällen sinnvoll (eine Ausnahme bilden hier Simulationssysteme). Objekte sollten diejenigen Aufgaben übernehmen, die an den durch sie abgebildeten Dingen des Problembereichs verrichtet werden und für deren Ausführung sie als kleinste Einheit über alle notwendigen Informationen verfügen (vgl. Coad *et al.* (1995)).

* Häufig ist es sinnvoll, Aufgaben, die im Zusammenhang mit den modellierten Kopplungen stehen, an andere Klassen bzw. deren Objekte zu delegieren. Die Aufgaben (und damit die erforderlichen Kopplungen) werden so auf verschiedene Klassen verteilt.

* Klassen bzw. deren Objekte kommunizieren mit Objekten anderer Klassen zur Erfüllung ihrer Verantwortlichkeiten. Derartige Kopplungen sind notwendig und durchaus gewollt. Eine Klasse bildet mit den Klassen, zu denen oder zu deren Objekten Beziehungen bestehen, eine Klassengruppe, die insgesamt der Realisierung eines inhaltlichen Konzepts dienen sollte. Das bedeutet, daß die Klassen der Klassengruppe den gleichen Systemverantwortlichkeiten zuzuordnen sind und von etwaigen Änderungen gleichsam betroffen wären. Die Klassengruppe wird zudem als Ganzes wiederverwendet (vgl. Martin (1995)).

Bei Klassen, die an vergleichsweise viele andere Klassen gekoppelt sind, ist zu überprüfen, ob diese Aussagen tatsächlich zutreffen bzw. in dieser Form beabsichtigt sind.

* Kopplungen an abstrakte Klassen werden als unkritischer angesehen als Kopplungen an nicht abstrakte Klassen, da abstrakten Klassen i.a. ein hoher Allgemeinheitsgrad unterstellt wird (vgl. Martin (1994) und auch Abschnitt 4.5.1).

* Zur Reduktion der Kopplung können beispielsweise die Grund- und Transaktionsmuster von Coad *et al.* (1995) sowie die Verhaltensmuster von Gamma *et al.* (1995) angewendet werden.

### 4.3.3   Kopplung von Subjekten

**Abgeleitete Fragestellung 2.3** *Durch welche Maße kann die Kopplung von Subjekten bewertet werden?*

Die Kopplung von Subjekten kann durch die während der Systemanalyse bereitgestellten Informationen analog zur Kopplung zwischen Klassen bewertet werden.

| Beschreibung | Seite |
|---|---|
| *Maße für die Kopplung durch Methodenaufrufe* | |
| *Anzahl der Subjekte, die Klassen enthalten, die oder deren Objekte Empfänger von Nachrichten von Objekten des betrachteten Subjekts sind* Jedes dieser Subjekte muß bei Entwicklung, Test und Wartung berücksichtigt werden. | 194 |
| *Anzahl der Klassen anderer Subjekte, zu denen oder deren Objekten Nachrichtenverbindungen bestehen* Je mehr Klassen aus den „dienstleistenden" Subjekten verwendet werden, desto intensiver müssen diese Subjekte berücksichtigt werden. | 195 |
| *Maße für die Kopplung durch Beziehungen* | |
| *Anzahl der Subjekte, die Server-Klassen von Klassen des Subjekts enthalten* Jedes dieser Subjekte muß bei Entwicklung, Test und Wartung berücksichtigt werden. | 195 |
| *Anzahl der Klassen anderer Subjekte, die Server-Klassen von Klassen des betrachteten Subjekts sind* Je mehr Server-Klassen ein anderes Subjekt enthält, desto intensiver muß das Subjekt berücksichtigt werden. | 196 |

Tabelle 4.10: Maße für die Bewertung der Kopplung von Subjekten

Hierzu wurden die in Tabelle 4.10 genannten Softwaremaße ausgewählt. Detailliertere Informationen über die Maße sind dem Anhang C zu entnehmen.

**Motivation und Hinweise:**

* Subjekte sollten konzeptionelle Einheiten repräsentieren und möglichst unabhängig voneinander sein. Deshalb sollten möglichst wenige Kopplungen zu anderen Subjekten bestehen.

* Vielfältige Kopplungen eines Subjekts können ein Hinweis darauf sein, daß das Subjekt keine klar strukturierte konzeptionelle Einheit darstellt. Hier kann eine Schwachstelle der Modellierung vorliegen.

* Vielfältige Kopplungen eines Subjekts erschweren dessen Verständnis.

* Subjekte, die an viele andere Subjekte gekoppelt sind, implizieren einen höheren Test-, Wartungs- und Entwicklungsaufwand. Denn zusätzlich zum Subjekt selbst müssen bei Entwicklung, Test und Wartung diejenigen Subjekte oder Klassen mit einbezogen werden, zu denen Kopplungen bestehen. Und diese dienen, der Definition von Subjekten folgend, der Realisierung konzeptionell andersartiger Problembereiche.

* Änderungen in den Subjekten, zu denen Kopplungen bestehen, können das betrachtete Subjekt betreffen, auch wenn kein direkter inhaltlicher Zusammenhang besteht. Dies kann (insbesondere bei Kopplungen durch Verletzungen der Datenkapselung) zu erhöhter Fehleranfälligkeit führen.

* Subjekte mit vielen Kopplungen sind i.a. schlechter wiederverwendbar. Denn ein Subjekt, das an andere Subjekte bzw. die darin enthaltenen Klassen ge-

koppelt ist, kann nur unter Berücksichtigung dieser Subjekte oder Klassen wiederverwendet werden. Hier liegt häufig eine ungünstige Subjektbildung vor.

* Hängt ein Subjekt von mehreren verschiedenen Klassen eines anderen Subjekts ab, kann das Entwurfsmuster „Facade" von Gamma *et al.* (1995) dabei helfen, die Kopplung zwischen den Subjekten durch Einführung einer sog. Schnittstellenklasse zu reduzieren.

## 4.3.4   Koordination und Kommunikation von Objekten

Bisher wurden die Kopplungen zwischen den Methoden, Klassen und Subjekten eines Entwurfs isoliert betrachtet. Sie stehen jedoch in engem Zusammenhang zu den Objektinteraktionen, die zur Erfüllung der Systemverantwortlichkeiten notwendig sind. Damit wird die Frage nach geeigneten Kommunikationsstrukturen zwischen den Objekten eines Systems aufgeworfen.

Bei der objektorientierten Softwareentwicklung werden die Objekte als selbständig agierende, voneinander möglichst unabhängige Einheiten betrachtet. Zur Erfüllung der Systemverantwortlichkeiten sind sie entsprechend zu koordinieren. Entwickler stehen hier vor dem Problem, eine angemessene Verteilung der Aufgaben auf die Objekte des Systems zu erreichen und damit gleichzeitig für die „optimale" Gestaltung der notwendigen Abläufe zu sorgen. Dies ist keine leichte Aufgabe, für die in der Literatur zudem nur wenige, recht vage Regeln angegeben werden.

- Es sollte stets dasjenige Objekt eine Aufgabe erfüllen, das über alle Informationen hierzu verfügt (vgl. z.B. Coad *et al.* (1995)).

- Jedem Objekt sollte so viel „Eigenverantwortung" wie nötig zugebilligt werden, um Redundanzen zu vermeiden. Andererseits ist darauf zu achten, daß die Objekte dabei nicht mit Ablauflogik überfrachtet werden. Umfassende Kenntnisse des Problembereichs sind hierbei Voraussetzung.

- Sind mehrere Objekte an der Durchführung einer Aufgabe beteiligt, so stellt sich grundsätzlich die Frage, wie bzw. von welchen Objekten die Verarbeitung koordiniert wird. Eine Sternstruktur ergibt sich, wenn ein Objekt die Steuerung und Koordination der anderen beteiligten Objekte übernimmt. Ferstl und Sinz (1990) sprechen in diesem Zusammenhang von flexibler Verdrahtung. Flexibel deshalb, weil die Abläufe außerhalb der Objekte des Problembereichs koordiniert werden. Ändern sich die Abläufe, kann dies durch Ersetzen oder Verändern der Steuerungsklasse flexibel geschehen, ohne die Klassen des Problembereichs zu verändern.

  Dennoch sind Sternstrukturen, d.h. zentral steuernde Objekte im Sinne des objektorientierten Verständnisses möglichst zu vermeiden (vgl. Coad und Yourdon (1991b); Riel (1994)). Coad und Yourdon (1991b) empfehlen zudem,

ein bloßes Durchreichen von Informationen von steuernden zu den agierenden
Objekten zu vermeiden.

Der Einsatz von Sternstrukturen kann jedoch (in begrenzten Teilbereichen) sinnvoll sein. Es gibt durchaus Fälle, auf die die letztgenannte Gestaltungsregel nicht
zutrifft, z.B. wenn

- Informationen über den Ablauf (z.B. Zeitpunkt der Durchführung, Status der
  Bearbeitung) benötigt werden oder wenn

- die Steuerung und Koordination der Objekte des Problembereichs konzeptionell nicht eindeutig einer Klasse des Problembereichs (bzw. ihren Objekten)
  zugeordnet werden kann (vgl. Verband der Lebensversicherungs-Unternehmen
  e.V. (1994)), oder wenn

- die Art und Weise, in der die verschiedenen Objekte zur Erfüllung der Sy-
  stemverantwortlichkeit zusammenarbeiten, künftigen Änderungen unterworfen sein kann (Isolierung stark veränderlicher oder kontextspezifischer Abläufe),
  oder wenn

- die im Gesamtsystem entstehende Kopplung zwischen Klassen durch Einführung eines zentralen Steuerungs- oder Koordinationsobjekts erheblich reduziert werden kann (vgl. Rumbaugh (1994) oder Gamma *et al.* (1995) zum
  Entwurfsmuster „Mediator"), oder wenn

- Abläufe installiert werden müssen, die viele oder alle Objekte eines Systems
  betreffen (z.B. Erstellung von Statistiken, Aufruf zum Abspeichern aller als
  persistent markierten Objekte etc.).

Werden Sternstrukturen modelliert, so ist zu berücksichtigen, daß die Einführung
eines zentral steuernden Objekts nicht dem objektorientierten Verständnis vom
eigenverantwortlichen Handeln der Objekte entspricht. Ein häufiges Zurückgreifen auf zentrale Steuerungsstrukturen birgt die Gefahr, Objekten des Problembereichs zuzuordnende fachliche Anforderungen zu übersehen und gewissermaßen an
der falschen Stelle in ein System zu integrieren. Beispielsweise manifestieren sich
funktionale Entwürfe oft durch die Modellierung von Sternstrukturen in Verbindung mit „dummen" Datenverwaltungsobjekten. Zentrale Steuerungsobjekte sind
in der Regel speziell, nur eingeschränkt wiederverwendbar und schwierig änderbar.
Durch ihren unüberlegten Gebrauch kann eine unübersichtliche Steuerungsebene
innerhalb eines Systems entstehen.

Eine Folge der „objektorientierten" Sichtweise von Anwendungssystemen ist jedoch,
daß die Verarbeitungen arbeitsteilig und damit verteilt erfolgen. Die Objekte des
Systems kommunizieren selbständig miteinander und das Wissen über die durch-
zuführenden Abläufe wird dezentral verwaltet. (Ferstl und Sinz (1990) sprechen in
diesem Zusammenhang von fester Verdrahtung. Fest deshalb, weil das Wissen um
die Abläufe fest in die Objekte bzw. Klassen integriert wird.) Da die Verteilung der

Systemverantwortlichkeiten von entscheidender Bedeutung für die Verständlichkeit des entstehenden Systems ist, sollte hierauf besondere Sorgfalt verwendet werden.

### 4.3.5   Abschließende Bemerkungen zur Kopplung

Im vorangegangenen wurde deutlich, wie differenziert bei der Bewertung der Kopplung objektorientierter Softwareprodukte vorgegangen werden sollte. Zum einen wurden verschiedene Arten der Kopplung unterschieden, zum anderen wurde die Kopplung auf verschiedenen Ebenen bzw. Detaillierungsstufen untersucht. Zusätzlich wurde gezeigt, welche Maße zur Bewertung der Kopplung jeweils verwendet werden sollen. Wie die Meßwerte im einzelnen schließlich zur Bewertung der Kopplung beitragen und wie dem Entwickler die genannten Gesichtspunkte präsentiert und die Hinweise zur Überarbeitung seines Entwurfs unterbreitet werden, wird in Kapitel 5 erläutert.

Es besteht Übereinstimmung darüber, daß Kopplungen vermieden werden sollten. Dort wo sie notwendig sind, sollten sie so „lose" wie möglich sein. Ein allgemein anerkanntes Ranking der verschiedenen Arten der Kopplung, wie es beispielsweise Yourdon und Constantine (1979) oder Fenton und Melton (1990) für die Kopplung zwischen Modulen aufstellen, gibt es für die Betrachtung der Kopplung bei der objektorientierten Softwareentwicklung bisher nicht.

Bei der Bewertung der Kopplung macht sich die Einschränkung auf die Informationen, die während der Systemanalyse festgelegt werden, bemerkbar. Insbesondere Aspekte, die für eine Untersuchung des Grads der auftretenden Kopplungen interessant sein könnten, stehen erst in fortgeschritteneren Entwicklungsstadien zur Verfügung. Die Grundlagen für Kopplungen jeglicher Art sollten jedoch während der Systemanalyse bestimmt werden. Daher wiegen die Vorteile einer frühzeitig verfügbaren Bewertung der Modelle die resultierenden Einschränkungen auf.

Die Kopplung einer Einheit wurde in diesem Abschnitt als unabhängige Eigenschaft beschrieben. Wie jedoch bereits an den Verweisen auf Abschnitt 4.2 deutlich wird, sind die Eigenschaften Kopplung und Komplexität nicht unabhängig voneinander. Tatsächlich wird die Kopplung bei der Bewertung herkömmlicher Softwareprodukte häufig dazu herangezogen, die „intermodulare Komplexität" einzuschätzen. Dabei wirkt sich eine Steigerung der Kopplung auch steigernd auf die Komplexität der Einheit aus.

## 4.4   Bindung

Was unter dem Begriff Bindung verstanden wird, drückt folgende Aussage ganz allgemein aus (vergleichbare Definitionen findet man beispielsweise bei Berard (1993); Myers (1978) oder Yourdon und Constantine (1979)):

| 0  | : | Zufällige Bindung     | –  |
|----|---|-----------------------|----|
| 1  | : | Logische Bindung      | –  |
| 3  | : | Zeitliche Bindung     | –  |
| 5  | : | Prozedurale Bindung   | ±  |
| 7  | : | Kommunikative Bindung | +  |
| 9  | : | Sequentielle Bindung  | +  |
| 10 | : | Funktionale Bindung   | +  |

Tabelle 4.11: Rangordnung der verschiedenen Arten der Modulbindung (vgl. Yourdon und Constantine (1979))

*Die Bindung (synonym: Cohesion, Strength) beschreibt den Grad der Zusammengehörigkeit der zu einer Einheit zusammengefaßten Elemente.*

Bei der herkömmlichen Softwareentwicklung werden Systeme in einzelne Module zerlegt. Der Entwickler kann dabei verschiedene Kriterien zur Modulbildung heranziehen, die Einfluß auf die Bindung der in einem Modul zusammengefaßten Funktionen und Prozeduren haben. Im folgenden werden die verschiedenen Arten der Modulbindung von der schwächsten zur stärksten, erstrebenswertesten Form vorgestellt (für nähere Informationen siehe z.B. Berard (1993); Myers (1978) oder Yourdon und Constantine (1979)).

1. *Zufällige Bindung*

2. *Logische Bindung*

3. *Zeitliche Bindung*

4. *Prozedurale Bindung*

5. *Kommunikative Bindung*

6. *Sequentielle Bindung*

7. *Funktionale Bindung*

Die genannten Arten der Modulbindung können hinsichtlich ihrer Vorteilhaftigkeit mit einer Rangordnung versehen werden (vgl. Tabelle 4.11). Dabei sollten die mit „-" gekennzeichneten Kriterien für die Modulbindung vermieden werden, die mit „+" gekennzeichneten gelten als akzeptabel hinsichtlich der Übersichtlichkeit und Wartbarkeit der entstehenden Module. Yourdon und Constantine (1979) geben sogar eine Skala für die Bewertung der verschiedenen Arten der Bindung an; diese kann der ersten Spalte der Tabelle 4.11 entnommen werden. Für die im konkreten Fall zu bevorzugende Art der Modulbindung können keine allgemeingültigen Regeln angegeben werden, denn abhängig von den Absichten des Entwicklers und den gegebenen Anforderungen können auch die hier vergleichsweise negativ bewerteten Arten der Modulbindung ihre Berechtigung haben (vgl. Yourdon und Constantine (1979)).

Zusätzlich zu den o.g. Arten der Modulbindung spricht Myers (1978) von der *informationalen Bindung.* Ein informational gebundenes Modul ist dadurch gekennzeichnet, daß es verschiedene Operationen anbietet, die über ein gemeinsames Konzept, eine Datenstruktur oder eine Ressource, deren Spezifika innerhalb des Moduls gekapselt sind, in einer logischen Beziehung zueinander stehen. Im wesentlichen sind dies die Eigenschaften abstrakter Datentypen. Nach Myers (1978) sollte ein System nur aus funktional oder informational gebundenen Modulen bestehen.

Eine Bewertung der Bindung von Modulen ist schwierig, da die Bildungskriterien nicht ohne weiteres anhand formaler Kriterien ermittelt werden können (vgl. Myers (1978); Woodward (1993); Yourdon und Constantine (1979)). Dennoch gibt es Ansätze, die Bindung von Modulen zu bewerten (siehe hierzu Emerson (1984); Kitchenham und Linkman (1990); Patel *et al.* (1992); Rising und Calliss (1994); Selby und Basili (1991)).

**Bindung bei der objektorientierten Softwareentwicklung**

**Definition 4.5** *Die Bindung beschreibt als semantische Eigenschaft qualitativ, wie gut die zu einer Einheit zusammengefaßten Elemente der Repräsentation eines gemeinsamen inhaltlichen Konzepts dienen und wie gut die Einheit als Abstraktion geeignet ist (vgl. Embley und Woodfield (1987)).*

Die Definition 4.5 zeigt, daß die Betrachtung der Bindung in bezug auf die objektorientierte Softwareentwicklung von besonderer Bedeutung ist. Beispielsweise sind Klassen Realisierungen abstrakter Datentypen und Einheiten der Wiederverwendung.

Die Bewertung der Bindung ist auch im Rahmen der objektorientierten Softwareentwicklung deutlich schwieriger als die der Kopplung (vgl. z.B. Berard (1993)). Denn es handelt sich um eine semantische Eigenschaft, die zudem entweder im Hinblick auf die konkret zu entwickelnde Anwendung (anwendungsspezifische Bindung) oder allgemeiner auf den gesamten Problembereich (problembereichsspezifische Bindung) untersucht werden kann. Ihre Bewertung setzt nicht nur Expertenwissen über den Problembereich, für den das Softwareprodukt entwickelt wird oder wurde, und dessen mögliche Weiterentwicklungen in der Zukunft voraus. Auch Erfahrungen mit Anwendungen für den betrachteten Problembereich und gute Kenntnisse der objektorientiertierten Softwareentwicklung sind notwendig.

Eine Klasse weist z.B. dann eine hohe Bindung auf, wenn sie ein klar definiertes inhaltliches Konzept minimal, aber vollständig repräsentiert (vgl. Berard (1993)). Ob dies der Fall ist, kann nur vom Entwickler selbst oder von Problembereichsexperten beurteilt werden. Welche Maßstäbe zur Bewertung der Bindung eines Softwareprodukts angelegt werden müssen, hängt u.a. auch davon ab, welche Anforderungen an seine Wiederverwendbarkeit gestellt werden: Bei der Erstellung einer problembereichsrelevanten Klassenbibliothek oder eines Anwendungsrahmens für den betrachteten Problembereich sind Minimalität und Vollständigkeit bez. des

| Ebene | Bindung | |
|---|---|---|
| | Semantisch | Autarkie |
| Methode | – | * |
| Klasse | – | * |
| Vererbungsstruktur | * | o |
| Subjekt / System | – | * |

Tabelle 4.12: Aspekte der Bindung und mögliche Ebenen der Auswertung

gesamten Problembereichs erforderlich. In anderen Fällen mögen Minimalität und Vollständigkeit bez. des konkreten Anwendungsfalls ausreichen.

Warum ein Entwickler sich für die spezifizierte Gestalt eines Softwareprodukts entschieden hat, kann in der Regel nicht anhand quantifizierbarer Merkmale nachvollzogen werden. Eine Untersuchung der verfügbaren Maße bestätigt, daß die Bindung von Methoden, Klassen, Vererbungsstrukturen oder Subjekten nicht direkt bewertet wird (vgl. z.B. Kuhlmann (1996a) für eine Zusammenstellung verschiedener Softwaremaße). Beispielsweise wird Softwareprodukten mit hoher Kopplung oder auffälligem Volumen eine geringe Bindung unterstellt. Jedoch lassen sich Beispiele konstruieren, die zwar eine im Sinne der Autoren positive Bewertung erzeugen, in denen das betrachtete Softwareprodukt aber keine starke Bindung aufweist. Wie auch bei Stiebellehner *et al.* (1994) wird deswegen zwischen der semantischen Bindung und der objektiver beschreibbaren Autarkie unterschieden:

**Definition 4.6** *Die* **semantische Bindung** *beschreibt qualitativ, wie gut die in einem Softwareprodukt zusammengefaßten Elemente der Repräsentation eines gemeinsamen inhaltlichen Konzepts dienen.*

*Die* **Autarkie** *eines Softwareprodukts beschreibt die Unabhängigkeit des Softwareprodukts hinsichtlich der benötigten Informationen.*

Die Autoren verschiedener objektorientierter Entwicklungsmethoden geben dem Entwickler Fragenkataloge an die Hand, durch deren Beantwortung er zu einem Entwurf gelangen soll, der Elemente hoher Bindung enthält (vgl. z.B. Booch (1994); Coad und Yourdon (1991, 1991b); Schader und Rundshagen (1996)). Der Entwickler wird auf diese Weise u.a. beim Identifizieren von Klassen, Attributen und Methoden unterstützt. Die Bedeutung eines umfassenden Verständnisses des zu modellierenden Problembereichs wird dabei deutlich.

Dennoch kann es vorkommen, daß Einheiten mit fehlender oder geringer Bindung modelliert werden. (Prinzipiell kommen alle Arten der Bindung, die im vorangegangenen für Module beschrieben wurden, auch für Methoden, Klassen, Subjekte oder Systeme und sogar auch für Vererbungsstrukturen in Frage.)

Wie die Komplexität und die Kopplung sollte auch die Bindung auf verschiedenen Detaillierungsebenen betrachtet werden. Die Tabelle 4.12 gibt die Zusammenhänge wieder; die Bedeutung der Tabelleneinträge wurde auf Seite 43 bereits erläutert.

Die Autarkie entspricht nach Definition 4.6 der Kopplung aus einem anderen Blickwinkel (vgl. auch Stiebellehner *et al.* (1994)) und wurde damit bereits in Abschnitt 4.3 ausführlich diskutiert. An dieser Stelle muß deshalb nur noch die semantische Bindung behandelt werden. Dabei wird das Unterziel 3 sukzessiv konkretisiert.

**Unterziel 3** *Bewertung eines Entwurfs hinsichtlich der Bindung, so daß diesbezügliche Auffälligkeiten von Modelleinheiten aufgezeigt werden können.*

## 4.4.1  Bindung von Methoden

**Abgeleitete Fragestellung 3.1** *Durch welche Maße kann die Bindung von Methoden bewertet werden?*

Wie bereits dargelegt, ist es nicht möglich, die semantische Bindung anhand quantifizierbarer Merkmale zuverlässig zu bewerten. Die folgenden Überlegungen können Entwickler zu einer selbständigen, nicht meßgestützten Überprüfung ihrer Entwürfe anregen.

**Motivation und Hinweise:**

* Die Methoden einer Klasse sollten funktional gebunden sein, d.h. genau eine Aufgabe erfüllen (vgl. Coad und Yourdon (1991)).

* Häufig genutzte Methoden weisen oft eine gute Bindung auf (vgl. Kitchenham und Linkman (1990) über Funktionen). Methoden mit geringer Bindung eignen sich dagegen schlecht für die Nutzung / Wiederverwendung durch Objekte anderer Klassen.

* Eine geringe Bindung wirkt sich nachteilig auf die Verständlichkeit einer Methode und damit auf ihre Nutzbarkeit für andere Entwickler aus. Auch auf den Test-, Wartungs- und Entwicklungsaufwand kann sich eine geringe Bindung negativ auswirken.

* Die Methoden einer Klasse sollten möglichst einfach sein; die von der Methode zu erfüllende Aufgabe sollte sich mit einem kurzen Satz mit nur einem Objekt und einem Prädikat beschreiben lassen (vgl. z.B. Coad und Yourdon (1991)). Methoden, bei denen dies nicht möglich ist, sollten hinsichtlich ihrer Bindung überprüft werden. Häufig können sie sinnvoll in mehrere Methoden stärkerer Bindung zerlegt werden.

## 4.4.2  Bindung von Klassen

**Abgeleitete Fragestellung 3.2** *Durch welche Maße kann die Bindung von Klassen bewertet werden?*

Die Bewertung der semantischen Bindung einer Klasse und damit die Klärung
der Frage, ob die Klasse ein wohldefiniertes inhaltliches Konzept minimal, aber
vollständig repräsentiert, ist allein anhand quantifizierbarer Merkmale nicht möglich
(vgl. auch die Ausführungen über die Bewertung der Minimalität und Vollständigkeit auf Seite 72).

Die Überlegungen, die zur Modellierung einer Klasse in einer bestimmten Form
führten, können nur mit Kenntnis der modellierten Inhalte nachvollzogen werden.
Dem in der Literatur häufig zu findenden Ansatz, Klassen mit hoher Komplexität
oder vielfachen Kopplungen eine geringe Bindung zuzuschreiben, wird hier nicht
gefolgt, da die Kopplung und die Komplexität bereits in den Abschnitten 4.2.2
und 4.3.2 ausführlich behandelt wurden. Hierbei wurden auch die Rückschlüsse
auf eine möglicherweise geringe Bindung bereits berücksichtigt, so daß sie an dieser Stelle nicht zusätzlich genannt werden müssen. Dem Entwickler können die
sich anschließenden Überlegungen jedoch dabei helfen, die Bindung seiner Klassen
selbständig zu hinterfragen.

**Motivation und Hinweise:**

* Eine Klasse weist eine hohe Bindung auf, wenn sie ein klar definiertes inhaltliches Konzept minimal, aber vollständig repräsentiert (vgl. Berard (1993)).

* Dabei sollte eine Klasse möglichst nicht nur die für die spezielle Anwendung
  ausreichenden Eigenschaften haben, sondern im Hinblick auf ihre Wiederverwendbarkeit auch in bezug auf den gesamten Problembereich das repräsentierte inhaltliche Konzept vollständig abbilden.

* Klassen mit geringer Bindung gelten als schwieriger nachvollziehbar. Dies
  kann sich negativ auf den Test-, Wartungs- und Entwicklungsaufwand für
  die betrachtete Klasse auswirken. Zusätzlich kann eine geringe Bindung
  zu erhöhter Fehleranfälligkeit und verringerter Wiederverwendbarkeit führen
  (vgl. Chidamber und Kemerer (1991)).

* Klassen mit vergleichsweise geringer Bindung können ggf. sinnvoll in mehrere Klassen mit höherer Bindung aufgespalten werden (vgl. Chidamber und
  Kemerer (1991)).

## 4.4.3  Bindung einer Vererbungsstruktur

**Abgeleitete Fragestellung 3.3** *Durch welche Maße kann die Bindung einer Vererbungsstruktur bewertet werden?*

Eine Vererbungsstruktur weist eine hohe Bindung auf, wenn die beiden folgenden Aussagen für die Klassen der Vererbungsstruktur erfüllt sind (vgl. Coad und
Yourdon (1991b)): Eine abgeleitete Klasse ist mit ihren Basisklassen über eine
„is a"-Relation verknüpft. Und: Eine abgeleitete Klasse stellt eine echte Spezialisierung der Basisklasse dar und verfügt über Attribute und Methoden, die nicht

| Beschreibung | Seite |
|---|---|
| *Anteil der überschriebenen Methoden* Der Anteil der überschriebenen Methoden einer Klasse zeigt, welcher Anteil expliziter Methoden der Basisklasse(n) für die abgeleitete Klasse verändert werden müssen. | 182 |
| *Verhältnis von Eigenanteil zu Gesamtvolumen* Das Verhältnis zwischen Eigenanteil und Gesamtvolumen einer Klasse läßt Rückschlüsse darauf zu, welcher Teil einer Klasse durch Vererbung entsteht und wie ähnlich sich abgeleitete Klasse und Basisklasse hinsichtlich ihres Volumens sind. | 184 |
| *Eigenanteil an der Schnittstelle* Das Verhältnis zwischen der Anzahl eigener und ererbter Methoden läßt Rückschlüsse darauf zu, welcher Teil der Schnittstelle einer Klasse durch Vererbung entsteht und wie ähnlich sich abgeleitete Klasse und Basisklasse hinsichtlich ihrer Schnittstelle sind. | 184 |

Tabelle 4.13: Maße für die Bewertung der Ähnlichkeit von Klassen in einer Vererbungsstruktur

geerbt werden. Auch die geerbten Attribute und Methoden sind für die abgeleitete Klasse sinnvoll.

Die Bindung einer Vererbungsstruktur ist nicht ohne weiteres bewertbar. Ob der Modellierung einer Vererbungsstruktur eine „is a"-Relation[4] zugrunde liegt oder nicht, läßt sich anhand quantifizierbarer Merkmale kaum erkennen. Wiederum ist die Kenntnis der modellierten Inhalte und des Entscheidungsprozesses, der der Modellierung voranging, erforderlich.

Betrachtungen über die „Ähnlichkeit" der in einer Vererbungsstruktur verknüpften Klassen sind jedoch in diesem Zusammenhang durchaus sinnvoll (vgl. auch Lorenz und Kidd (1994); Williams (1994)). Zur Bewertung der Ähnlichkeit von Klassen, die in eine Vererbungsstruktur eingebettet sind, wurden die in Tabelle 4.13 angegebenen Softwaremaße ausgewählt. (Auf die Berücksichtigung der selektiven Vererbung wird wegen ihrer bisher geringen praktischen Relevanz und der zu erwartenden negativen Auswirkungen auf die Übersichtlichkeit der Modellierungsansätze verzichtet.) Nähere Informationen über die zugeordneten Softwaremaße können dem Anhang C entnommen werden.

Folgende Argumente und Hinweise sollen den Entwickler dazu motivieren, die Bindung einer Vererbungsstruktur in seine Überlegungen mit einzubeziehen und nach alternativen Modellierungsansätzen zu suchen, wenn die Ähnlichkeit der in einer Vererbungsstruktur verknüpften Klassen gering erscheint.

**Motivation und Hinweise:**

* Die durch eine Vererbungsstruktur verbundenen Klassen sollten einen hohen Grad der Bindung (untereinander und an das repräsentierte inhaltliche Konzept) aufweisen (vgl. Coad und Yourdon (1991b)).

---

[4]Genauer: Objekte der Basisklasse sollten in allen Situationen sinnvoll durch Objekte der abgeleiteten Klasse substituiert werden können.

* Fehlt einer Vererbungsstruktur die Bindung, d.h. gibt es in einer Vererbungsstruktur Klassen, die eine vergleichsweise geringe Bindung an ihre Basisklassen aufweisen, so ist die Vererbungsstruktur schwieriger nachvollziehbar, was sich auf den Aufwand für Entwicklung, Test und Wartung der Klassen innerhalb der Vererbungsstruktur negativ auswirken kann.

* Die Ähnlichkeit zwischen einer abgeleiteten Klasse und ihrer Basisklasse (und damit die Bindung einer Klasse an ihre Basisklassen) kann ein Indikator dafür sein, ob eine „is a"-Relation besteht (vgl. Williams (1994) über Schnittstellen).

* Vererbungstrukturen sollten wegen der entstehenden engen Beziehung zwischen abgeleiteter Klasse und Basisklasse wohlüberlegt gestaltet sein, wozu Kenntnisse und Erfahrungen im Problembereich erforderlich sind.

  Genauer sollten Klassen, die eine vergleichsweise geringe Bindung an ihre Basisklassen aufweisen, daraufhin überprüft werden, ob ihre Ansiedlung innerhalb der Vererbungsstruktur gerechtfertigt ist und ob ggf. andere Modellierungskonstrukte eingesetzt werden können (z.B. Aggregationsstrukturen; vgl. zur Diskussion der Modellierung von Vererbungsstrukturen vs. Aggregationsstrukturen z.B. auch Budd (1991); Gamma *et al.* (1995); Williams (1994) oder Anhang B auf Seite 161).

### 4.4.4  Bindung von Subjekten

**Abgeleitete Fragestellung 3.4** *Durch welche Maße kann die Bindung von Subjekten bewertet werden?*

Auch die Bewertung der semantischen Bindung von Subjekten oder Systemen ist auf der Basis quantifizierbarer Merkmale nicht möglich. Hierzu wäre ein Erfassen der Inhalte des Entwurfs unerläßlich. Es können jedoch verschiedene Überlegungen angegeben werden, die Entwicklern bei der selbständigen Prüfung der Bindung der von ihnen modellierten Subjekte behilflich sein können.

**Motivation und Hinweise:**

* Ein Subjekt sollte Klassen nach einem klar definierten inhaltlichen Konzept bündeln.

  Es sollte einen Teil des Problembereichs abbilden, der eigenständig ist und für sich allein betrachtet werden kann. Subjekte sollten die Betrachtung des Systems auf einer höheren Abstraktionsebene ermöglichen (vgl. Balzert (1995)).

* Auch ein Subjekt sollte eine klar definierte, möglichst enge Schnittstelle zu seiner Umgebung aufweisen (vgl. u.a. Balzert (1995)).

* Subjekte mit geringer Bindung sind i.a. schwieriger nachvollziehbar. Dies kann sich negativ auf den Test-, Wartungs- und Entwicklungsaufwand für das Subjekt auswirken.

* Durch fehlende Bindung wird ein Subjekt komplexer. Dies kann zu erhöhter Fehleranfälligkeit und verringerter Wiederverwendbarkeit führen.

### 4.4.5   Abschließende Bemerkungen zur Bindung

Die Bindung ist eine wichtige Eigenschaft, die bei der Entwicklung von Software unbedingt berücksichtigt werden sollte. Allerdings zeigt sich, daß sich die semantische Bindung kaum sinnvoll quantifizieren läßt. Dies liegt jedoch nicht daran, daß die für eine Bewertung notwendigen Informationen während der Systemanalyse noch nicht vorliegen, sondern vielmehr daran, daß es sich bei der Bindung um eine semantische Eigenschaft handelt, deren objektive Quantifizierbarkeit generell in Frage gestellt werden muß.

Da die leichter quantifizierbare Autarkie einer Methode, einer Klasse oder eines Subjekts gewissermaßen die Umkehrung der in Abschnitt 4.3 betrachteten Kopplung darstellt, wurde das Bewertungsmodell in diesem Abschnitt lediglich um die Bewertung der Ähnlichkeit von Klassen erweitert, die durch eine Vererbungsstruktur miteinander verknüpft wurden.

In der Literatur herrscht Einigkeit darüber, daß die Bindung einer Modelleinheit so groß wie möglich sein sollte. Ein Ranking der verschiedenen Arten der Bindung, wie es beispielsweise Yourdon und Constantine (1979) für die Bindung von Modulen aufstellen, gibt es für die Betrachtung der Bindung bei der objektorientierten Softwareentwicklung bisher nicht. Ursache hierfür ist, daß die Kriterien, die für die Bildung von Modulen verwendet werden können, ihre Gültigkeit in bezug auf die Einheiten der objektorientierten Softwareentwicklung nicht verlieren. Allerdings stehen bei der objektorientierten Softwareentwicklung die informationale Bindung von Klassen und die funktionale Bindung von Methoden wegen der Betonung der durch sie repräsentierten inhaltlichen Konzepte eindeutig im Vordergrund.

Der hier als unabhängige Eigenschaft beschriebenen Bindung wird in der Literatur durchweg eine negative Korrelation zur Komplexität unterstellt. Geringe Bindung hat schwierigere Nachvollziehbarkeit und Verständlichkeit zur Folge und führt damit zu einem vergrößerten Schwierigkeitsgrad der betrachteten Einheit. Diese Zusammenhänge sind leicht verständlich und nachvollziehbar und dürfen als allgemein anerkannt gelten.

## 4.5   Wiederverwendbarkeit

Die Begriffe „Wiederverwendung" und „Wiederverwendbarkeit" lassen sich nicht ohne weiteres definieren. Ähnlich wie bei dem Begriff der Komplexität (vgl. Abschnitt 4.2) findet man auch hier bei verschiedenen Autoren unterschiedliche Definitionen (vgl. Küffmann (1994)).

Convent (1994) definiert z.B.: *„Softwarewiederverwendung ist die systematische Erstellung von wiederverwendbaren Einheiten und die systematische Nutzung existierender Einheiten während der Entwicklung neuer Anwendungssysteme."* (S. 3). Dabei wird jedes dokumentierte Ergebnis irgendeiner Phase im Softwareentwicklungsprozeß als potentiell wiederverwendbare *Einheit* angesehen.

Softwarewiederverwendung umfaßt nach dieser Definition zwei gleichwertige Aspekte: die Erstellung und die Nutzung wiederverwendbarer Einheiten. Weiterhin unterstreicht die Definition von Convent (1994), daß Wiederverwendung eine wohlorganisierte und geplante Aktivität ist, die sich von dem eher zufälligen, wiederholten Einsatz von Programmteilen aufgrund von individuellen Kenntnissen und Erfahrungen einzelner Entwickler unterscheidet.

Die Wiederverwendung existierender Softwareprodukte oder auch vorhandener Lösungskonzepte wird durch folgende Vorteile motiviert (vgl. Convent (1994), S. 2): Die Verwendung von qualitativ hochwertigen, wiederverwendbaren Einheiten bei der Entwicklung neuer Softwaresysteme kann zu erheblichen Produktivitäts- und Qualitätssteigerungen führen. Daraus resultiert eine allgemeine Kostensenkung bei der Softwareentwicklung. Unter der Voraussetzung, daß benötigte wiederverwendbare Einheiten leicht aufgefunden, verstanden, angepaßt und ins neue System integriert werden können, kann sich die Gesamtentwicklungszeit für ein Softwaresystem erheblich verkürzen. Dies kann insbesondere auf engen Märkten ein wichtiger Wettbewerbsvorteil sein. Wiederverwendung verspricht auch Verbesserungen bei der Wartbarkeit, da eine zentrale bzw. koordinierte Wartung der wiederverwendeten Einheiten möglich ist und die sich im Laufe der Zeit einstellende Standardisierung das Verständnis der wiederverwendbaren Einheiten erleichtert. Bibliotheken wiederverwendbarer Einheiten dienen auch der Weitergabe von Erfahrungen (vgl. auch Küffmann (1994)).

Als klassische Ansätze zur Wiederverwendung sind einfache Kopiervorgänge von Quelltexten, die Nutzung von Funktionsbibliotheken, die Verwendung von Softwareschablonen[5] und Generatoren zu nennen (vgl. Convent (1994)).

Welche Eigenschaften die zur Wiederverwendung vorgesehenen Einheiten auszeichnen sollten (und damit die Wiederverwendbarkeit der Einheiten beeinflussen), darüber gibt es in der Literatur wenig gesicherte Erkenntnisse. Allerdings wird ein Befolgen der Entwurfsprinzipien Modularität, Lokalität, Abstraktion und Parametrisierung empfohlen (vgl. Küffmann (1994)).

Die Wiederverwendung ist eines der wesentlichen Konzepte der objektorientierten Softwareentwicklung. Folgende Punkte zeigen dies (vgl. u.a. Convent (1994)):

---

[5]Nach Convent (1994) handelt es sich bei Softwareschablonen um Rahmenprogramme, deren Lücken vor der eigentlichen Nutzung auf den konkreten Anwendungsfall bezogen ausgefüllt werden müssen. Mit Hilfe von Softwareschablonen wird die abstrakte Struktur von Algorithmen und Datenstrukturen als wiederverwendbare Einheit zur Verfügung gestellt.

- Das Gesamtsystem wird eher „bottom up" aus vorhandenen oder neu entwickelten Klassen aufgebaut. Diese Vorgehensweise vereinfacht die Wiederverwendung vorhandener Einheiten im Vergleich zum „top down" Entwurf der herkömmlichen (strukturierten) Softwareentwicklung. Zudem werden bei objektorientierten Softwareentwicklungsmethoden explizite Anregungen zur Wiederverwendung existierender Lösungen und zur Schaffung wiederverwendbarer Bausteine gegeben (vgl. z.B. Coad und Yourdon (1991b)).

- *Klassen* als Erweiterungen des Konzepts abstrakter Datentypen sind Standardeinheiten der Wiederverwendung und stehen bereits während der Analyse und des Designs im Mittelpunkt der Betrachtungen. Von zentraler Bedeutung für die Wiederverwendung ist insbesondere die konsequente Verwirklichung der Datenkapselung, durch die eine „black box"-Wiederverwendung ermöglicht wird.

  Das bedeutet, daß die Einheit in ein anderes Softwaresystem integriert wird, ohne die Implementationsdetails zu kennen. Die Einheit kann somit als „black box" angesehen werden, deren Äußeres (die Schnittstelle) man kennt, deren Inneres (der innere Aufbau, die Implementation) aber nicht bekannt sein muß. Bei der „black box"-Wiederverwendung nimmt der Entwickler keine Veränderungen an der wiederverwendeten Einheit vor (vgl. Convent (1994)).

- Vor allem *abstrakte Klassen*, von denen keine Objekte erzeugt werden können, und die erst durch die von ihnen abgeleiteten Klassen spezifiziert werden, sind speziell für die Wiederverwendung vorgesehen. Zusätzlich erlauben *generische Klassen* das Parametrisieren von Klassen um Werte und Typen und stellen somit ein Konzept dar, die Allgemeinheit und Anpaßbarkeit – und damit die Wiederverwendbarkeit – von Klassen zu erhöhen (vgl. Convent (1994)).

  Für die praktische Realisierung generischer Klassen bietet sich insbesondere die C++ „Standard Template Library" (STL) an, der eine wachsende Bedeutung zukommt (vgl. hierzu auch Glass und Schuchert (1995), Musser und Saini (1996)).

- *Klassenbibliotheken* stellen Klassen zur Wiederverwendung bereit. Die Klassen können i.a. isoliert wiederverwendet werden.

  Beispiele für gebräuchliche C++-Klassenbibliotheken sind etwa Tools.h++ von Rogue Wave, die „Object Windows Library" (OWL) von Borland International und die „Foundation Class Library" von Microsoft.

- *Vererbung* und *Polymorphismus* ermöglichen neben der „black box"-Wiederverwendung auch die „white box"-Wiederverwendung von Klassen, so daß an wiederverwendeten Klassen zusätzlich Erweiterungen und Änderungen durchgeführt werden können.

- *Anwendungsrahmen (Frameworks) und Entwurfsmuster (Patterns)*

  Ein *Anwendungsrahmen* ist eine Menge von Klassen, deren Kommunikation und Kooperation über standardisierte Protokolle geregelt wird. Die Klassen eines Anwendungsrahmens verkörpern als Gruppe einen abstrakten Entwurf für eine Familie ähnlicher Anwendungen oder Problemstellungen. Durch direkte Verwendung der Klassen des Frameworks (Erzeugen eigener Objekte) oder durch geeignete Ableitung eigener Klassen kann der Entwickler ein Framework an die Bedürfnisse seiner konkreten Anwendung anpassen, ohne die standardisierten Protokolle aufgeben zu müssen (vgl. Erni (1996), Weinand (1992)). Anwendungsrahmen ermöglichen damit nicht nur die Wiederverwendung einzelner Klassen, sondern darüber hinaus die Wiederverwendung ganzer Strukturen. Üblicherweise existieren Anwendungsrahmen für bestimmte, allgemein bedeutsame Anwendungsgebiete wie z.B. für die Gestaltung von Oberflächen.

  Durch *Entwurfsmuster* werden immer wiederkehrende Sachverhalte abstrakt modelliert. So werden meist mehrere Klassen zu größeren konzeptionellen Einheiten verknüpft, und die Kommunikation zwischen ihnen wird abstrakt beschrieben. Im Gegensatz zu Anwendungsrahmen können Entwurfsmuster bereits frühzeitig im Rahmen der Softwareentwicklung wiederverwendet werden (vgl. Coad *et al.* (1995); Gamma *et al.* (1995); Schader und Rundshagen (1996)).

Die Wiederverwendung ist ein wichtiges Konzept der objektorientierten Softwareentwicklung und sollte auch bei der Bewertung objektorientierter Softwareprodukte berücksichtigt werden. Wie auch die Definition von Convent (1994) zeigt, ist der Prozeß der *Wiederverwendung*, durch den vorher entwickelte Einheiten erneut genutzt werden, von der *Wiederverwendbarkeit* als Eigenschaft von Einheiten oder Softwareprodukten, wiederverwendet werden zu können, zu unterscheiden.

Die Wiederverwendung existierender Lösungen sollte Ziel während aller Phasen der Softwareentwicklung sein. Während es für die automatische Unterstützung der Wiederverwendung von Klassen bereits verschiedene Ansätze gibt (sog. Klassenbrowser, wie sie beispielsweise bei Convent (1994) beschrieben sind), steht die Unterstützung der Wiederverwendung in den frühen Phasen der Entwicklung erst am Anfang. In der hier zu berücksichtigenden Entwicklungsumgebung ist eine Kennzeichnung von Bausteinen, die im Rahmen der Systemanalyse wiederverwendet wurden, bisher ebensowenig vorgesehen, wie die Integration eines „Pattern Browsers", so daß entsprechende Informationen nur manuell beigefügt werden könnten. Im folgenden Bewertungsmodell wird zunächst keine Bewertung der Wiederverwendung an sich vorgenommen. (Wegen der Erweiterbarkeit des in Kapitel 5 beschriebenen Werkzeugs wäre es aber möglich, eine derartige Bewertung im nachhinein zu integrieren, sobald die notwendigen Informationen durch das CASE-Tool bereitgestellt werden.)

Auch die Schaffung wiederverwendbarer Einheiten sollte Ziel in allen Phasen der Softwareentwicklung sein. Hierbei sind die in Abschnitt 4 genannten Prinzipien

|  | Wiederverwendbarkeit |
|---|---|
| Ebene | Abstraktionsgrad |
| Methode | o |
| Klasse | * |
| Subjekt | – |

Tabelle 4.14: Abstraktionsgrad und mögliche Ebenen der Auswertung

von besonderer Bedeutung. So stehen die Eigenschaften „geringe Kopplung" „hohe Bindung" und „angemessene Komplexität" in engem Zusammenhang mit der Wiederverwendbarkeit einer Einheit (vgl. z.B. auch Dennis (1988); Erni (1996); Küffmann (1994)). Um im folgenden Überschneidungen in der Betrachtung auszuschließen, werden die in den Abschnitten 4.2, 4.3 und 4.4 beschriebenen Eigenschaften im weiteren Verlauf der Betrachtungen ausgeklammert.

Dennis (1988) hält neben der Kopplung, der Bindung und der Komplexität u.a. diese Eigenschaften für wesentlich für die Schaffung wiederverwendbarer Einheiten: *geeigneter Abstraktionsgrad, ausreichende Dokumentation, Standardisierung in bezug auf das beabsichtigte Anwendungsgebiet.*

Eine ausreichende Dokumentation der für die Wiederverwendung vorgesehenen Einheiten ist unumgänglich. Im allgemeinen muß die Dokumentation ausführlicher sein, als es für konkrete Entwicklungsprojekte erforderlich wäre (vgl. Convent (1994)). Da in Abschnitt 3.3.1 von der Auswertung textueller Beschreibungen abgesehen wurde, kann im Rahmen dieser Arbeit nichts darüber ausgesagt werden, ob die Dokumentation der einzelnen Einheiten als ausreichend angesehen werden kann. Auch über die Standardisierung einer Einheit für das betrachtete Anwendungsgebiet ist ohne Kenntnis der Rahmenbedingungen keine Aussage möglich. Einzig der Abstraktionsgrad einer Einheit kann bei der Systemanalyse bewertet werden:

**Definition 4.7** *Der* **Abstraktionsgrad** *einer Einheit gibt an, wie universell die Einheit entworfen wurde.*

Wie die bisher betrachteten Eigenschaften sollte auch der Abstraktionsgrad auf verschiedenen Detaillierungsebenen betrachtet werden. Die Tabelle 4.14 gibt die Zusammenhänge wieder; die Bedeutung der Tabelleneinträge wurde auf Seite 43 bereits erläutert. Dabei fällt auf, daß der Abstraktionsgrad nicht auf der Methodenebene bewertet werden soll. Dies liegt zum einen daran, daß Methoden Klassen bzw. deren Objekten zugeordnet werden und i.a. nicht isoliert wiederverwendet werden. Zum anderen können Methoden zwar sehr allgemein konzipiert werden, ihre allgemeine Anwendbarkeit ist jedoch im Rahmen der objektorientierten Softwareentwicklung nicht generelles Ziel. So kommen abstrakte oder parametrisierte Methoden[6] zwar beispielsweise bei generischen und abstrakten Klassen

---

[6]Gamma *et al.* (1995) sprechen in diesem Zusammenhang von „Template Methods" bzw. von

| Beschreibung | Seite |
|---|---|
| *Abstraktionsgrad einer Klasse* Dieses „Maß" gibt an, ob eine Klasse abstrakt ist oder nicht. | 186 |
| *Anzahl der Server einer Klasse* Die Anzahl der Server zeigt, wie viele Klassen mindestens zu der Gruppe von Klassen gehören, die bei der Wiederverwendung der betrachteten Klasse mit übernommen werden muß. | 182 |
| *Anteil der abstrakten Server* Beziehungen zu abstrakten Klassen können als stabiler angesehen werden als Beziehungen zu nicht abstrakten Klassen. | 186 |
| *Anzahl der Server einer Klasse* (inkl. geerbte) | 182 |
| *Anteil der abstrakten Server* (inkl. geerbte) | 186 |
| *Anzahl der abgeleiteten Klassen* Die Anzahl der direkt oder indirekt von einer Klasse abgeleiteten Klassen läßt Rückschlüsse auf ihren Abstraktionsgrad zu. | 188 |

Tabelle 4.15: Maße für die Bewertung des Abstraktionsgrads von Klassen

vor, können aber anhand der Analyseinformationen nicht erkannt werden (hierzu sind designspezifische Angaben oder Implementationsdetails notwendig).

Entsprechend der in der Tabelle 4.14 dargestellten Systematik wird das Unterziel 4 sukzessiv konkretisiert.

**Unterziel 4** *Bewertung eines Entwurfs hinsichtlich des Abstraktionsgrads, so daß diesbezügliche Auffälligkeiten von Modelleinheiten aufgezeigt werden können.*

## 4.5.1  Abstraktionsgrad von Klassen

**Abgeleitete Fragestellung 4.1** *Durch welche Maße kann der Abstraktionsgrad von Klassen bewertet werden?*

Für die Wiederverwendung vorgesehene Klassen sollten so allgemein sein, daß sie für verschiedene Anwendungsfälle genutzt werden können. Der Entwurf wiederverwendbarer Klassen erfordert eine gezielte Abstraktion vom individuellen zum allgemeinen, wobei insbesondere nach bestehenden Ähnlichkeiten gesucht wird (vgl. Küffmann (1994)). Um den geeigneten Abstraktionsgrad bestimmen zu können, sind neben der Kenntnis der Systemverantwortlichkeiten und Anforderungen im konkreten Fall auch Erfahrungen mit dem Problembereich erforderlich. Nur dann kann entschieden werden, welche Klassen unabhängig vom konkreten Entwicklungsprojekt bedeutsam sind und in anderen Entwicklungsprojekten wiederverwendet

---

„Factory Methods". „Template Methods" sind Methoden, die nur das Skelett eines Algorithmus vorgeben, wobei die verschiedenen auszuführenden Schritte erst innerhalb der abgeleiteten Klassen definiert werden. „Factory Methods" dienen der Erzeugung von Objekten, wobei die Klasse der zu erzeugenden Objekte erst in den abgeleiteten Klassen festgelegt wird.

| Beschreibung | Seite |
|---|---|
| *Anzahl der abstrakten Klassen eines Subjekts* Die Anzahl der in einem Subjekt enthaltenen abstrakten Klassen läßt Rückschlüsse darauf zu, wie allgemein die modellierten Sachverhalte abgebildet wurden. | 198 |

Tabelle 4.16: Maß für die Bewertung des Abstraktionsgrads von Subjekten

werden können (vgl. Convent (1994) zur vertikalen und horizontalen Domänenanalyse und Küffmann (1994) zur vertikalen und horizontalen Wiederverwendung). Zur Bewertung des Abstraktionsgrads von Klassen werden in dieser Arbeit die in Tabelle 4.15 genannten Softwaremaße ausgewählt. Für nähere Informationen über die Maße siehe Anhang C.

Folgende Erklärungen können ein Hinterfragen des Abstraktionsgrads einer Klasse motivieren. Auch Hinweise darauf, wie der Abstraktionsgrad erhöht werden kann, sind möglich.

**Motivation und Hinweise:**

* Abstrakte Klassen werden im Hinblick auf die Wiederverwendung entworfen. Mit Hilfe abstrakter Klassen können Anwendungen auf künftig nötige Erweiterungen vorbereitet werden.

* Um eine Klasse wiederverwendbar zu entwerfen, ist zu überlegen, welche Änderungen der abgebildeten Sachverhalte für die Zukunft wahrscheinlich bzw. für andere, ähnlich gelagerte Anwendungen erforderlich sind, und welche Klassen allgemein genug sind, um für weitere Projekte von Bedeutung zu sein.

* Klassen, von denen vergleichsweise viele Klassen abgeleitet werden, haben eine besondere Bedeutung für das entwickelte System. Ihnen kann i.a. unterstellt werden, daß es sich um wichtige Abstraktionen des Problembereichs handelt. Diese Klassen sollten hinsichtlich ihres Leistungsumfangs vollständig und stabil sein.

## 4.5.2   Abstraktionsgrad von Subjekten

**Abgeleitete Fragestellung 4.2** *Durch welche Maße kann der Abstraktionsgrad von Subjekten bewertet werden?*

Neben den Klassen sind auch Subjekte eine wichtige Einheit der Wiederverwendung. Sie sollten eigenständige, in sich abgeschlossene Teilbereiche des modellierten Problembereichs repräsentieren. Auf ihre Wiederverwendbarkeit sollte bei der Entwicklung hingearbeitet werden. Für die Bewertung des Abstraktionsgrads von Subjekten wurde das in Tabelle 4.16 genannte Softwaremaß ausgewählt. Für weitere Informationen über dieses Maß siehe Anhang C.

**Motivation und Hinweise:**

* Subjekte sollten möglichst unabhängige konzeptionelle Einheiten repräsentieren. Subjekte, die von Diensten anderer Subjekte bzw. der darin enthaltenen Klassen und Objekte abhängen, sind i.a. schwieriger wiederverwendbar.

* Klassen sind nur selten völlig unabhängig von anderen Klassen. Meist gehört zu einer Klasse eine Gruppe anderer Klassen, mit denen bzw. deren Objekten Objekte der Klasse zur Erfüllung ihrer Verantwortlichkeiten zusammenarbeiten, von denen sie daher abhängen und ohne die sie nicht verwendet werden können. Wenn eine Klasse der Gruppe wiederverwendet werden soll, so ist die gesamte Gruppe wiederzuverwenden (vgl. Martin (1994)). Subjekte können dazu verwendet werden, derartige Klassengruppen abzubilden.

* Subjekte sind um so flexibler, je leichter sie erweitert werden können, ohne daß die enthaltenen Klassen verändert werden müssen. Die Verwendung abstrakter Klassen ist in diesem Sinne besonders empfehlenswert. Die Anzahl der abstrakten Klassen in einem Subjekt ist deshalb ein Indikator für die Flexibilität bzw. den Abstraktionsgrad des Subjekts (vgl. Martin (1994) über Klassengruppen).

* Bei den in einem Subjekt enthaltenen abstrakten Klassen kann es sich um Stellen handeln, an denen der Benutzer eigene Erweiterungen vornehmen kann (sog. „Hot Spots", vgl. beispielsweise Schmidt *et al.* (1995) über Anwendungsrahmen).

* Durch die Modellierung von Abhängigkeiten zu abstrakten Klassen werden allgemeine Abhängigkeiten von den im Spezialfall geltenden getrennt modelliert. Klassen eines Subjekts mit geringem Abstraktionsgrad sollten daraufhin überprüft werden, ob die modellierten Beziehungen allgemeiner formuliert und schließlich mit Hilfe abstrakter Klassen modelliert werden können. Es könnte z.B. sinnvoll sein, zusätzliche Abstraktionen (abstrakte Klassen) einzuführen, um die künftige Erweiterbarkeit des Subjekts zu gewährleisten.

### 4.5.3 Abschließende Bemerkungen zur Wiederverwendbarkeit

Die vorangegangenen Überlegungen haben gezeigt, daß es sich auch bei der Wiederverwendbarkeit um eine Eigenschaft handelt, auf die bei der Softwareentwicklung besonderes Augenmerk gerichtet werden sollte. Dabei ist die Wiederverwendbarkeit als Eigenschaft eines Softwareprodukts vom Prozeß der Wiederverwendung zu unterscheiden. Die Betrachtung der vielschichtigen Wiederverwendbarkeit wurde in diesem Abschnitt reduziert auf die Untersuchung des Abstraktionsgrads. Dadurch wurden Überschneidungen mit den Ausführungen aus den Abschnitten 4.2, 4.3 und 4.4 vermieden, denn für die Wiederverwendbarkeit einer Einheit sind eine angemessene Komplexität, eine geringe Kopplung und eine hohe Bindung entscheidende Faktoren. Für die Bewertung des Abstraktionsgrads wurden Softwaremaße

|          | Zweckmäßigkeit |
|----------|----------------|
| Ebene    | Allg. Regeln   |
| Methode  | –              |
| Klasse   | *              |
| Subjekt  | *              |

Tabelle 4.17: Aspekte der Zweckmäßigkeit und mögliche Ebenen der Auswertung

angegeben, deren Auswertung und die zur Unterstützung der Interpretation der Meßergebnisse gegebenen Hinweise in Kapitel 5 und Anhang A beschrieben werden.

Ähnlich wie schon bei der Bewertung der Bindung gibt es Aspekte der Wiederverwendbarkeit, die nicht nur anhand der objektiv quantifizierbaren Merkmale von objektorientierten Softwareprodukten bewertet werden können, sondern deren Bewertung nur unter Berücksichtigung von externen Faktoren und Rahmenbedingungen erfolgen kann (z.B. stellt sich die die Frage, ob eine zur Wiederverwendung vorgesehene Klasse eine inhaltlich sinnvolle Abstraktion darstellt, oder ob sie gewissen Standards genügt).

## 4.6   Zweckmäßigkeit

Die in der Literatur beschriebenen Vorgehensweisen für die objektorientierte Softwareentwicklung werden von den Autoren oft durch Regeln oder Hinweise ergänzt, durch die man zu einem angemessenen objektorientierten Entwurf gelangt (vgl. z.B. Booch (1994b); Coad und Yourdon (1991, 1991b); Rumbaugh *et al.* (1991); Schader und Rundshagen (1996)). Dabei werden mitunter Regeln angegeben, wie „unsinnige" oder auf jeden Fall zu überprüfende Einheiten identifiziert werden können. Beispielsweise wird die Modellierung von Klassen, die nur ein Attribut enthalten, generell als fragwürdig angesehen (vgl. u.a. Coad und Yourdon (1991)).

Die Zweckmäßigkeit läßt sich in mehrere Aspekte gliedern. Die Modellierung von im obigen Sinne unsinnigen Entwürfen und damit die Verletzung allgemeiner Modellierungsregeln ist dabei nur ein Aspekt. Unzweckmäßige Modelleinheiten sind auch solche, die keinen oder einen nur geringen Beitrag zur Erfüllung der Systemverantwortlichkeiten leisten. Auch hier können verschiedene Detaillierungsebenen unterschieden werden. Dies zeigt Tabelle 4.17; die Bedeutung der Tabelleneinträge wurde auf Seite 43 bereits erläutert. Die dargestellte Systematik der Bewertung zur Erreichung des Unterziels 5 wird in den folgenden Abschnitten konkretisiert. Im Gegensatz zu den vorangegangenen Abschnitten geht es hier weniger darum, Eigenschaften Softwaremaße zuzuordnen, mit deren Hilfe sie bewertet werden können. Vielmehr müssen in den beiden folgenden Abschnitten einfache Softwaremaße zur Überprüfung vorgegebener Regeln genutzt werden. Deshalb sind die beiden folgenden Abschnitte etwas anders aufgebaut als die vorangegangenen.

**Unterziel 5** *Bewertung eines Entwurfs hinsichtlich der Zweckmäßigkeit, so daß diesbezügliche Auffälligkeiten von Modelleinheiten aufgezeigt werden können.*

Eine Bewertung der Zweckmäßigkeit von Methoden kann im Rahmen der Systemanalyse nicht durchgeführt werden. Allgemeine Regeln für den Entwurf von Methoden beziehen sich meistens auf design- oder implementationsspezifische Details, die im Rahmen der Systemanalyse entweder noch nicht vorliegen oder anhand der textuellen Methodenspezifikation oder des nicht streng formalisierten funktionalen Modells nicht bestimmt werden können. Die Bedeutung einer Methode, die sich aus ihrer Verwendung durch andere Methoden ergibt, läßt sich ebenfalls anhand des funktionalen Modells und der Methodenspezifikation nur schwer feststellen. Die Ableitung der benötigten Informationen aus dem dynamischen Modell, d.h. aus den Ereignisfolgediagrammen, ist auf der Ebene der Klassen bzw. ihrer Objekte besser möglich und erfolgt deshalb in Abschnitt 4.6.1.

## 4.6.1  Zweckmäßigkeit von Klassen

**Abgeleitete Fragestellung 5.1** *Durch welche Maße kann die Zweckmäßigkeit von Klassen bewertet werden?*

Für die Modellierung „sinnvoller" Klassen werden in der Literatur verschiedene Regeln angegeben, von denen sich z.B. die folgenden quantifizieren lassen:

- *Eine Klasse sollte mehr als ein Attribut enthalten.*

  Nach Rundshagen (1995) deutet die Modellierung von Klassen mit nur einem Attribut oftmals auf eine zu detaillierte Untergliederung bei der Bildung von Klassen hin, so daß derartige Klassen auch sinnvoll als Attribute anderer Klassen modelliert werden können. Klassen mit nur einem Attribut sollten aus diesem Grunde zur Überprüfung vorgeschlagen werden.

  Allerdings kann auch der Modellierung von Klassen ohne Attribute oder mit nur einem Attribut eine durchaus sinnvolle Entwurfsentscheidung zugrunde liegen. Klassen mit nur einem Attribut können z.B. entstehen, wenn die Klasse nur ein „eigenes" Attribut enthält und weitere Attribute erbt, oder wenn nur ein Attribut, aber zusätzliche Objektbeziehungen oder Aggregationsstrukturen vorhanden sind.

  Klassen, die sehr wenige oder keine Attribute besitzen, werden häufig im Zusammenhang mit der Kommunikation mit Folgesystemen oder externen Geräten (z.B. Meß- oder Regelungsgeräte jeder Art) modelliert. Diese Klassen fungieren als Schnittstellen (vgl. auch Schader und Rundshagen (1996)). Auch sog. Protokollklassen besitzen in der Regel keine Attribute.

  Die o.g. Regel wird als entsprechend kommentierter Hinweis in die Modellkritik integriert (vgl. Abschnitt 5.2.4). Der Entwickler wird dabei explizit dazu angeregt, die zugrundeliegende Entwurfsentscheidung offenzulegen und seinen Entwurf zu modifizieren, sofern die Klasse einem eher funktionalen Entwurf entstammt.

- *Eine Klasse sollte mehr als eine Methode enthalten.*

Klassen, denen während der Systemanalyse nur eine explizite Methode zugeordnet wird, gelten ebenfalls als fragwürdig (vgl. Coad und Yourdon (1991) oder auch Rundshagen (1995)). Andererseits können auch hier sinnvolle Entwurfsentscheidungen zugrunde liegen: Beispielsweise enthalten Systeme, deren Verantwortlichkeiten vorwiegend im Bereich des Datenmanagements liegen, mitunter Klassen, die der bloßen Verwaltung von Daten dienen. Diese Klassen verfügen dann nicht über explizite Methoden; die während der Analyse vorausgesetzten impliziten Methoden reichen zur Erfüllung ihrer Verantwortlichkeiten aus.

Die genannte Regel wird entsprechend kommentiert und als Hinweis in die Modellkritik (vgl. Abschnitt 5.2.4) integriert. Der Entwickler wird dabei explizit dazu angeregt, die zugrundeliegende Entwurfsentscheidung offenzulegen.

- *Eine Klasse sollte mindestens ein eigenes Element enthalten.*

Elemente sind in diesem Sinne Attribute, Methoden, Objektbeziehungen oder Aggregationsstrukturen, wobei geerbte Elemente nicht berücksichtigt werden. Klassen ohne Elemente werden mitunter als Platzhalter oder als „Gedankenstütze" in Modelle aufgenommen, sollten dann aber als unfertig kenntlich gemacht werden, um Verwirrungen zu vermeiden.

In der Regel handelt es sich jedoch um Modellierungsfehler. Klassen ohne Elemente, die in eine Vererbungsstruktur eingefügt wurden, deuten beispielsweise darauf hin, daß hier zu exzessiv vererbt wurde und die Vererbungsstruktur überarbeitet werden sollte. Generell sollten Klassen, die keine oder nur sehr wenige eigene Elemente haben, kritisch auf ihre Bedeutung innerhalb des Systems geprüft werden.

- *Von einer abstrakten Klasse sollten mindestens zwei Klassen abgeleitet werden.*

Nach Rundshagen (1995) ist die Modellierung einer abstrakten Klasse in vielen Fällen unnötig, wenn nur eine weitere Klasse abgeleitet wird. Gerade bei der Modellierung im Hinblick auf die mögliche Systemevolution können Überlegungen zur künftigen Weiterentwicklung des betrachteten Problembereichs jedoch dazu führen, daß entsprechende, künftig sinnvolle Erweiterungen bereits vorgesehen, für den konkreten Anwendungsfall jedoch noch nicht benötigt werden.

| Beschreibung | Seite |
|---|---|
| *Allgemeine Regeln* | |
| *Anzahl der Attribute einer Klasse* | 173 |
| *Anzahl der Methoden einer Klasse (inkl. geerbte)* | 173 |
| *Anzahl der „eigenen" Elemente einer Klasse* | 176 |
| *Anzahl der Attribute einer Klasse (inkl. geerbte)* | 173 |
| *Anzahl der Methoden einer Klasse (inkl. geerbte)* | 173 |
| *Anzahl der Elemente einer Klasse (inkl. geerbte)* | 176 |
| *Nutzungsbedingte Bedeutung* | |
| *Anzahl der Klassen, von denen die betrachtete Klasse bzw. ihre Objekte Nachrichten empfangen* | 187 |
| *Anzahl der Klassen, von denen die betrachtete Klasse bzw. ihre Objekte Nachrichten empfangen (inkl. geerbte)* | 187 |
| *Vererbungsbedingte Bedeutung* | |
| *Anzahl der abgeleiteten Klassen* | 188 |

Tabelle 4.18: Maße für die Bewertung der Zweckmäßigkeit von Klassen

- *Jede Klasse sollte zur Erfüllung der Systemverantwortlichkeiten beitragen.*

  Eine Klasse kann nur dann zur Erfüllung der Systemverantwortlichkeiten beitragen, wenn ihre Objekte mit anderen Objekten interagieren, oder wenn von ihr weitere Klassen abgeleitet werden. (Hier wird zwischen nutzungsbedingter und vererbungsbedingter Bedeutung unterschieden.) Das heißt, daß für jede Klasse mindestens ein Klient modelliert werden sollte. Als Klient einer Klasse oder allgemeiner eines Softwarebausteins (dies kann z.B. auch eine Methode oder ein Subjekt sein) werden hier Klassen oder Softwarebausteine bezeichnet, die Dienste der betrachteten Klasse oder des betrachteten Softwarebausteins in Anspruch nehmen. Besitzt eine Klasse keine Klienten, so kann sie über die von ihr abgeleiteten Klassen, die wiederum Klienten besitzen, zur Erfüllung der Systemverantwortlichkeiten beitragen.

Welche Maße für die Überprüfung der Regeln herangezogen werden müssen, ist offensichtlich. Sie wurden in der Tabelle 4.18 zusammengestellt, aber nicht zusätzlich motiviert. Nähere Informationen zu den einzelnen Maßen sind im Anhang C zusammengefaßt.

## 4.6.2  Zweckmäßigkeit von Subjekten oder Systemen

**Abgeleitete Fragestellung 5.2** *Durch welche Maße kann die Zweckmäßigkeit von Systemen oder Subjekten bewertet werden?*

Für die Zweckmäßigkeit von Subjekten können folgende Regeln angegeben werden:

| Beschreibung | Seite |
|---|---|
| *Allgemeine Regeln* | |
| *Anzahl der Klassen eines Subjekts* | 193 |
| *Nutzungsbedingte Bedeutung* | |
| *Anzahl der Klientensubjekte eines Subjekts* | 196 |
| *Anzahl der Klientenklassen eines Subjekts* | 197 |
| *Anteil der Klassen in Vererbungsstrukturen* | 198 |
| *Anteil der abstrakten Klassen* | 199 |

Tabelle 4.19: Maße für die Bewertung der Zweckmäßigkeit von Subjekten

- *Ein Subjekt enthält mindestens eine Klasse.*

  Die Modellierung von Subjekten, die keine oder nur eine Klasse enthalten, ist in der Regel nicht abgeschlossen (vgl. hierzu auch Rundshagen (1995)). Andernfalls liegt meist eine zu starke Detaillierung des Modells vor. Der Entwurf sollte entsprechend überarbeitet werden.

- *Jedes Subjekt sollte zur Erfüllung der Systemverantwortlichkeiten beitragen.*

  Wie in Abschnitt 4.6.1 kann die Zahl der Klienten eines Subjekts als Indikator für seine Bedeutung bei der Erfüllung der Systemverantwortlichkeiten herangezogen werden. Im Hinblick auf die in Abschnitt 4.3 geforderte Unabhängigkeit von Subjekten sind hierbei insbesondere auch externe Agenten (dies kann z.B. ein Anwender oder ein Folgesystem sein) zu berücksichtigen.

- *Ein Subjekt sollte Vererbungsstrukturen und abstrakte Klassen enthalten.*

  Die Vererbung als eines der wichtigsten Konzepte der objektorientierten Softwareentwicklung bietet große Vorteile im Hinblick auf die Vermeidung von Redundanzen und die Flexibilisierung eines Entwurfs für künftige Erweiterungen. Wie schon in Abschnitt 4.5.1 erläutert, leisten auch abstrakte Klassen einen wesentlichen Beitrag zur Flexibilität eines Entwurfs. Das Fehlen von Vererbungsstrukturen und abstrakten Klassen sollte deshalb zur Überprüfung von Entwürfen führen.

Welche Softwaremaße der Überprüfung der Regeln dienen, zeigt Tabelle 4.19. Eine detaillierte Beschreibung der Maße kann dem Anhang C entnommen werden.

### 4.6.3   Abschließende Bemerkungen zur Zweckmäßigkeit

Für die Zweckmäßigkeit von Entwürfen konnten einige allgemeine Regeln angegeben werden, die z.T. Inhalt der von Rundshagen (1995) beschriebenen MAOOAM-Konsistenzsicherung sind. Mit Hilfe dieser Regeln wird es möglich, unsinnige Modelleinheiten zu identifizieren. Hierunter sind insbesondere auch Einheiten zu verstehen, die keinen oder einen nur geringen Beitrag zur Erfüllung der Systemver-

antwortlichkeiten leisten. Für die Überprüfung dieser Regeln wurden verschiedene
Softwaremaße angegeben.

Die Einschränkung der Bewertung auf die im Rahmen der Systemanalyse festgelegten Informationen machte sich hierbei insofern bemerkbar, als daß die Bestimmung
der Klienten anhand der Quelltextinformationen differenzierter erfolgen könnte. Jedoch bilden auch die Informationen der Systemanalyse eine geeignete Basis für die
Überprüfung der genannten Regeln. Anhand der detaillierteren Informationen, die
während des Designs und nach der Implementierung vorliegen, könnten weitere
Regeln geprüft werden (z.B. Stilregeln für die Programmierung).

## 4.7  Zusammenfassung

In den vorangegangenen Abschnitten wurden die Komplexität, die Kopplung, die
Bindung, die Wiederverwendbarkeit und die Zweckmäßigkeit objektorientierter
Softwareprodukte gründlich untersucht. Bei der Betrachtung ließen sich verschiedene Ebenen der Bewertung unterscheiden, und für jede der bewerteten Eigenschaften konnten unterschiedliche Aspekte der Bewertung abgegrenzt werden. Durch
die Zuordnung von Softwaremaßen wird jeder der identifizierten Aspekte einzeln
bewertet. Die Abbildung 4.3 veranschaulicht die Systematik der Bewertung.

Die verwendeten Softwaremaße lassen sich teilweise zur Bewertung mehrerer unterschiedlicher Aspekte heranziehen. Dies liegt daran, daß zwischen den verschiedenen
bewerteten Eigenschaften Wechselwirkungen bestehen. So stehen z.B. die strukturelle Komplexität und die Kopplung in engem Zusammenhang: Der strukturelle
Aufbau einer Klasse wird durch die ihr zugeordneten Elemente (Attribute, Methoden, Objektbeziehungen, Aggregationsstrukturen) sowie ggf. durch ihre Basisklassen bestimmt. Durch Objektbeziehungen, Aggregations- und Vererbungsstrukturen werden jedoch gleichzeitig Kopplungen an andere Klassen bzw. deren Objekte
erzeugt (vgl. Abschnitt 4.3). Weitere Überschneidungen ergeben sich durch die
vorwiegend indirekte Bewertung der Bindung (vgl. Abschnitt 4.4).

Bei der Herleitung des Bewertungsmodells wurde auf die Vermeidung von Redundanzen geachtet. Wo sich dennoch der Einsatz von Softwaremaßen zur Bewertung
verschiedener Aspekte anbot, wird dies bei der Beschreibung der Softwaremaße
offengelegt.

Es soll noch einmal betont werden, daß die zugeordneten Softwaremaße im folgenden nicht zu einer Gesamtbewertung verschmolzen werden sollen. Vielmehr
sollen die Softwaremaße zu einer mehrdimensionalen Bewertung verknüpft werden,
bei der jede einzelne der bewerteten Eigenschaften explizit berücksichtigt wird.
Während bei der Komplexität und der Kopplung vergleichsweise hohe Meßwerte
eine Überprüfung der Einheiten nahelegen, sind es bei der Bewertung der Bindung, des Abstraktionsgrads und der Zweckmäßigkeit vergleichsweise niedrige oder
sehr niedrige Meßwerte. Werden Einheiten zur Überprüfung vorgemerkt, helfen
die zugeordneten Erläuterungen dabei, die Bedeutung der Eigenschaft für die Güte

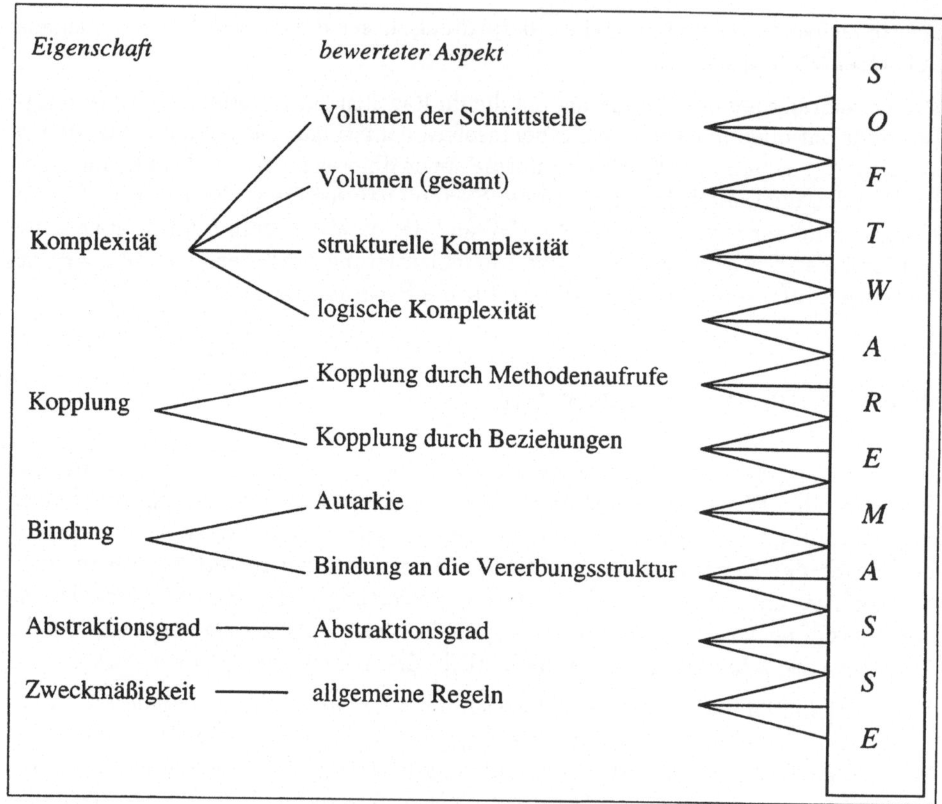


Abbildung 4.3: Bewertungsmodell

eines Entwurfs zu veranschaulichen. Darüber hinaus können in den meisten Fällen Hinweise gegeben werden, die bei der kontextspezifischen Überprüfung der zu überprüfenden Einheit und der ggf. im Anschluß erfolgenden Veränderung des Entwurfs helfen können (vgl. Anhang A). Im folgenden Kapitel wird ein Werkzeug konzipiert, das diese Vorgehensweise systematisch unterstützt. Die Bewertung könnte zwar auch manuell erfolgen, jedoch wäre der Aufwand hierfür recht hoch.

Die in Kapitel 3 an die zu verwendenden Softwaremaße zu stellenden Forderungen werden von den in diesem Kapitel zugeordneten Softwaremaßen erfüllt. Die vorgestellten Softwaremaße sind alle einfach und intuitiv einsichtig. Um der Forderung 3.4 zu genügen, wird in Anhang C für jedes Softwaremaß noch einmal der Bewertungsansatz formuliert. Die weiteren Forderungen sind offensichtlich erfüllt. Die aus der Forderung 3.2 nach frühzeitiger Anwendbarkeit der verwendeten Softwaremaße resultierenden Einschränkungen werden insgesamt als zwar vorhanden, aber nicht gravierend eingestuft. Deutlich wird außerdem, daß es nicht möglich ist, mit Hilfe einfacher Softwaremaße die durch einen Entwurf abgebildeten Inhalte zu quantifizieren. Im Anschluß an eine Bewertung durch Softwaremaße muß daher unbedingt dafür gesorgt werden, daß bei der Interpretation der Meß- und Bewertungsergebnisse kontextspezifische Informationen und das Wissen des Entwicklers eingebracht werden. Wie dies in dieser Arbeit ermöglicht werden soll, wird ebenfalls in Kapitel 5 gezeigt.

Das hier konzipierte Bewertungsmodell dient der Übeprüfung von Entwürfen der objektorientierten Systemanalyse auf Eigenschaften, die als qualitätsfördernd anerkannt sind. Es soll vor allem Entwicklern helfen, die über relativ wenig Erfahrungen mit der objektorientierten Softwareentwicklung verfügen. Erfahrenere Entwickler werden ggf. den Wunsch haben, das Bewertungsmodell um zusätzliche Aspekte zu erweitern und weitere oder andere Softwaremaße für die Bewertung heranzuziehen. Auch das wird bei der Konzeption des Werkzeugs MEMOS im folgenden Kapitel berücksichtigt.

# 5. Das Werkzeug MEMOS

Im vorangegangenen Kapitel wurde ein Konzept erstellt, mit dessen Hilfe Softwaremaße dazu eingesetzt werden können, Entwickler zur kontextspezifischen Überprüfung ihrer Entwürfe anzuregen. Die Anwendung von Softwaremaßen sollte unabhängig vom Zeitpunkt des Einsatzes mit Hilfe von entsprechenden Tools durchführt werden. Manuelle Auswertungen sind insbesondere bei umfangreicheren Produkten sehr aufwendig und fehleranfällig. In diesem Kapitel wird daher das Werkzeug MEMOS (*Meß*basierter *Mo*dellierungsratgeber für die *o*bjektorientierte *S*ystemanalyse) entwickelt, das das in Kapitel 4 entwickelte Bewertungskonzept unterstützt.

Dazu werden zunächst einige Anforderungen erarbeitet, die an ein Meßwerkzeug zu stellen sind. Eine Marktrecherche zeigt, daß derzeit kein Werkzeug am Markt verfügbar ist, mit dessen Hilfe die Anwendung der in Kapitel 4 ausgewählten Softwaremaße möglich ist. Für die Realisierung des im vorangegangenen entworfenen Bewertungskonzepts wurde daher das Werkzeug neu konzipiert und als Ergänzung zu einem am Lehrstuhl für Wirtschaftsinformatik III entwickelten CASE-Tool realisiert. Der Aufbau des Werkzeugs MEMOS wird in den folgenden Abschnitten beschrieben. Die Funktionsweise von MEMOS wird anschließend in Kapitel 6 beispielhaft gezeigt.

## 5.1 Meßwerkzeuge – Werkzeugunterstützung für den Einsatz von Softwaremaßen

Um das in Kapitel 4 geschilderte Bewertungskonzept zu realisieren, wird ein Werkzeug benötigt, welches die Anwendung von Softwaremaßen unterstützt. Eine Reihe von Meßwerkzeugen wurde im Vorfeld der Entwicklung von MEMOS untersucht. Um die Ergebnisse dieser Markrecherche zu präsentieren, wird eine Liste von Anforderungen erstellt, die ein Meßwerkzeug idealerweise erfüllen sollte, um Benutzern die Anwendung von Softwaremaßen für individuelle Zielsetzungen zu ermöglichen.

- *Frühzeitige Anwendbarkeit der Maße*

  Die Anwendung von Softwaremaßen sollte bereits während der Systemanalyse möglich sein.

- *Unterstützung bei der Suche nach geeigneten Maßen*

  Der Anwender soll im Vorfeld der Auswertung bei der Suche nach für ihn geeigneten Softwaremaßen unterstützt werden.

- *Erläuterung der Hintergründe der Bewertung*

  Die Anwendung der Softwaremaße soll dem Anwender des Werkzeugs plausibel gemacht werden. Hierzu ist insbesondere die Motivation des Einsatzes der einzelnen Maße sowie die Erläuterung des zugrundeliegenden Bewertungsansatzes wichtig.

- *Flexibilität der Bewertung*

  Der Anwender sollte auf die Bewertung Einfluß nehmen können, damit er seine eigenen Erfahrungen einbringen kann (z.B. durch Auswahl der anzuwendenden Softwaremaße, ggf. durch Neudefinition eigener Maße und vor allem durch Veränderung der Voreinstellungen von Grenz- oder Richtwerten).

- *Präsentation der Meßergebnisse und Hilfestellung bei der Interpretation*

  Die Meßergebnisse sollen dem Anwender in ansprechender Form präsentiert werden. Bei der Interpretation der Meßergebnisse soll der Anwender zudem auf Interpretationshilfen zurückgreifen können.

- *Veranschaulichung von Trends*

  Idealerweise sollte auch die Veranschaulichung der Entwicklungsergebnisse über verschiedene Versionen (Trendanalyse[1]) der Entwicklungsergebnisse und auch im Zeitverlauf (über verschiedene Entwicklungsphasen hinweg) möglich sein.

## 5.1.1  Meßwerkzeuge

Verschiedene kommerziell verfügbare Meßwerkzeuge wurden hinsichtlich der Erfüllung der o.g. Anforderungen untersucht. In der Literatur werden außerdem eine Reihe von Meßwerkzeugen beschrieben, die für Forschungszwecke entwickelt wurden. Meist dienen diese Werkzeuge der Auswertung derjenigen Maße, die von den Autoren selbst entwickelt oder im Rahmen von Fallstudien angewendet wurden (vgl. etwa Li und Henry (1993); Lieberherr *et al.* (1988) und Lieberherr und Holland (1989); McCabe und Watson (1994); Sharble und Cohen (1993)).

Derzeit sind relativ wenige Werkzeuge für die Bewertung objektorientiert entwickelter Softwareprodukte verfügbar[2]. Für diese Arbeit wurden vier Werkzeuge untersucht, die die Anwendung objektorientierter Produktmaße ermöglichen. Zu jedem dieser Produkte liegen Demo-, „Small Project"- oder Testversionen vor, so daß eine ausreichend gründliche Prüfung möglich war. Tabelle 5.1 enthält eine Liste der

---

[1]Vgl. z.B. auch Erni (1996).

[2]Einen Überblick über die verschiedenen Arten von Werkzeugen zur Unterstützung der Bewertung von Software und der Softwarequalitätssicherung findet man bei Dumke (1992); Dumke *et al.* (1996); Bunse *et al.* (1994) und teilweise auch bei Balzert (1993).

| Tool | vorhandenes Material |
|---|---|
| CodeCheck | Herstellerinformationen und Demoversion, siehe auch Bunse *et al.* (1994) |
| OO Metric | Demoversion und Lorenz und Kidd (1994) |
| ProVista QS | Testversion inkl. Handbuch |
| SOMATIK | Herstellerinformationen und Demoversion |

Tabelle 5.1: Kommerziell verfügbare Meßwerkzeuge

untersuchten Meßtools mit Hinweis auf das jeweils zur Verfügung stehende Informationsmaterial. (Für weitere 13 Meßwerkzeuge waren nur Herstellerinformationen oder Produktankündigungen verfügbar.) Keines der betrachteten kommerziell verfügbaren Produkte wurde allen Anforderungen gerecht.

### Frühzeitige Anwendbarkeit der Softwaremaße

Die Meßwerkzeuge ProVista, CodeCheck und OO Metric helfen bei der Anwendung von Codemaßen, von Softwaremaßen also, die meist mit Hilfe einer statischen Analyse des Quelltexts gewonnen werden. Lediglich das Werkzeug SOMATIK ermöglicht die Analyse von Softwareprodukten, die in früheren Phasen der Softwareentwicklung entstehen. (Gegenstand der Bewertung sind hier die mit dem Werkzeug nach der SOMA-Methode von Graham (1994) erstellten Modelle.)

Nach den Herstellerinformationen und Produktankündigungen 13 weiterer Hersteller zu urteilen, ergibt sich hierdurch ein repräsentatives Bild der Meßwerkzeuge im objektorientierten Bereich: Werkzeuge, die eine Bewertung in den frühen Phasen der Softwareentwicklung unterstützen, waren zum Zeitpunkt der Markrecherche bis auf SOMATIK nicht verfügbar.

### Unterstützung der Suche nach geeigneten Maßen

Keines der genannten Werkzeuge unterstützt die Suche nach Softwaremaßen, deren Einsatz für eine bestimmte Problemstellung angemessen erscheint. Die mit Hilfe der Werkzeuge anwendbaren Maße werden bei den Produkten ProVista QS, CodeCheck und SOMATIK nicht ausführlich dokumentiert. Lediglich beim Werkzeug OO Metric werden dem Anwender weiterführende Erklärungen zur Verfügung gestellt.

### Flexibilität der Bewertung

Die Bewertung der Softwareprodukte (Quellcode bzw. SOMA-Modelle) ist bei den Werkzeugen ProVista QS, CodeCheck und auch bei OO Metric konfigurierbar in dem Sinne, daß Softwaremaße für die Bewertung ausgewählt und Schranken für Meßwerte eingestellt werden können. Lediglich das Werkzeug SOMATIK folgt, soweit erkennbar, einem starren Bewertungsschema.

Neue Softwaremaße können bei SOMATIK und OO Metric nicht hinzugefügt werden (zumindest lassen die Demoversionen keine solche Möglichkeit erkennen). CodeCheck und ProVista QS können auf die Berücksichtigung weiterer oder veränderter Maße zugeschnitten werden. CodeCheck als parserbasiertes Werkzeug erfordert hierzu die Definition neuer Regeln. ProVista QS läßt die Neudefinition von Maßen zu, sofern die hierzu benötigten Grunddaten ohnehin ermittelt werden. Hierbei muß der Anwender sich einer bestimmten, einfachen Syntax bedienen.

*Präsentation der Meßergebnisse*

Die Präsentation der Meßergebnisse erfolgt meist graphisch oder tabellarisch. Interpretationshilfen werden bei den Werkzeugen ProVista QS und OO Metric in Form von Grenz- und Schrankenwerten gegeben. Nur beim Produkt OO Metric werden dem Anwender die Bedeutung der Meßergebnisse bzw. die Hintergründe der Bewertung durch ein entsprechendes Hilfesystem verdeutlicht.

*Veranschaulichung von Trends*

Ein Vergleich der Meßwerte über verschiedene Versionen des bewerteten Produkts hinweg kann der Anwender selbständig vornehmen. Dies wird jedoch nur von OO Metric explizit unterstützt. Die Darstellung der Meßergebnisse über die verschiedenen Phasen des Softwarelebenszyklus hinweg ist nicht möglich, was jedoch nicht verwundert, da die untersuchten Werkzeuge auf jeweils eine bestimmte Phase der Entwicklung zugeschnitten sind.

Insgesamt zeigt sich, daß keines der betrachteten kommerziellen Werkzeuge für die Anwendung des in Kapitel 4 entwickelten Bewertungskonzepts eingesetzt werden kann. Daher umfaßt das hier entwickelte Werkzeug MEMOS auch eine Komponente, die die Ermittlung und Präsentation der Meßergebnisse übernimmt (vgl. Abschnitt 5.2.2).

## 5.1.2   Integration in CASE-Tools

Da die Anwendung von Softwaremaßen hier bereits in den frühen Phasen der Softwareentwicklung angestrebt wird und die Bewertung werkzeuggestützt erfolgen soll, liegt die Überlegung nahe, das zu konzipierende Bewertungswerkzeug in ein CASE-Tools zu integrieren. CASE-Tools unterstützen den Softwareentwicklungsprozeß mit immer größerem Leistungsumfang (vgl. z.B. Balzert (1993)). Eine wichtige Komponente der heutigen CASE-Tools ist das sogenannte Repository. Es enthält alle Informationen, die die Softwareorganisation benötigt, um ein System zu entwickeln, zu erzeugen, zu ändern und zu pflegen. Ein vollständiges Repository ist damit eine zentrale Informationsquelle über das zu entwickelnde oder das zu bearbeitende System und bietet insbesondere eine gute Basis für die Anwendung von Softwaremaßen (vgl. Yourdon (1993)). Die in der Literatur beschriebenen Ansätze zur Anwendung von Softwaremaßen innerhalb von CASE-Tools sind rar; zumeist wird die Anwendung von Maßen beschrieben, die dem Projektmanagement dienen (vgl. z.B. Bouldin (1989); Verner und Jeffrey (1992); Yourdon (1994)); eine Ausnahme bildet der Beitrag von Darscht (1994), der Softwaremaße in das Werkzeug ObjectMaker integrierte, um die phasenübergreifende Erfassung von Meßergebnissen für das Projektmanagement zu ermöglichen).

| Tool | vorhandenes Material |
|---|---|
| GraphTalk/OMT/C++ | Herstellerinformationen und Demoversion |
| LOV / OMT | Herstellerinformationen |
| MacAnalyst & MacDesigner Tools | Herstellerinformationen |
| MAOOAM*Tool | Vollversion und Schader und Rundshagen (1996) |
| ObjectiF | Herstellerinformationen und Demoversion aus Balzert (1995) |
| ObjectMaker, ProcessMaker | Herstellerinformationen und Demoversion |
| ObjectTeam | Herstellerinformationen |
| OEW | Herstellerinformationen |
| OM Tool | Herstellerinformationen und Demoversion |
| OOTher | Shareware Produkt |
| Paradigm Plus | Herstellerinformationen, Testinstallation |
| Rational Rose / C++ | Herstellerinformationen und Demoversion |
| S-CASE | Herstellerinformationen und Demoversion |
| Together C++ | Herstellerinformationen und Demoversion |

Tabelle 5.2: Kommerziell verfügbare CASE-Tools

Betrachtet wurden die in der Tabelle 5.2 angegebenen CASE-Tools. Die meisten dieser Werkzeuge gewährleisten eine umfassende Unterstützung der objektorientierten Softwareentwicklung in den Phasen Analyse, Design und Implementierung (inkl. Codegenerierung und Reverse Engineering). Teilweise sind auch Modellprüfungen vorgesehen, die die Konsistenz der erstellten Teilmodelle gewährleisten sollen (z.B. OM Tool, ObjectTeam, MacAnalyst & MacDesigner, Paradigm Plus und MAOOAM*Tool).

Darüber hinausgehende „Modellkritiken", die den Entwickler bei der gezielten Überprüfung der von ihm erstellten Modelle unterstützen, sind dagegen nur in einfacher Form vorgesehen: Beispielsweise ermöglichen die Werkzeuge MAOO-AM*Tool und LOV/OMT die Überprüfung einfacher semantischer Regeln (so wird etwa die Modellierung zyklischer Vererbungsstrukturen bemängelt); innerhalb von Rational/C++ hat der Anwender durch das Tool Codemapper die Möglichkeit, eigene semantische Prüfungen vorzugeben[3].

Bei den Werkzeugen Paradigm Plus und OOTher kann der Entwickler sich einfache Kennzahlen berechnen lassen, die einen Überblick über den Umfang des entwickelten Systems vermitteln (z.B. Anzahl der Klassen des Systems). Eine Aufbereitung der Meßergebnisse sowie die Unterstützung des Entwicklers bei ihrer Interpretation ist jedoch auch hier nicht vorgesehen.

Umfassende „Modellkritiken", die auf der Anwendung von Softwaremaßen aufbauen und dem Entwickler bereits während der Systemanalyse Hinweise geben

---

[3]Diese Aussagen beruhen auf Herstellerinformationen und konnten nicht praktisch überprüft werden.

können, sind derzeit nicht verfügbar. Da es gerade im Sinne einer umfassenden Unterstützung des Entwicklers wichtig ist, eine solche Bewertung als zusätzliche Möglichkeit innerhalb einer Entwicklungsumgebung vorzusehen, wurde das Werkzeug MEMOS als Ergänzung zu dem am Lehrstuhl für Wirtschaftsinformatik III entwickelten CASE-Werkzeug MAOOAM**Tool* für die objektorientierte Analyse konzipiert. Für nähere Informationen über MAOOAM**Tool* sei auf Schader und Rundshagen (1996) und auch Rundshagen (1995) verwiesen.

## 5.2  Die Architektur von MEMOS

Eine Darstellung der Rollen, die Anwender im Umgang mit dem Werkzeug einnehmen können, soll zunächst den Leistungsumfang von MEMOS darstellen und die gewählte Architektur motivieren. Das Werkzeug besteht aus vier Komponenten, die in den Abschnitten dieses Kapitels beschrieben werden.

### 5.2.1  Anforderungsspezifikation

Es können drei Anwendergruppen unterschieden werden, die mit dem Werkzeug MEMOS arbeiten. Dabei kann ein Anwender wechselnden Gruppen angehören.

- *Entwickler Typ A*

  Entwickler des Typs A sind an der systemgestützten Bewertung der von ihnen erstellten Analysemodelle interessiert. Sie sind in der Anwendung von Softwaremaßen nur bedingt erfahren und müssen daher die Möglichkeit haben, sich ggf. benötigte Informationen zu beschaffen (vgl. Abschnitt 5.2.3). Entwickler des Typs A werden durch eine vorgefertigte Modellkritik unterstützt (vgl. Abschnitt 5.2.4 über die *Modellkritikkomponente*), die auf dem Bewertungskonzept aus Kapitel 4 beruht.

- *Entwickler Typ B*

  Entwickler des Typs B sind an einer individuellen Bewertung interessiert. Sie haben bereits Erfahrung mit der Anwendung von Softwaremaßen. Entwickler des Typs B werden durch die *Katalogkomponente* bei der Suche und dem Verständnis der innerhalb des Systems anwendbaren Maße unterstützt (vgl. Abschnitt 5.2.5).

  Entwickler des Typs B haben die Möglichkeit, aus der Menge der vorhandenen Maße für sie geeignete auszuwählen und diese anzuwenden (vgl. Abschnitt 5.2.2). Die Meßergebnisse werden anschließend in geeigneter Weise präsentiert.

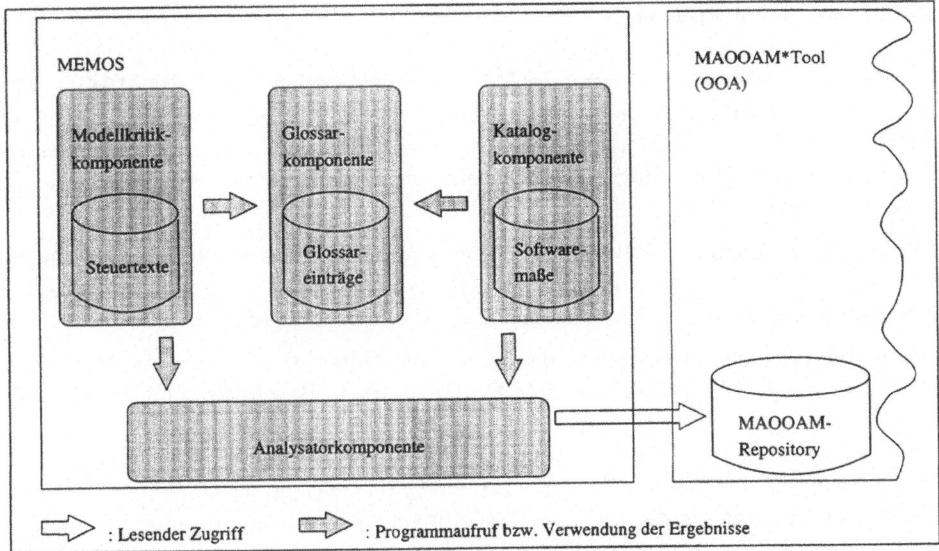



Abbildung 5.1: Architektur von MEMOS

- *Administrator*

  Der Administrator ist für die Voreinstellungen zur Anwendung der Softwaremaße und zur Durchführung der Modellkritik verantwortlich (vgl. Abschnitt
  5.2.2 und 5.2.4). Zu seinen Aufgaben gehört es, die in die Bewertung eingehenden Referenzwerte festzulegen und die Regeln zu spezifizieren, denen die
  Modellkritik folgt.

Die beschriebenen Anwenderrollen sollen durch das Werkzeug MEMOS unterstützt
werden. Es gliedert sich in vier Komponenten, deren Zusammenwirken in der Abbildung 5.1 grob veranschaulicht wird. Unterschieden werden die *Analysatorkomponente*, die *Glossarkomponente*, die *Modellkritikkomponente*, und die *Katalogkomponente*.

Die einzelnen Komponenten werden in den folgenden Abschnitten näher beschrieben. In Kapitel 6 wird zusätzlich anhand einer Beispielsitzung die Anwendung des
Bewertungswerkzeugs demonstriert.

## 5.2.2  Die Analysatorkomponente

Die Analysatorkomponente hat folgende Aufgaben:

- Ermitteln der Meßwerte für die ausgewählten Analysemaße
- Ermitteln der dazugehörigen Rankings
- Erstellen einer Systemstatistik

## Ermitteln der Meßwerte

Für die automatische Ermittlung der Meßwerte wird derjenige Teil des MAOOAM-Repositorys genutzt, der die Informationen der Systemanalyse enthält (vgl. Abschnitt 3.4). Derzeit können etwa 50 verschiedene Softwaremaße für die Bewertung von Klassen und Vererbungsstrukturen eingesetzt werden (u.a. die in Anhang C beschriebenen).

Bei der Ermittlung der Meßwerte wird einem zweistufigen Verfahren gefolgt. In einem ersten Schritt werden die benötigten Basisinformationen aus dem MAOOAM-Repository ausgelesen und in verschiedenen Matrizen bereitgestellt.

Die Ermittlung der Meßwerte erfolgt dann mit Hilfe der so erzeugten Matrizen. Hierdurch ist der Zugriff auf das CASE-Repository je Bewertung nur einmal notwendig, was neben Performancevorteilen auch eine Entkopplung der Analysatorkomponente und des CASE-Tools bewirkt. Soll die Analysatorkomponente an Veränderungen der Repository-Struktur angepaßt oder innerhalb einer anderen Umgebung genutzt werden (z.B. in Zusammenarbeit mit einem anderen CASE-Tool), so ist der Zugriff auf die Repository-Informationen lediglich an dieser Stelle zu ändern.

## Ermitteln der dazugehörigen Rankings

Die von der Analysatorkomponente bereitgestellten Meßwerte werden von der Analysatorkomponente aufbereitet, indem sie mit einer Rangordnung versehen werden. Das heißt, die Meßwerte werden hinsichtlich ihrer Ausprägung in eine Ordinalskala eingeordnet. Dabei werden die Meßwerte als niedrig („-"), mittel („o") und hoch („+") bewertet.

Es sind drei verschiedene *Rankings* möglich:

- Für das *absolute Ranking AR* ist ein absoluter Referenzwert $R$ maßgeblich. Liegt der Meßwert $\mu(x)$ eines Produkts $x$ unterhalb einer vorgegebenen unteren Schranke, die durch den Referenzwert $R$ und eine Toleranz $t$ gegeben ist, wird er als niedrig eingestuft. Liegt der Meßwert oberhalb einer vorgegebenen oberen Schranke, die ebenfalls vom Referenzwert $R$ und der Toleranz $t$ abhängt, wird er als hoch eingestuft. Meßwerte, die zwischen beiden Schranken liegen, erhalten das Ranking „mittel"

$$AR(x) = \begin{cases} - & : \quad \mu(x) < R - t \\ o & : \quad \mu(x) \in [R - t, R + t] \\ + & : \quad \mu(x) > R + t \end{cases}$$

Bei dem verwendeten Referenzwert $R$ und der voreingestellten Toleranz $t$ handelt es sich um Erfahrungswerte, die bei Bedarf vom Anwender modifiziert werden können (siehe hierzu Abschnitt 5.3).

- Beim *relativen Ranking RR* wird der für ein Produkt (z.B. für eine Klasse) $x$ ermittelte Meßwert in Beziehung zu den für andere Produkte innerhalb desselben Entwurfs mit demselben Maß $\mu$ ermittelten Meßwerten gesetzt. Hierzu werden das untere Quartil $Q_1$ und das obere Quartil $Q_3$ der Meßwerte herangezogen:

$$RR(x) = \begin{cases} - & : \quad \mu(x) < Q_1 \\ o & : \quad \mu(x) \in [Q_1, Q_3] \\ + & : \quad \mu(x) > Q_3 \end{cases}$$

  Relative Bewertungen eignen sich insbesondere dann, wenn Entwürfe von Entwicklern bewertet werden, die bereits einen eigenen Entwurfsstil entwickelt haben (vgl. auch Erni (1996)). So werden bei der absoluten Bewertung von Entwürfen, deren Entwickler generell zur Modellierung größerer Klassen neigen, dies aber durchaus überlegt und begründet tun, stets viele Elemente des Entwurfs zur Überprüfung vorgeschlagen. Hier kann ein Umstellen der Bewertung auf Verwendung des relativen Rankings Abhilfe schaffen.

- Die Entscheidung, ob jeweils ein absolutes oder ein relatives Ranking verwendet werden soll, ist abhängig vom Ziel der Bewertung und von der Bewertungssituation.

  Zusätzlich zu den genannten wird das *kombinierte Ranking KR* berechnet. Es stellt sicher, daß einerseits nur wirklich niedrige Meßwerte die Bewertung *niedrig* erhalten, und zwar Meßwerte, die unterhalb der durch den Referenzwert $R$ und die Toleranz $t$ definierten unteren Schranke $R - t$ liegen. Meßwerte, die zu den 25 % größten im konkreten Fall gemessenen gehören und zusätzlich über der unteren Schranke liegen, erhalten die Bewertung *hoch*. Auf diese Weise wird neben der Berücksichtigung des Referenzwertes auch die Orientierung an den für das bewertete Modell ermittelten Meßwerten möglich.

$$KR(x) = \begin{cases} - & : \quad \mu(x) < R - t \\ o & : \quad \mu(x) \in [R - t, \max\{R - t, Q_3\}] \\ + & : \quad \mu(x) > \max\{R - t, Q_3\} \end{cases}$$

**Erstellen einer Systemstatistik**

Über die bloße Auswertung der Meßwerte hinaus stellt die Analysatorkomponente eine Reihe statistischer Maßzahlen bereit, die die Interpretation der Meßergebnisse erleichtern können. Es werden verschiedene Mittelwert- und Streuungsmaße berechnet, die Aufschluß über die Lage des Zentrums und die Streuung der Meßwerte geben können: arithmetisches Mittel, Median, Modalwert und Quartile sowie Standardabweichung, Variationsbreite, Variationskoeffizient und Interquartilsabstand (vgl. z.B. Beyer *et al.* (1980)).

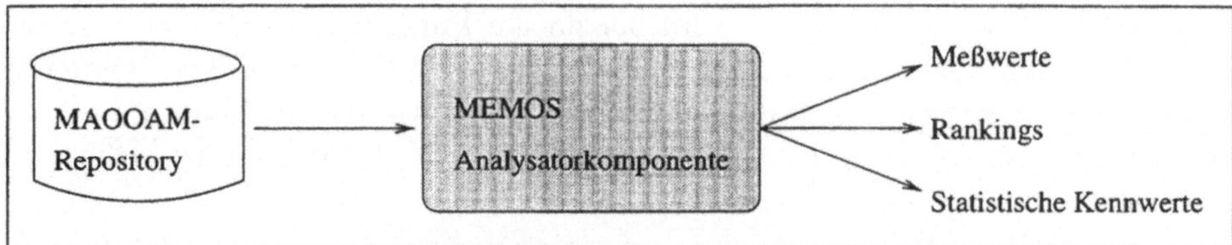


Abbildung 5.2: Die Analysatorkomponente

Die Werte der Systemstatistik werden teilweise zur Ermittlung der Rankings verwendet, sollen aber in erster Linie Anwendern zur Verfügung gestellt werden, die die Bewertungskomponente selbständig nutzen (Entwickler des Typs B).

Die Abbildung 5.2 veranschaulicht abschließend die Funktionsweise des Analysators noch einmal graphisch. Die vom Analysator ermittelten Werte werden dem Benutzer bei eigenen Auswertungen direkt zur Verfügung gestellt (vgl. Abschnitt 6.2.2 für ein Beispiel). Außerdem gehen sie in die automatische Modellkritik ein, die in Abschnitt 5.2.4 erläutert wird.

## 5.2.3  Die Glossarkomponente

Die *Glossarkomponente* dient der Bereitstellung von Hilfs- und Zusatzinformationen, die Anwender des Bewertungswerkzeugs bei Bedarf abfragen können. Von der Glossarkomponente werden Erläuterungen zu verschiedenen im Zusammenhang mit Softwaremaßen interessierenden Begriffen verwaltet. Auf die Einträge wird an dieser Stelle nicht näher eingegangen; sie können dem Anhang entnommen werden.

## 5.2.4  Die Modellkritikkomponente

Der Fragestellung, ob und wie objektorientierte Entwürfe mit Hilfe von Softwaremaßen bewertet werden können, wurde in Kapitel 4 behandelt. Die *Modellkritikkomponente* gibt dem Benutzer die Möglichkeit, die von ihm erstellten Modelle der Systemanalyse der in Kapitel 4 beschriebenen Bewertung hinsichtlich der Komplexität, der Kopplung, der Bindung, des Abstraktionsgrads und der Zweckmäßigkeit zu unterziehen. Aufbauend auf den Ergebnissen der *Analysatorkomponente* werden die Meßergebnisse bzw. Rankings stufenweise zu Teilbewertungen und schließlich zu einer Gesamtbewertung verdichtet. Der Benutzer wird anschließend gezielt dabei unterstützt, sich mit den zur Bewertung herangezogenen Eigenschaften auseinanderzusetzen und die Bewertung zu hinterfragen. Entschließt sich der Entwickler daraufhin, seinen Entwurf zu verändern, so helfen ihm Hinweise, sinnvolle Anknüpfungspunkte zu finden. Rechtfertigt der Entwickler dagegen seine Entwurfsentscheidungen, so ist es wichtig, daß er seine Überlegungen dokumentieren kann.

Die Modellkritikkomponente unterstützt also die folgenden Aufgaben:

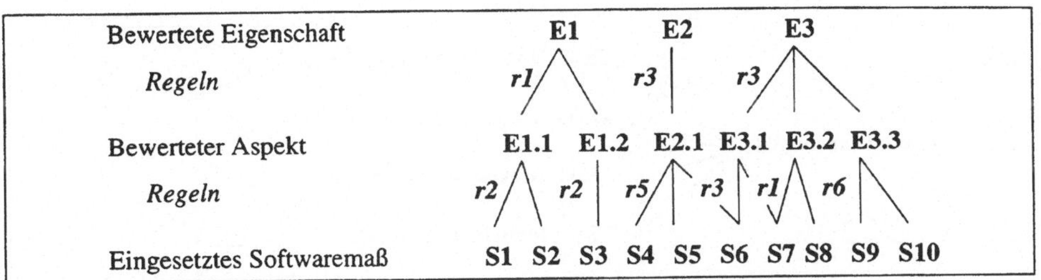


Abbildung 5.3: Verdichtung von Meßinformationen

- Bewertung von Analysemodellen
- Erläuterung der Bewertung
- Erfassen der Anwenderkommentare

## Bewertung von Analysemodellen

Grundlage für die Erstellung der Modellkritik sind die Ergebnisse der *Analysatorkomponente*: Für die im Bewertungsmodell aus Kapitel 4 zugeordneten Softwaremaße werden der Meßwert und die verschiedenen Rankings ermittelt. Bei derzeit etwa 50 verschiedenen Softwaremaßen entsteht auf diese Weise eine Vielzahl an Daten, deren sinnvolle Interpretation insbesondere durch unerfahrene Entwickler nicht ohne weiteres möglich ist, und die deshalb von der Modellkritikkomponente unterstützt wird.

Ziel der Bewertung ist es, je bewerteter Eigenschaft (Komplexität, Kopplung, Bindung, Abstraktionsgrad und Zweckmäßigkeit, vgl. Kapitel 4) ein „resultierendes Ranking" zu ermitteln, in das die verschiedenen bewerteten Aspekte und die Einzelmeßwerte eingehen. (Auf die hierbei anzuwendenden Verdichtungsregeln wird später eingegangen.)

Das für die jeweils bewertete Eigenschaft resultierende Ranking wird mit „-" angegeben, wenn die betrachtete Einheit (z.B. die betrachtete Klasse) hinsichtlich des Besitzes der Eigenschaft überprüft werden sollte. Das resultierende Ranking wird mit „+" angegeben, wenn keine Schwachstellen identifiziert wurden. Das Ranking „o" zeigt an, daß keine Besonderheiten auftraten.

Die Verdichtung der Meßergebnisse erfolgt „bottom up" ausgehend von den Meßwerten der zugeordneten Softwaremaße. Die Meßwerte oder Rankings werden je bewertetem Aspekt nach vorgegebenen Regeln verdichtet. Die Ergebnisse dieser Teilbewertungen gehen wiederum in die Bewertung (in das resultierende Ranking) der betrachteten Eigenschaft ein. Die Abbildung 5.3 veranschaulicht die allgemeine Vorgehensweise.

Beispielsweise wurden in Abschnitt 4.2.2 für die Bewertung des Volumens einer Klasse verschiedene Softwaremaße ausgewählt. Die Rankings und Meßwerte dieser Softwaremaße werden dazu verwendet, eine Gesamtbewertung für den Aspekt *Volu-*

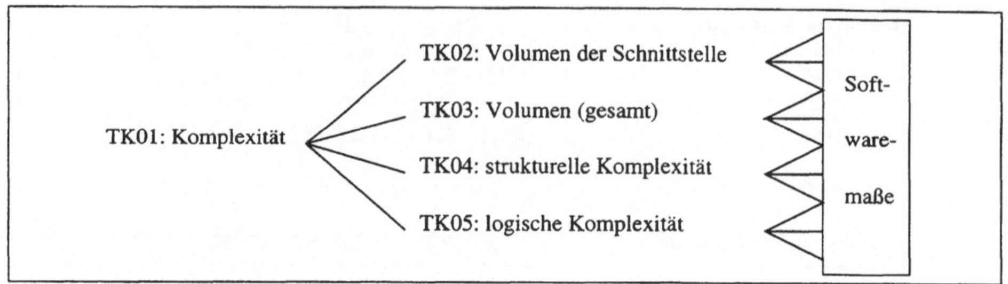


Abbildung 5.4: Verdichtungsstufen der Bewertung von Klassen

*men* zu ermitteln. In die Bewertung der Komplexität einer Klasse gehen neben dem Volumen aber weitere Aspekte ein, nämlich die strukturelle, die logische Komplexität und die Komplexität der Klassenschnittstelle. Die Einzelbewertungen dieser verschiedenen Aspekte werden zu einer Gesamtbewertung verdichtet. Abbildung 5.4 zeigt die Verdichtungsstufen für die Bewertung der Komplexität von Klassen. Die verschiedenen Teilbewertungen wurden mit einer eindeutigen Kurzbezeichnung versehen, die im folgenden benötigt wird.

Die Regeln, die bei dieser Verdichtung verwendet werden, sind bewußt einfach gewählt. Meist handelt es sich um einfache ODER-Verknüpfungen. Das bedeutet insbesondere, daß eine Verdichtungsregel innerhalb des Bewertungsmodells mehrfach vorkommen kann, vgl. auch Abbildung 5.3. Eine Eigenschaft wird in der Regel dann zur Überprüfung vorgeschlagen, wenn einer der zugehörigen Aspekte überprüft werden sollte. Ein Aspekt wiederum wird i.a. zur Überprüfung vorgeschlagen, wenn eines der zugeordneten Softwaremaße einen auffälligen Meßwert liefert. (Je nach bewerteter Eigenschaft gilt ein vergleichsweise niedriger oder ein vergleichsweise hoher Meßwert als auffällig.) Auf diese Weise gehen bei der Verdichtung keine Informationen verloren, und es wird vermieden, den Einfluß einzelner Aspekte durch willkürliche Gewichtungen zu verschleiern.

Die im Kapitel 4 beschriebenen Zuordnungen zwischen Ebenen, Eigenschaften, Aspekten und Softwaremaßen sowie die notwendigen Verdichtungsregeln werden mit Hilfe einer speziellen Syntax formuliert. Hierzu wird zunächst jede Teilbewertung mit einem eindeutigen Schlüssel versehen. Der zu jeder Teilbewertung zu formulierende Steuertext gliedert sich in vier Abschnitte:

1. Anweisungen für die Ausgabe der Bewertungsinformationen

2. Regel für die Verdichtung der in die Bewertung eingehenden Teilbewertungen

3. Regel für die Reihenfolge, in der die bewerteten Elemente dem Benutzer präsentiert werden sollen

4. Liste der eingehenden Teilbewertungen

Die Abbildung 5.5 zeigt den Steuertext für die in Abbildung 5.4 gezeigte Teilbewertung TK01 (Komplexität von Klassen). Zeilen, die mit einem * beginnen, sind

```
* Schlüssel der Teilbewertung
 TK01
* Hinweise fuer die Ausgabe der Bewertung
-Verschiedene Aspekte der Komplexität wurden bewertet und zur
-angegebenen Gesamtbewertung verdichtet:  @/ @/
*
-@B{TK02}{>>} @G{G-KOMPL}{Volumen der Schnittstelle} @t
-@V{TK02}{@a} @t@t @G{ETK02}{Motivation} @J{TK02}{}
-@B{TK03}{>>} @G{G-KOMPL}{Volumen} @t@t @V{TK03}{@a}
-@t@t @G{ETK03}{Motivation} @J{TK03}{}
-@B{TK04}{>>} @G{G-KOMPL}{strukturelle Komplexität} @t
-@V{TK04}{@a} @t@t @G{ETK04}{Motivation} @J{TK04}{}
-@B{TK05}{>>} @G{G-KOMPL}{logische Komplexität} @t @V{TK05}{@a}
 @t@t @G{ETK05}{Motivation} @J{TK05}{} @/
* Resultierendes Ranking:  Minimum der Bewertungen der Nachfolger
 min{s1,s2,s3,s4}
* Regel für die Sortierung der bewerteten Elemente
 min{s1,s2,s3,s4}
* Nachfolger s1, s2, s3, s4
 TK02, TK03, TK04, TK05
```

Abbildung 5.5: Beispiel eines Steuertextes der Bewertung

| Befehl | Bedeutung |
|---|---|
| @/ | Zeilenumbruch |
| @t | Tabulator |
| @B{*key*} {*text*} | Erzeugt einen Button mit der Aufschrift *text*. Wird der Button angeklickt, so wird der in der Teilbewertung *text* spezifizierte Text an der durch @J{*key*}{ } angegebenen Stelle angezeigt. |
| @G{*key*} {*text*} | Verzweigt zum Glossareintrag *key*. Der *text* wird unterstrichen. Bei Anklicken des *text*es wird der zu *key* gehörende Glossartext angezeigt. |
| @V{*name*}{*format*} | Der Inhalt der Variable *name* wird in den Text eingefügt. Mit Hilfe der Formatanweisungen *format* kann die Ausgabe gestaltet werden. (Im gezeigten Beispiel werden die resultierenden Rankings der Teilbewertungen TK02 bis TK05 angezeigt. In entsprechender Weise ist das Anzeigen von Meßwerten möglich.) |

Tabelle 5.3: Auswahl von Befehlen für die Aufbereitung der Ausgabe

Kommentarzeilen. Die im Beispiel verwendeten Befehle zur Aufbereitung der Ausgabe werden in Tabelle 5.3 kurz erläutert. Für weiterführende Informationen sei auf Hövel (1996) verwiesen.

Mit Hilfe der Steuerdateien, die erst bei Ausführung der Modellkritik geparst werden, wird die Modellkritik „konfiguriert". Hierdurch ist die flexible Anpaßbarkeit der Bewertung gewährleistet. Die Flexibilität war auch in der Experimentierphase von großem Vorteil und erleichtert es, zusätzliche Aspekte in die Bewertung aufzunehmen.

Das Ergebnis der Modellkritik ist ein Bewertungsprotokoll, welches die Bewertungsinfomationen zu jedem bewerteten Element und jeder bewerteten Eigenschaft mit den unterschiedlichen berücksichtigten Aspekten enthält. Dem Anwender werden die Bewertungsinformationen für jedes bewertete Element (z.B. für jede Klasse) präsentiert. Die Einzelbewertungen werden dabei entweder alphabetisch oder nach Dringlichkeit sortiert. Letzteres bedeutet, daß die bewerteten Elemente aufsteigend nach dem resultierenden Ranking („-" vor „o" vor „+") und absteigend nach ihrer Bedeutung (vgl. Abschnitt 4.6) innerhalb des Systems sortiert angezeigt werden.

### Erläuterung der Bewertung

Der Anwender hat anschließend die Möglichkeit, sich für jedes bewertete Element auf jeder Verdichtungsebene weiterführende Informationen anzeigen zu lassen, die ihn beim Hinterfragen der Bewertungsergebnisse und insbesondere bei der Überprüfung „bemängelter" Elemente seines Entwurfs unterstützen. Dabei werden dem Entwickler je nach Ausprägung der Meßwerte Ratschläge gegeben, die er bei der kontextspezifischen Überprüfung nutzen kann.

Wird beispielsweise eine Klasse identifiziert, deren Kopplung als hoch eingestuft wurde, so kann sich der Entwickler Informationen darüber anzeigen lassen, warum es sinnvoll ist, die Kopplung einer Klasse möglichst gering zu halten. Darüber hinaus wird eine Reihe von Fragestellungen und Aussagen präsentiert, die der Entwickler für die konkret betrachtete Klasse beantworten oder überdenken soll. Auf diese Weise kann er seinen Entwurf verifizieren oder sich für eine Überarbeitung des Entwurfs entscheiden. Auch für die ggf. notwendige Modifikation des Entwurfs erzeugt das System Hinweise. Bei einer Klasse mit hoher Kopplung wird beispielsweise u.a. auf die Anwendung der Verhaltensmuster von Gamma *et al.* (1995) verwiesen. Die Erläuterungen und Ratschläge sind im Anhang A zusammengefaßt. Sie basieren auf den in Kapitel 4 dargestellten Überlegungen. Nach welchen Regeln die verschiedenen Erläuterungen präsentiert werden, ist ebenfalls in den o.g. Steuertexten festgelegt.

Über die vom Ergebnis der Bewertung abhängigen Erläuterungen und Ratschläge hinaus kann der Anwender über ein Hilfesystem die Informationen nutzen, die durch die Glossarkomponente bereitgestellt werden.

### Erfassen der Anwenderkommentare

Die Modellkritik soll den Entwickler dazu anregen, seinen Entwurf kritisch zu hinterfragen. Die Bewertung durch Softwaremaße kann semantische und auch kon-

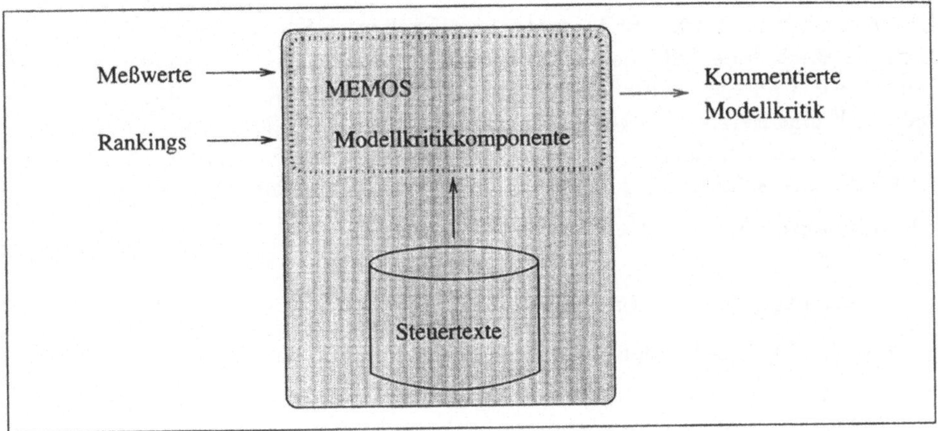


Abbildung 5.6:  Die Modellkritikkomponente

textspezifische Gesichtspunkte der Modellierung nicht berücksichtigen und das Erfahrungswissen der Entwickler daher nicht ersetzen. Mit Hilfe von Softwaremaßen können jedoch Stellen des Entwurfs identifiziert werden, die allgemein anerkannten Entwurfsregeln widersprechen bzw. zu widersprechen scheinen.

Der Entwickler soll sich in der Folge mit den bewerteten Eigenschaften auseinandersetzen und die Anwendbarkeit der gegebenen Hinweise auf seinen speziellen Fall prüfen. Endet diese kontextspezifische Prüfung nicht mit einer Änderung des Entwurfs, sollte der Entwickler seine Entwurfsentscheidungen begründen. Nur so wird gewährleistet, daß die Überlegungen, die zu einer im Sinne der Lehrmeinung fragwürdigen Modellierung führten, dokumentiert werden. Daher bietet die Modellkritikkomponente die Möglichkeit, Kommentare des Entwicklers zu den Einzelbewertungen zu erfassen. Das Protokoll der Bewertung (inkl. der oben erwähnten Kommentare) kann ausgedruckt oder in einer Datei gespeichert werden.

Die Abbildung 5.6 veranschaulicht abschließend die Funktionsweise der Modellkritikkomponente noch einmal graphisch.

## 5.2.5  Die Katalogkomponente

Anwender, die Softwaremaße verwenden wollen, stehen in der Regel vor dem Problem, für sie geeignete Softwaremaße zu finden. Die Katalogkomponente des Werkzeugs MEMOS gibt dem Anwender die Möglichkeit, sich ausführliche Informationen über die verfügbaren Softwaremaße zu verschaffen (siehe Anhang C).

Bisher wurden Beschreibungen derjenigen Maße in die Katalogkomponente aufgenommen, die mit Hilfe der Analysatorkomponente angewendet werden können. Die sukzessive Erweiterung des Katalogs um Softwaremaße, die in der Literatur beschrieben werden, ist geplant.

Durch ein systematisches Erfassen der veröffentlichten Softwaremaße wird es möglich, die wachsende Zahl der existierenden Softwaremaße in sinnvoller Weise zu gruppieren, und das Auffinden und ggf. die Anwendung bereits überprüfter und mehrfach eingesetzter Softwaremaße zu erleichtern. Bibliotheken oder Kataloge von Softwaremaßen dienen durch die systematische, überschaubare Ansammlung und Nutzbarmachung der Softwaremaße der Weitergabe von Erfahrungen.

Die Katalogkomponente hat folgende Aufgaben:

- Verwaltung von Softwaremaßen

- Unterstützung bei der Suche nach geeigneten Softwaremaßen

## Verwaltung von Softwaremaßen

In einem Katalog muß es möglich sein, neue Softwaremaße einzufügen und die Beschreibung bereits enthaltener Softwaremaße zu verändern oder zu entfernen.

Das Schema, das der Klassifizierung der Softwaremaße zugrunde liegt, wird im Anhang C beschrieben. Die richtige Klassifizierung und Erfassung ist wesentlich für die Brauchbarkeit des Katalogs. Zu den einzelnen Softwaremaßen müssen genügend Informationen erfaßt werden, um dem Entwickler die Auswahl der für ihn geeigneten Softwaremaße zu ermöglichen. Die Softwaremaße müssen hierzu präzise und verständlich erläutert werden. Darüber hinaus sollte der Katalog einfach zu nutzen sein und den Anforderungen praktisch orientierter Benutzer ebenso genügen wie denen meßtheoretisch interessierter Benutzer.

Die in der Literatur bisher verfügbaren Kataloge von Softwaremaßen erfüllen diese Anforderungen nur teilweise. So sind die Kataloge von Buth (1991) und Fetcke (1995) eher für theoretisch interessierte Anwender gedacht, die Zusammenstellung verschiedener Softwaremaße von Lorenz und Kidd (1994) konzentriert sich dagegen auf praktische Aspekte. Lediglich Zuse und Drabe (1996) bieten mit ihrem Informationssystem über Softwaremaße einen werkzeuggestützten Katalog an, der zusätzlich zur Katalogisierung verschiedener Maße meßtheoretische Grundlagen vermittelt.

## Unterstützung bei der Suche nach geeigneten Softwaremaßen

Entwickler nutzen die Katalogkomponente, wenn sie Softwaremaße für eine bestimmte (individuelle) Problemstellung einsetzen möchten, aber noch nicht genau wissen, welche Softwaremaße für ihre Zwecke geeignet sind.

Die Erfahrung, die die Entwickler mit der Anwendung von Softwaremaßen haben, kann sehr unterschiedlich sein. Die Kriteren, nach denen eine individuelle Suche erfolgen kann, sind deshalb nicht o.w. vorherzusehen. Daher soll die Katalogkomponente sowohl die freie Suche, bei der der Entwickler die Suchkriterien für

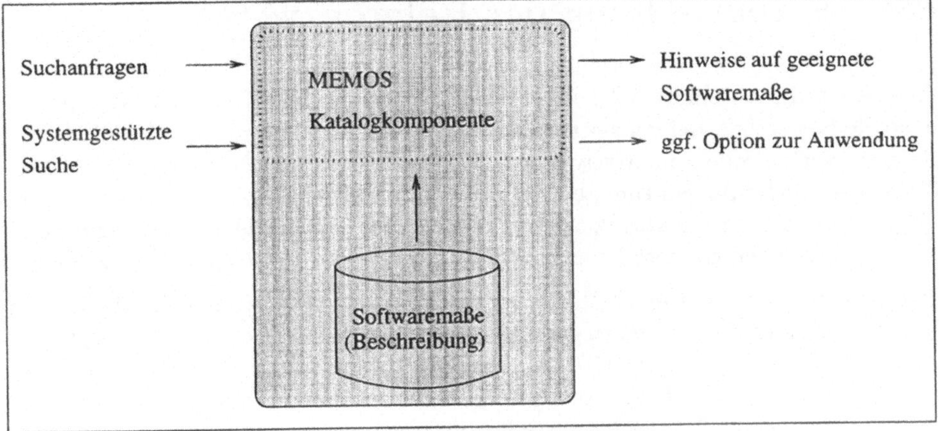


Abbildung 5.7:  Die Katalogkomponente

Softwaremaße selbst spezifiziert, als auch eine systemgestützte interaktive Suche ermöglichen.

Um die freie Suche nach Softwaremaßen angemessen unterstützen zu können, wurde ein nicht hierarchisches Klassifikationsschema verwendet. Dem Entwickler soll bei der Suche nach Softwaremaßen keine Vorgehensweise vorgegeben werden, was bei einer hierarchischen Klassifikation der Fall wäre. Denn eine hierarchische Klassifizierung impliziert die navigierende Suche entlang den Hierarchiebeziehungen. Bei der Suche müssen alle für die Klassifikation benutzten Merkmale angegeben werden, ohne die Möglichkeit, Ausprägungen zunächst offen zu lassen (vgl. Convent (1994)).

In der Katalogkomponente wird statt dessen eine *Facettenklassifikation* angestrebt (vgl. Convent (1994)).  Dabei wird eine Reihe unabhängiger Eigenschaften von Softwaremaßen festgelegt, die getrennt beschrieben werden können.  Zusätzlich werden verbale Beschreibungen als ergänzende Informationen mit aufgenommen. Die verwendeten Punkte der Beschreibung werden im Anhang C vorgestellt. Die Einführung jedes einzelnen Merkmals wird dort motiviert und erläutert.

Bei der Suche nach für ihn geeigneten Softwaremaßen wird der Entwickler seine Anforderungen als Anfrage formulieren, indem er die Ausprägung derjenigen Merkmale der Softwaremaße vorgibt, die ihm wichtig erscheinen. Diese werden dann mit den Beschreibungen der vorhandenen Softwaremaße verglichen. Auf diese Weise kann eine Menge von Softwaremaßen ermittelt werden, die die Anforderungen erfüllen oder ihnen zumindest nahekommen. Hier sind Suchverfahren unterschiedlicher Mächtigkeit denkbar.

Die Abbildung 5.7 veranschaulicht abschließend die Funktionsweise der Katalogkomponente noch einmal graphisch.

# 5.3  Voreinstellung der Referenzwerte

Wie bereits in Abschnitt 5.2.2 beschrieben, gehen in die auf Softwaremaßen auf-
bauende Bewertung Referenzwerte als wesentliches Element mit ein. Mit Hilfe von
Referenzwerten sollen die Meßwerte als *niedrig, mittel* oder *hoch* klassifiziert werden (siehe Ausführungen zum absoluten Ranking auf Seite 102). Da Entwickler ein
CASE-Tool für den Entwurf von Systemen aus sehr verschiedenen Anwendungsbe-
reichen verwenden können, ist es nicht leicht, geeignete Referenzwerte anzugeben.

Der Ansatz, mit Hilfe einer Reihe von Auswertungen existierender Modelle zu
brauchbaren Referenzwerten zu gelangen, wird in der Literatur häufig verfolgt (vgl.
z.B. auch Lorenz und Kidd (1994)). Auch in dieser Arbeit wurden die benötigten Referenzwerte durch die Auswertung verschiedener Produkte ermittelt. Der
Auswahl geeigneter Referenzmodelle für die objektorientierte Systemanalyse kam
dabei eine besondere Bedeutung zu. Nach einer umfangreichen Literaturrecherche wurden schließlich 14 Fallstudien von Autoren anerkannter objektorientierter
Entwicklungsmethoden ausgewählt (vgl. Booch (1991, 1994b); Coad und Yourdon
(1991); Coad *et al.* (1995); Jacobson *et al.* (1992); Martin (1995) und Schader und
Rundshagen (1996)).

Gegenstand der Fallstudien war jeweils die Entwicklung von Anwendungen für
Problembereiche, die in sich abgeschlossen und selbständig, aber gleichzeitig auch
überschaubar waren. Die Modelle dienten den Autoren jeweils dazu, den Lesern
ein Gefühl für die Entwicklung „guter" objektorientierter Entwürfe zu vermitteln
und sind daher für die Ermittlung von Referenzwerten besonders geeignet.

Insgesamt wurden über 300 Klassen aus Fallstudien ausgewertet. Die Modelle
blieben soweit möglich in ihrer ursprünglichen Form, wenn auch teilweise Veränderungen vorgenommen werden mußten: Da die vollständige Beschreibung ganzer
Fallstudien den Rahmen eines Lehrbuchs sprengt, modellierten die genannten Autoren die Systeme z.T. nicht vollständig. In diesen Fällen war es notwendig, von den
Autoren in der Anforderungsspezifikation genannte, aber nicht explizit ausmodel-
lierte Systemverantwortlichkeiten zu ergänzen. Teilweise mußten die Modelle auch
wegen auftretender Ungenauigkeiten oder Inkonsistenzen modifiziert werden. In
den meisten Fällen war es notwendig, die Entwürfe in die MAOOAM-Notation zu
übertragen, um die Auswertung der Modelle mit MEMOS durchführen zu können.
Zusätzlich wurden die Modelle kritisch hinsichtlich des Erfüllungsgrads der in Kapitel 4 genannten Entwurfsprinzipien und damit auf ihre Eignung als Referenzmodelle
geprüft. Auch hieraus ergaben sich verschiedene Änderungen.

Zusätzlich zu den vollständig modellierten Anwendungen wurden auch Entwurfsmuster (sog. Patterns) ausgewertet. Entwurfsmuster beschreiben bewährte, vielfach einsetzbare Lösungsansätze. Meist werden mehrere Klassen zu konzeptionellen Einheiten verknüpft, und die Kommunikation zwischen ihnen wird abstrakt
beschrieben. Die Berücksichtigung anerkannter Entwurfsmuster bei der Bestimmung der Referenzwerte erscheint sinnvoll. Etwa 50 Klassen aus den von Coad *et*
*al.* (1995); Schader und Rundshagen (1996) und teilweise von Gamma *et al.* (1995)

beschriebenen Entwurfsmustern wurden bei der Auswertung berücksichtigt.

Die Fallstudien werden hier kurz beschrieben. Die Ausführungen werden nach Autoren sortiert. Für nähere Informationen sei auf die Originalquellen verwiesen. Um dem Leser einen ungefähren Eindruck vom Umfang der Fallstudien zu geben, wird jeweils die Anzahl der Klassen des Systementwurfs angegeben.

**Fallstudie 1:** Das von Booch (1991) vorgeschlagene System zur Regelung der Wärmezufuhr in den Räumen eines Gebäudes ist in die Gruppe der Systeme einzuordnen, bei denen die Kommunikation mit externen Geräten eine wichtige Rolle spielt, so daß die Kontrolle und Steuerung verschiedener Prozesse in die Entwurfsentscheidungen einfließt.

Der Entwurf enthält 28 Klassen. Booch (1991) modelliert die Zusammenhänge möglichst allgemein und setzt vergleichsweise viele abstrakte Klassen ein.

**Fallstudie 2:** Booch (1991) entwirft ein System, welches die Durchführung optischer Experimente simuliert. Der abgebildete Problembereich ist als physikalisch-mathematisch einzustufen, so daß einer geeigneten Verteilung der notwendigen Berechnungen auf die Klassen und Objekte des Problembereichs besondere Aufmerksamkeit geschenkt werden muß.

Der Entwurf besteht aus 16 Klassen. Die verschiedenen, für das Experiment verwendbaren Linsen werden durch eine umfangreiche Vererbungsstruktur modelliert.

**Fallstudie 3:** Auch der von Booch (1994) entworfene Dechiffrierer wurde bei den Auswertungen berücksichtigt. Das System entschlüsselt Texte, wobei nach verschiedenen Heuristiken Regeln angewendet werden. (Booch (1991) bezeichnet das System als wissensbasiert.) Der Entwurf enthält 36 Klassen.

**Fallstudie 4:** Coad *et al.* (1995) stellen ein System zur Verkaufsunterstützung (inkl. Aufzeichnung der abgewickelten Verkäufe und Produktivitätsbetrachtung) vor. Dabei handelt es sich um ein verwaltungstechnisch orientiertes System, bei dem das Datenmanagement eine wichtige Rolle spielt. Der Entwurf besteht aus 22 Klassen.

**Fallstudie 5:** Ebenfalls von Coad *et al.* (1995) stammt ein System zur Lagerverwaltung, das die Rentabilität der Lagerhaltung verbessern soll, indem die Einlagerung angelieferter und das Zusammenstellen bestellter Artikel unterstützt wird. Zusätzlich sollen Bestandsaufnahmen durchgeführt und die Lagerhaltung optimiert werden.

Da die Planung und Steuerung der notwendigen Transportvorgänge nicht zu den Systemverantwortlichkeiten gehört, steht auch hier das Datenmanagement im Zentrum der Betrachtungen. Der Entwurf dieses Systems umfaßt 15 Klassen.

**Fallstudie 6:** Ein weiteres von Coad *et al.* (1995) entworfenes System dient dazu, die Effizienz und Zuverlässigkeit eines Versandhauses bei der Bearbeitung von Bestellungen (Erfassung, Versand und Bezahlung) zu verbessern.

Auch hier handelt es sich um ein verwaltungstechnisch orientiertes System. Der Entwurf enthält 18 Klassen.

**Fallstudie 7:** Coad *et al.* (1995) stellen außerdem ein System zur Steuerung eines Transportsystems (Fließband) vor, welches Behälter mit Artikeln, die zu einer Kundenbestellung gehören, zu der zugehörigen Laderampe transportiert.

Der Entwurf des Systems besteht aus nur sieben Klassen und ist damit das kleinste der betrachteten Systeme. Die Systemverantwortlichkeiten sind in den Bereich der Prozeßkontrolle und -steuerung einzuordnen.

**Fallstudie 8:** Beim Entwurf eines einfachen Autopiloten (vgl. Coad *et al.* (1995)), der die Höhe, den Kurs (Flugrichtung) und die Lage des Flugzeugs während des Geradeausflugs kontrolliert, waren insbesondere Überlegungen aus dem Bereich der Prozeßkontrolle und -steuerung wichtig. Der Entwurf für den Autopiloten enthält neun Klassen.

**Fallstudie 9:** Jacobson *et al.* (1992) beschreiben ein System zur Planung und Erfassung von Transportvorgängen innerhalb eines und zwischen verschiedenen Lagerhäusern. Der Schwerpunkt der Systemverantwortlichkeiten liegt dabei auf der Planung, Optimierung und Protokollierung der notwendigen Transportvorgänge; die angemessene Abbildung der notwendigen Berechnungen ist daher ebenso wichtig wie ein geeignetes Datenmanagement. Der Entwurf des Systems besitzt 38 Klassen.

**Fallstudie 10:** Ebenfalls von Jacobson *et al.* (1992) stammt ein System für die Abwicklung und Registrierung von Telekommunikationsvorgängen. Die Kommunikation mit externen Geräten (Telefone, Fernleitungen) spielt hierbei eine zentrale Rolle (Aufbau der Verbindung und Koordination der Gesprächsabwicklung). Der Entwurf dieses Systems umfaßt 25 Klassen.

**Fallstudie 11:** Martin (1995) stellt ein System vor, welches die Steuerung einer Kaffeemaschine simuliert. Hierbei nimmt die Kommunikation mit und die Steuerung von externen Geräten eine wichtige Rolle ein.

Insgesamt umfaßt der Entwurf neun Klassen. Dem recht kleinen statischen Modell steht jedoch ein vergleichsweise umfangreiches und komplexes dynamisches Modell gegenüber.

**Fallstudie 12:** Von Martin (1995) stammt auch der Entwurf eines Batch-Systems, das die Gehaltsauszahlung für eine Reihe von Angestellten abwickelt. Dabei sind verschiedene Entlohnungs- und Zahlungsmodalitäten zu berücksichtigen. Die Systemverantwortlichkeiten liegen vorwiegend im Bereich des Datenmanagements.

Der Entwurf des Gehaltsabrechnungssystems umfaßt 20 Klassen.

**Fallstudie 13:** Ebenfalls von Martin (1995) stammt der Entwurf eines Gebäudesicherungssystems, welches den Zugang zu einem Gebäude kontrolliert, Einbruchsversuche und andere sicherheitskritische Ereignisse registriert und die Sicherheitspatrouillen, die das Gebäude nach einem vorgegebenen Sicherheitsplan kontrollieren, koordiniert und überwacht.

Der Entwurf des Gebäudesicherungssystems besteht aus 41 Klassen und stellt damit das umfangreichste der untersuchten Systeme dar. Ein Schwerpunkt der Systemverantwortlichkeiten liegt auf der Verarbeitung von Ereignissen, die durch externe Geräte gemeldet werden (wie z.B. der Ausbruch eines Feuers, der durch einen entsprechenden Sensor erkannt und an das Gebäudesicherungssystem gemeldet wird). Damit kommt der Behandlung und Steuerung verschiedener Prozesse in diesem Problembereich große Bedeutung zu.

**Fallstudie 14:** Von verschiedenen Autoren (Coad und Yourdon (1991); Booch (1994); Schader und Rundshagen (1996)) werden Wetterstationen modelliert. Bei den Auswertungen wurde ein Entwurf verwendet, der eine Verschmelzung der Entwürfe von Schader und Rundshagen (1996) und Booch (1994) darstellt.

Dieser umfaßt 23 Klassen. Die Kommunikation mit den Sensoren, die die verschiedenen benötigten Wetterdaten erfassen, steht im Zentrum der Betrachtungen. Die vergleichsweise ausufernde, von Booch (1994) modellierte Vererbungsstruktur der Sensoren könnte bei späteren Erweiterungen des Systems Probleme bereiten.

Insgesamt wurden 14 verschiedene Modelle betrachtet. Die modellierten Problembereiche sind vielseitig, so daß eine Einseitigkeit der Betrachtungen nicht zu befürchten ist.

Auffällig war an den Referenzmodellen, daß großer Wert auf die Flexibilisierung des Systems im Hinblick auf künftig wahrscheinliche Änderungen des Problembereichs gelegt wurde (dies gilt insbesondere für die Modelle von Martin (1995) und Booch (1991, 1994)). Gemeinsamkeiten wurden konsequent durch die Modellierung von Vererbungsstrukturen hervorgehoben. Darüber hinaus wurden Beziehungen zwischen konkreten Klassen möglichst so weit verallgemeinert, daß sie mit Hilfe von abstrakten Klassen modelliert werden konnten. Hierdurch wird die Flexibilität des Entwurfs gesteigert. (Beispielsweise ist in Fallstudie 12 bei der für die Zukunft denkbaren Berücksichtigung weiterer Zahlungswege oder Entlohnungssysteme keine Änderung des bestehenden Systems zu erwarten.)

Die Beispielanwendungen sind nicht sehr umfangreich (die Anzahl der modellierten Klassen variiert von 7 bis 41). Während in der Praxis z.T. weitaus größere Systeme zum Einsatz kommen, sind die hier berücksichtigten Anwendungen für einen einzelnen Entwickler oder ein kleines Entwicklerteam überschaubar und realisierbar. Dies sind Voraussetzungen, die die beschriebenen Systeme für die Initiierung von Pilotprojekten geeignet erscheinen lassen.

Insbesondere unerfahrenen Entwicklern sollte die Möglichkeit gegeben werden, neue Methoden im Rahmen kleinerer Entwicklungsprojekte zu erlernen bzw. zu erproben. Auch Studenten bearbeiten bei Diplom- oder Studienarbeiten vorwiegend kleinere Problemstellungen oder zumindest. überschaubare Komponenten eines evtl. großen Gesamtsystems. Da das Bewertungswerkzeug vorwiegend der Unterstützung dieser Anwendergruppe dienen soll, kann die beschriebene Datenbasis auch in dieser Hinsicht als angemessen gelten. (Um die Anwendbarkeit des in Kapitel 5 beschriebenen Werkzeugs auf andere Rahmenbedingungen jedoch nicht einzuschränken, können die aus der Auswertung resultierenden Voreinstellungen bei Bedarf an geänderte Bedürfnisse angepaßt werden.)

Die bei der automatischen Modellkritik verwendeten Referenzwerte wurden durch Auswertung der beschriebenen Fallstudien ermittelt. Dabei wurde in der Regel der Median der Meßwerte als Referenzwert herangezogen. Eine Ausnahme bildeten einige Softwaremaße, bei denen hohe Meßwerte eine Überprüfung der modellierten Einheiten auslösen sollten. So sind beispielsweise die in den Referenzmodellen enthaltenen Klassen eher klein. (Der Median der Anzahl der Elemente einer Klasse liegt beispielsweise bei nur 6 Elementen.) Im Zweifelsfall wird von den genannten Autoren empfohlen, mehr kleine statt wenige größere Klassen zu modellieren. Um die Bewertung im Rahmen der Modellkritik jedoch nicht zu restriktiv zu gestalten, wurde in diesem und ähnlichen Fällen statt des Medians der für die Referenzmodelle ermittelten Meßwerte das 90%-Quantil als Referenzwert gewählt.

## 5.4  Zusammenfassung

In den vorangegangenen Abschnitten wurde der Aufbau des meßbasierten Modellierungsratgebers MEMOS erläutert, mit dessen Hilfe das in Kapitel 4 hergeleitete Bewertungsmodell praktisch angewendet werden kann. Abhängig vom Bewertungsergebnis werden dem Entwickler die der Bewertung zugrundeliegenden Konzepte erläutert und es werden Hinweise gegeben, die bei der Überarbeitung bewerteter Modelle hilfreich sein können.

Das Werkzeug MEMOS ist eine Ergänzung zu dem am Lehrstuhl für Wirtschaftsinformatik III entwickelten CASE-Tool für die objektorientierte Analyse MAOO-AM*Tool. Wie MAOOAM wurde MEMOS im Rahmen des MAOOAM-Projekts entwickelt. Hierzu wurden die Programmiersprache C++ sowie der Anwendungsrahmen XVT Power++ für die Oberflächengestaltung eingesetzt. Zur Auswertung des MAOOAM-Repositorys wird auf das OODBMS[1] ObjectStore zugegriffen, das das MAOOAM-Repository verwaltet.

Für nähere Informationen zur Implementierung der graphischen Benutzeroberfläche mit XVT Power ++ siehe Winkens (1997) bzw. Hövel (1996). In Winkens (1997) wird zudem gezeigt, wie ein HTML-Browser sinnvoll zur Aufbereitung der Informationen der Glossar- und der Katalogkomponente genutzt werden kann. Eine

---

[1]Object-Oriented Database Management System

hypertextbasierte Erweiterung des von Hövel (1996) implementierten allgemeinen Rahmens für die Modellkritikkomponente wird derzeit ebenso angestrebt. Sie wäre auch für die von Beier (1996) beschriebene Erweiterung der Analysatorkomponente für die Nutzung im Rahmen des Projektmanagements sinnvoll.

Bei der Konzeption des Werkzeugs MEMOS wurde auf die Erfüllung der in Abschnitt 5.1 aufgestellten Anforderungen geachtet. Die Betrachtung von Entwicklungstrends ist beim gegenwärtigen Stand der Entwicklung noch nicht automatisiert, kann vom Anwender jedoch selbsttätig durchgeführt werden. Zudem können bisher nur Analysemaße angewendet werden. Die Erweiterung des Prototyps zur Anwendung von Softwaremaßen aus den Phasen Design und Implementierung wurde jedoch bei der Konzeption vorgesehen und kann daher bei Bedarf erfolgen.

Zusätzlich war es Ziel der Konzeption, die flexible Erweiterbarkeit des Werkzeugs um weitere Aspekte der Bewertung und die Anpaßbarkeit an die Wünsche erfahrener Anwender von Softwaremaßen zu gewährleisten. Dies ist durch Verwendung von Steuertexten für die Konfiguration der Bewertung gelungen. In welcher Hinsicht die so erreichte Flexibilität für künftige Forschungsarbeiten von Bedeutung sein kann, wird in Kapitel 7 erläutert.

Das anschließende Kapitel 6 beschreibt den Einsatz von MEMOS anhand einer Fallstudie. Hierbei zeigt sich seine Nützlichkeit für Entwickler, die ein CASE-Tool für die objektorientierte Softwareentwicklung nutzen.

# 6. Fallstudie

In Kapitel 5 wurde die Architektur des Werkzeug MEMOS vorgestellt, dessen Funktionsweise hier anhand einer Beispielsitzung gezeigt wird. Dabei werden nur die typischen Nutzungsabläufe berücksichtigt.

Ausgangsbasis für die Beispielsitzung ist der Entwurf eines Systems, das Mietobjekte verwaltet. Die Systemverantwortlichkeiten und das Ausgangsmodell werden zunächst kurz diskutiert, bevor die Bewertung mit Hilfe des Werkzeugs MEMOS veranschaulicht wird. Hierbei zeigt sich insbesondere auch die Nützlichkeit des gewählten Bewertungsmodells.

## 6.1  Fallbeispiel: Verwaltung von Mietobjekten

Im folgenden wird ein System zur Verwaltung von Mietobjekten mit der Abwicklung der zugehörigen verwaltungstechnischen Vorgänge entworfen. Die Verantwortlichkeiten des Systems sind:

- Die Erfassung von Informationen über die zu verwaltenden Mietobjekte, die zugehörigen Mietverhältnisse und -parteien.

- Mietobjekte sind Wohnungen und Häuser sowie Garagen und Kellerräume.

- Partner, über die Informationen im System erfaßt werden sollen, sind entweder Mieter (hier kann es sich auch um Personen handeln, die im Rahmen gewerblicher Mietverhältnisse als Vertreter einer Firma auftreten), Ansprechpartner für ausgewählte Häuser (wie z.B. Hausmeister oder Hausverwalter) oder Eigentümer.

- Die über die Mietverhältnisse festzuhaltenden Informationen können den Einheitsmietverträgen des Haus- und Grundbesitzervereins (Berlin) bzw. den im Schreibwarenhandel erhältlichen Einheitsmietverträgen für private und gewerbliche Mietverhältnisse entnommen werden.

  Die Standardmietverträge enthalten verschiedene Bestimmungen, deren ausführliche Repräsentation außerhalb der Systemverantwortlichkeiten liegt. Im hier beschriebenen Zusammenhang sind lediglich die das Mietverhältnis im konkreten Fall charakterisierenden Vereinbarungen zu repräsentieren.

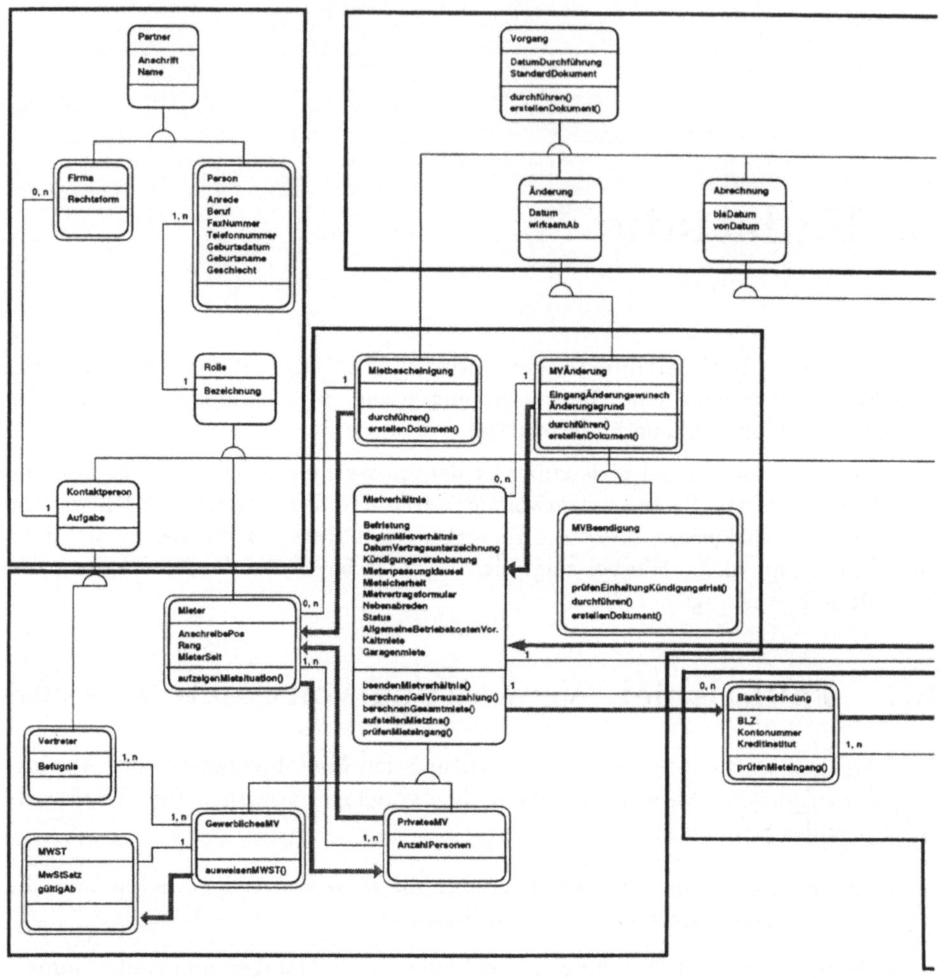

Abbildung 6.1: Statisches Modell

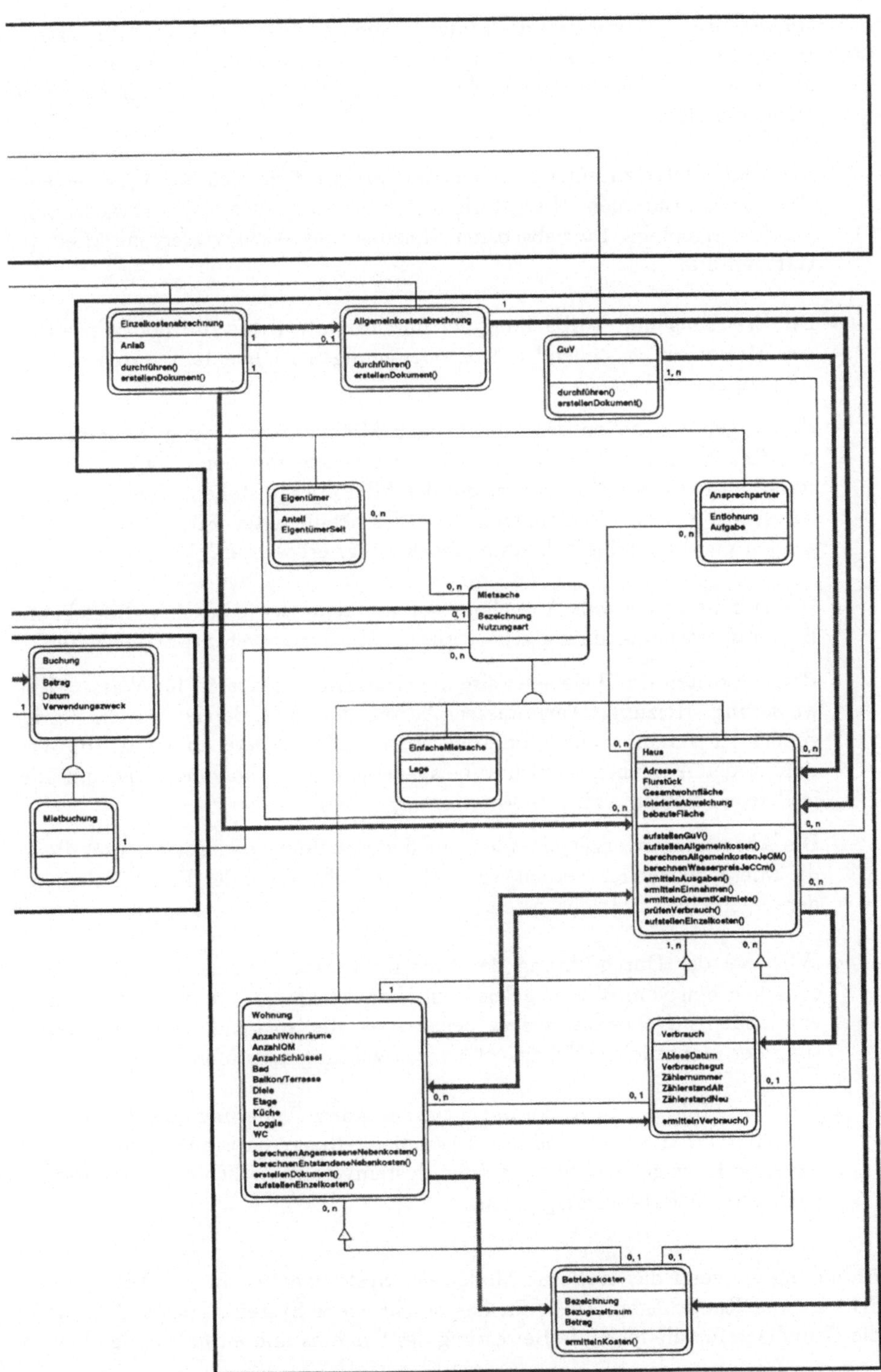

Einzelkostenabrechnung
Anlaß
durchführen()
erstellenDokument()
Allgemeinkostenabrechnung
durchführen()
erstellenDokument()
GuV
durchführen()
erstellenDokument()
Eigentümer
Anteil
EigentümerSeit
Ansprechpartner
Entlohnung
Aufgabe
Mietsache
Bezeichnung
Nutzungsart
Buchung
Betrag
Datum
Verwendungszweck
Mietbuchung
EinfacheMietsache
Lage
Haus
Adresse
Flurstück
Gesamtwohnfläche
tolerierteAbweichung
bebauteFläche
aufstellenGuV()
aufstellenAllgemeinkosten()
berechnenAllgemeinkostenJeQM()
berechnenWasserpreisJeCCm()
ermittelnAusgaben()
ermittelnEinnahmen()
ermittelnGesamtKaltmiete()
prüfenVerbrauch()
aufstellenEinzelkosten()
Wohnung
AnzahlWohnräume
AnzahlQM
AnzahlSchlüssel
Bad
Balkon/Terrasse
Diele
Etage
Küche
Loggia
WC
berechnenAngemesseneNebenkosten()
berechnenEntstandeneNebenkosten()
erstellenDokument()
aufstellenEinzelkosten()
Verbrauch
AbleseDatum
Verbrauchsgut
Zählernummer
ZählerstandAlt
ZählerstandNeu
ermittelnVerbrauch()
Betriebskosten
Bezeichnung
Bezugszeitraum
Betrag
ermittelnKosten()
1
0, 1
1
1
1, n
0, n
0, 1
0, n
0, n
0, n
0, n
0, n
0, n
0, n
1, n
0, n
1
0, n
0, 1
0, n
0, 1
0, 1
0, 1
1

Im wesentlichen sind dies die Einträge, die bei Abschluß eines Mietvertrags in den Standardmietvertrag vorgenommen werden. Darüber hinaus genügt ein Verweis auf das verwendete Mietvertragsformular sowie auf ggf. getroffene Nebenabreden.

- Die vom Mieter zu entrichtenden Mietzinsen setzen sich aus verschiedenen Positionen zusammen. Hier ist die Kaltmiete zu nennen sowie Vorauszahlungen für allgemeine Betriebskosten, Heizung und Warmwasser, die Miete für Garagen u.ä.

- Die Erfassung und Verbuchung der im Zusammenhang mit der Verwaltung von Mietobjekten stehenden Kontobewegungen ist ebenfalls durch das System zu gewährleisten.

  Hierzu gehören neben den eingehenden Mietzahlungen auch die Erfassung von Rechnungsbeträgen, die im Zusammenhang mit dem Betrieb, der Instandhaltung oder Modernisierung der Mietobjekte stehen. (Die Erfassung von Aufträgen und Rechnungen sowie der beauftragten Firmen wird im folgenden nicht modelliert, könnte jedoch integriert werden.)

- Die Durchführung von Abrechnungen wie etwa der jährlichen Einzel- und Betriebskostenabrechnung gehört mit zu den Systemverantwortlichkeiten.

  Betriebskosten sind beispielsweise die Grundsteuer, Kosten für Wasser, Entwässerung, Heizung, Warmwasser, Aufzug usw. Die Betriebskosten werden gemäß der Vereinbarungen im Mietvertrag auf die Mieter umgelegt (die Verteilung der Ausgaben kann hier beispielsweise je Wohneinheit und qm oder je Person erfolgen; vgl. Bundesregierung (1996)).

  Die Abrechnungsvorgänge enden mit der Erstellung der Dokumente, die an die Mieter versendet werden, wie z.B. die Aufstellung der Einzelkosten und der allgemeinen Betriebskosten.

- Wird bei der Durchführung der Einzelkostenabrechnung eine Abweichung zwischen den vom Mieter geleisteten Vorauszahlungen und den tatsächlich entstandenen Nebenkosten aufgedeckt, so ist die Notwendigkeit einer Anpassung der monatlichen Nebenkostenvorauszahlung zu prüfen.

- Das Durchführen von Änderungen (insbesondere Änderung oder Beendigung von Mietverhältnissen) und die Gegenüberstellung von Einnahmen und Ausgaben je Haus gehört ebenso zu den Systemverantwortlichkeiten wie das Erstellen von Mietbescheinigungen.

Abbildung 6.1 zeigt das statische Modell der Systemanalyse in der Notation von Schader und Rundshagen (1996) für das beschriebene System. Dieser Entwurf ist die Grundlage für die folgende Bewertung des Systems und enthält einige bewußt

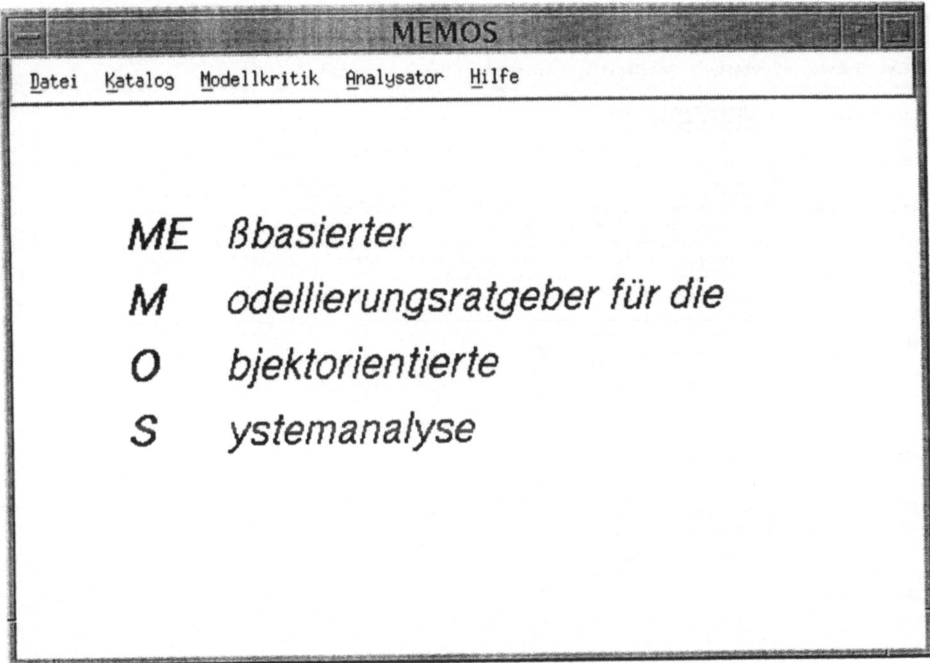


Abbildung 6.2: Dialogfenster von MEMOS

modellierte kritische Stellen. Einige ausgewählte Stellen und deren Kommentierung durch MEMOS werden im folgenden beschrieben[1].

## 6.2   Beispielanwendung von MEMOS

Abbildung 6.2 zeigt das Dialogfenster, das dem Benutzer bei Aufruf von MEMOS angeboten wird. Über die Menüpunkte Katalog, Modellkritik und Analysator kann der Benutzer die in Kapitel 5 konzipierten Komponenten benutzen. In den folgenden Abschnitten wird erläutert, welche Möglichkeiten MEMOS bietet. Die wichtigsten Nutzungsabläufe werden anhand des Beispielmodells gezeigt.

### 6.2.1   Die Katalogkomponente

Strebt der Entwickler eine individuelle Bewertung seines Entwurfs an und weiß noch nicht genau, welche Softwaremaße für die gewünschten Auswertungen zur Verfügung stehen, kann er sich durch die Katalogkomponente Beschreibungen ver-

---

[1]Die darüber hinaus von MEMOS generierten Hinweise sowie die iterierte Anwendung der Modellkritik wurden aus Platzgründen vernachlässigt.

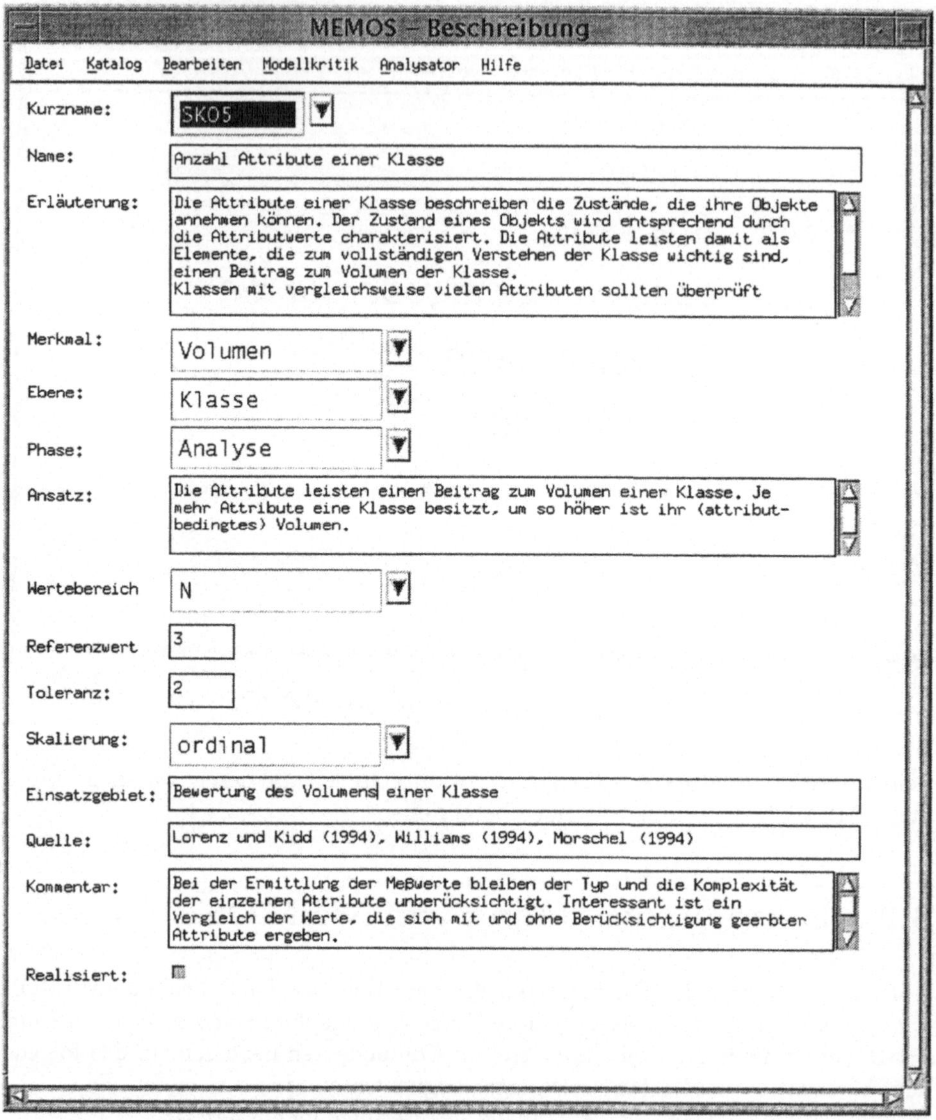

Abbildung 6.3: Beschreibung von Softwaremaßen

schiedener Softwaremaße anzeigen lassen. Abbildung 6.3 zeigt eine solche Beschreibung. Bei der Suche nach Softwaremaßen soll der Benutzer durch vorbelegte Terme in den Facetten *Kurzname*, *Merkmal*, *Ebene*, *Phase*, *Wertebereich* und *Skalierung* unterstützt werden. Eine ausführliche Beschreibung dieser Merkmale sowie die Beschreibungen der in Kapitel 4 ausgewählten Softwaremaße sind im Anhang C zusammengestellt.

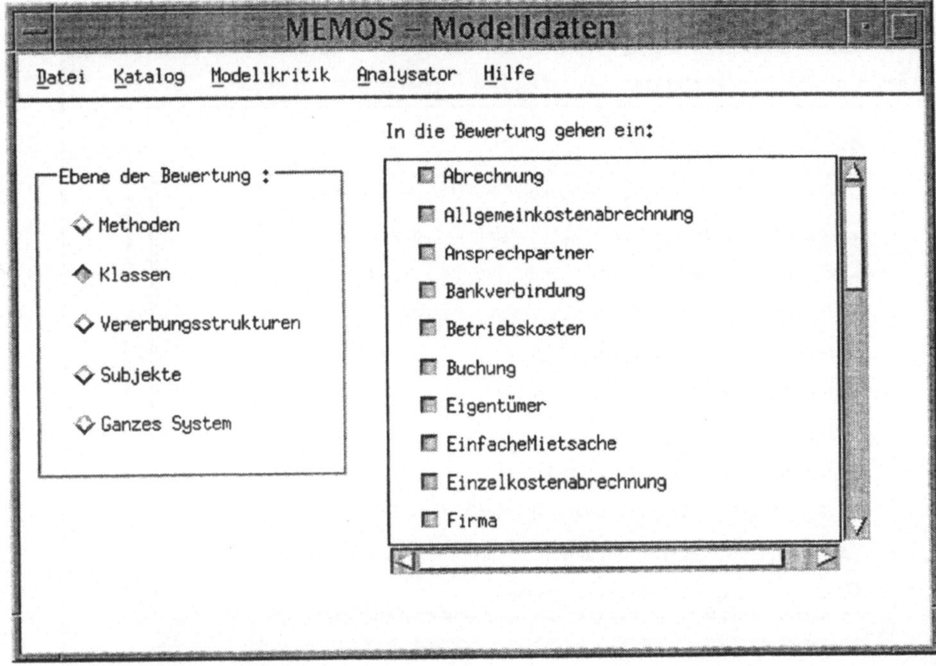



Abbildung 6.4: Auswahl von Modelldaten

## 6.2.2 Individuelle Anwendung von Softwaremaßen

Hat der Anwender eine Vorstellung davon, welche Softwaremaße er anwenden möchte, kann er die Analysatorkomponente für individuelle Auswertungen nutzen.

Dazu sind verschiedene Voreinstellungen nötig. So müssen die zu bewertenden Modelldaten und die anzuwendenden Softwaremaße ausgewählt werden; andernfalls werden alle Softwaremaße auf alle modellierten Elemente angewendet. Abbildung 6.4 zeigt das Menü zur Auswahl der zu bewertenden Elemente. Im Dialogfenster 6.4 wurde die Bewertung auf Klassenebene angewählt. Rechts im Dialogfenster können diejenigen Klassen angeklickt werden, für die Meßwerte ermittelt werden sollen.

In Abbildung 6.5 ist das Dialogfenster dargestellt, das dem Anwender die Auswahl der Softwaremaße ermöglicht. Für die Bewertung auf System- bzw. Subjektebene und für die Bewertung von Vererbungsstrukturen sind derzeit Standardeinstellungen vorgegeben.

Auch die Ausgabe der Bewertungsergebnisse kann durch den Anwender beeinflußt werden (vgl. Abbildung 6.6). So kann er im rechten Teil des Dialogfensters wählen, ob zusätzlich zu den Meßwerten auch Rankings ausgegeben werden sollen.

Die Werte werden tabellarisch ausgegeben (vgl. Abbildung 6.7). Der Anwender

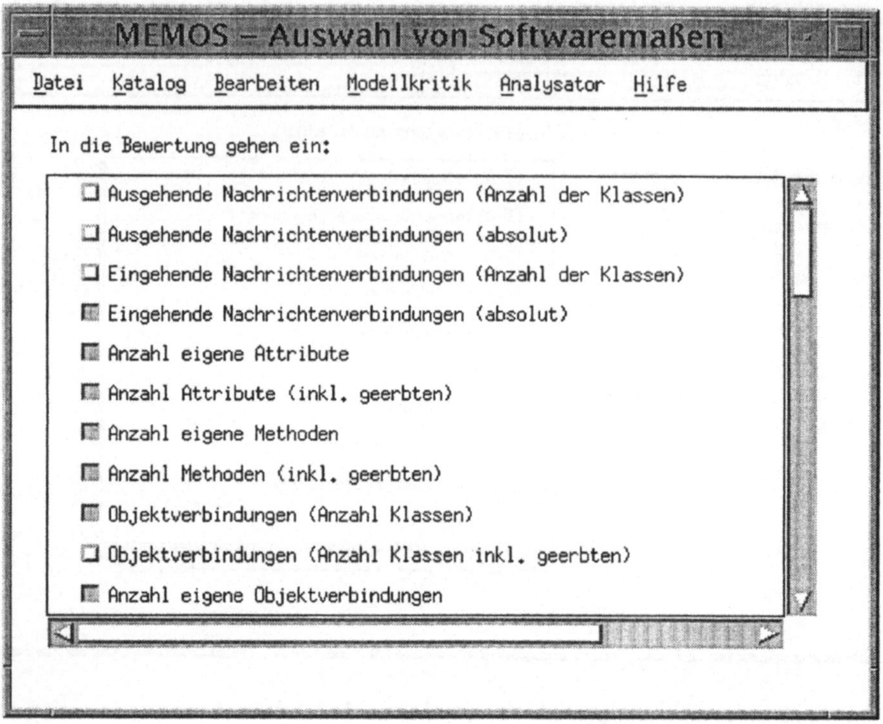

Abbildung 6.5: Auswahl von Softwaremaßen

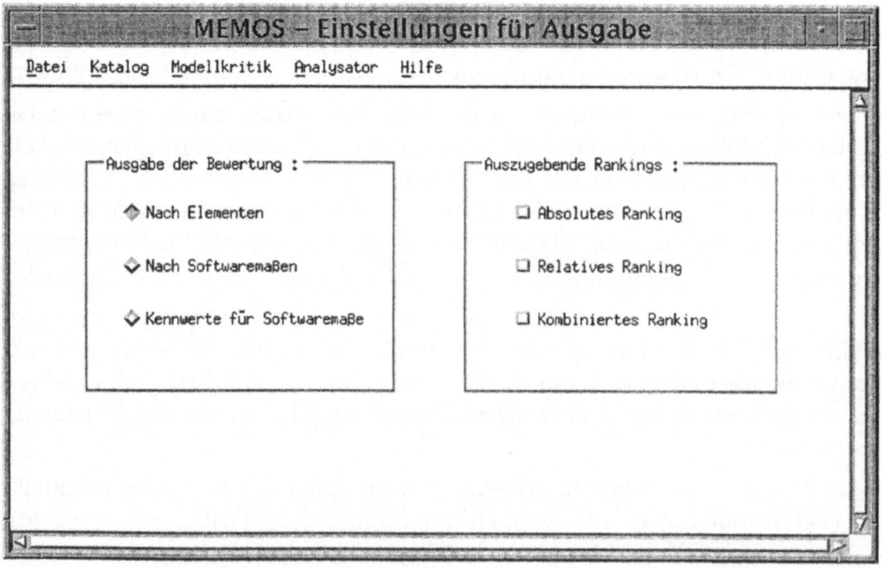

Abbildung 6.6: Ausgabeoptionen der Analysatorkomponente

MEMOS – Analysator

Datei   Katalog   Modellkritik   Analysator   Hilfe   Font   Style

Bewertung für Klasse : Wohnung

| Softwaremaß | Meßwert |
|---|---|
| Eingehende Nachrichtenverbindungen (absolut) | 1.00 |
| Anzahl eigene Attribute | 10.00 |
| Anzahl Attribute (inkl. geerbten) | 12.00 |
| Anzahl eigene Methoden | 4.00 |
| Anzahl Methoden (inkl. geerbten) | 5.00 |
| Objektverbindungen (Anzahl Klassen) | 1.00 |
| Objektverbindungen (Anzahl Klassen inkl. geerbten) | 4.00 |
| Anzahl der Elemente einer Klasse | 22.00 |
| Anzahl der Basisklassen | 1.00 |
| Anzahl der Server einer Klasse | 3.00 |
| Anzahl der eigenen Elemente | 16.00 |

Abbildung 6.7: Anzeigen der Meßwerte (hier für die Bewertung nach Klassen)

kann im linken Teil des Dialogfensters 6.6 wählen, ob die Bewertungsergebnisse nach Elementen der Bewertung, in diesem Fall also nach Klassen, oder nach Softwaremaßen sortiert erfolgen soll. Zusätzlich können bei Bedarf verschiedene statistische Kennwerte der ermittelten Meßergebnisse angezeigt werden.

## 6.2.3   Vorgefertigte Modellkritik

Will der Anwender keine individuelle Bewertung durchführen, sondern die vorgefertigte Modellkritik nutzen und damit das im Abschnitt 4 erarbeitete Bewertungskonzept verfolgen, so wird die in Abschnitt 5.2.4 beschriebene Modellkritikkomponente aufgerufen. Nach Abschluß der Bewertung bietet sich dem Anwender das in Abbildung 6.8 gezeigte Szenario.

Durch Anklicken der zu den einzelnen bewerteten Eigenschaften gehörenden Buttons kann der Entwickler bei Bedarf die Bewertung hinterfragen. Er kann auf diese Weise selbst entscheiden, in welchem Detaillierungsgrad er die vorgenommene Bewertung nachvollziehen möchte. Anwender, die nicht daran interessiert sind, sich mit den bewerteten Aspekten oder den Meßwerten selbst auseinanderzusetzen, oder die das Schema kennen, dem die Bewertung folgt, erhalten bereits durch die Bewertung der obersten Ebene eine Rückmeldung. Bei etwas Erfahrung reicht diese zur zielgerichteten Überprüfung der bewerteten Klasse aus (vgl. Abbildung 6.8).

Werden bei der Bewertung Stellen des Entwurfs identifiziert, die überprüft werden sollten, wird der Anwender hierauf durch das Ranking (-) aufmerksam gemacht.

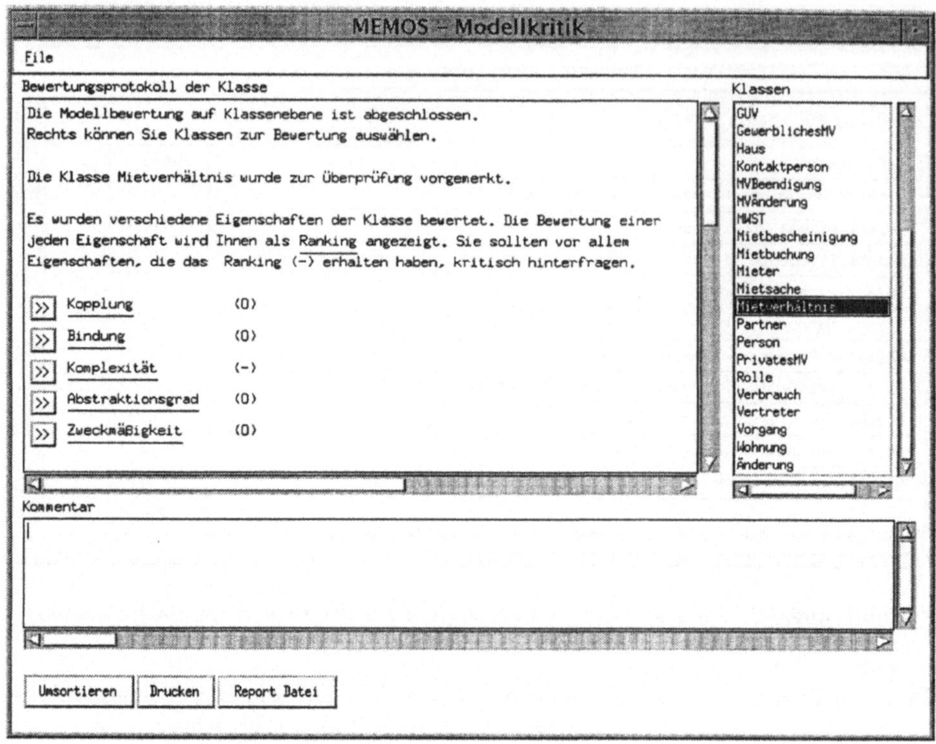

Abbildung 6.8: Die Modellkritikkomponente (Bewertung auf Klassenebene)

In der Abbildung 6.8 wird beispielsweise die Komplexität der Klasse *Mietverhältnis* als kritisch eingestuft und zur Überprüfung vorgeschlagen.

Anwender, die sich dafür interessieren, wie die Bewertung im einzelnen zustande gekommen ist, können die Bewertung sukzessiv hinterfragen. Die Abbildungen 6.9 und 6.10 zeigen dies am Beispiel der Bewertung der Komplexität für die Klasse *Mietverhältnis*. Auf der untersten Verdichtungsstufe (es gibt jeweils zwei oder drei Verdichtungsebenen, vgl. Kapitel 4) werden die bei der Bewertung herangezogenen Meßwerte angezeigt.

Zu allen Begriffen, die unterstrichen sind, kann der Anwender sich weiterführende Informationen anzeigen lassen. Klickt man einen unterstrichenen Begriff an, wird in das Glossar verzweigt, und es erscheint in einem zusätzlichen Fenster ein erläuternder Text. Abbildung 6.11 zeigt beispielhaft einen Glossartext. Eine Zusammenstellung der Glossartexte ist im Anhang B zu finden. Auch die Worte *Motivation* oder *Hinweis* sind unterstrichen. Klickt der Anwender diese Begriffe an, wird auf erläuternde Texte verwiesen. Und zwar wird entweder die Durchführung der Bewertung motiviert, indem auf die Bedeutung der bewerteten Eigenschaft hingewiesen wird. Oder es werden Ratschläge präsentiert, die der Entwickler bei der Überarbeitung seines Entwurfs nutzen kann (vgl. hierzu Anhang A). Auf diese

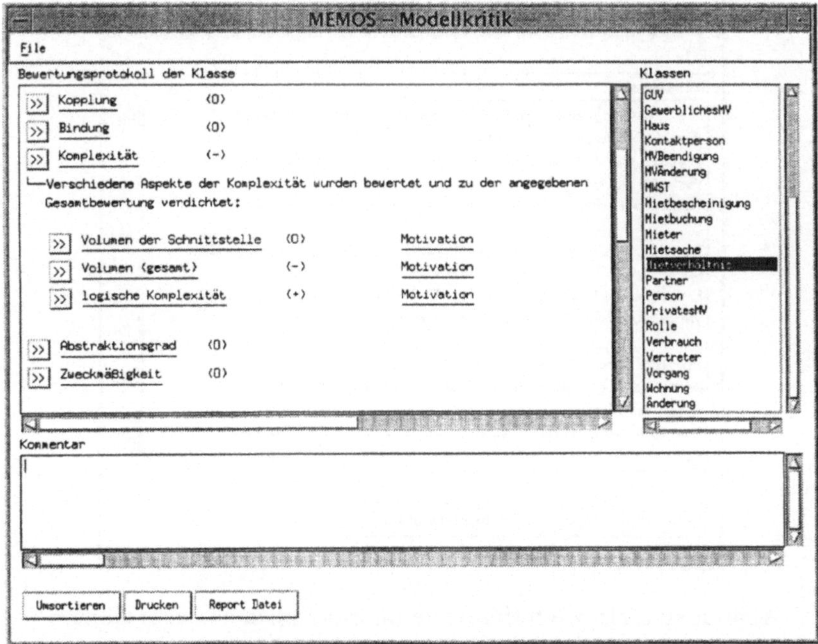

Abbildung 6.9: Verschiedene Aspekte der bewerteten Eigenschaft

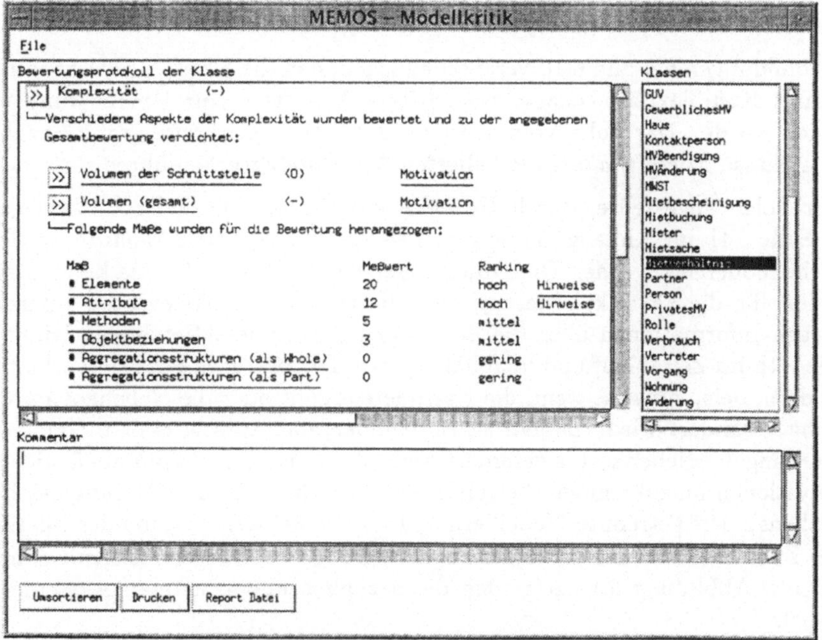

Abbildung 6.10: Softwaremaße zur Bewertung eines Aspekts

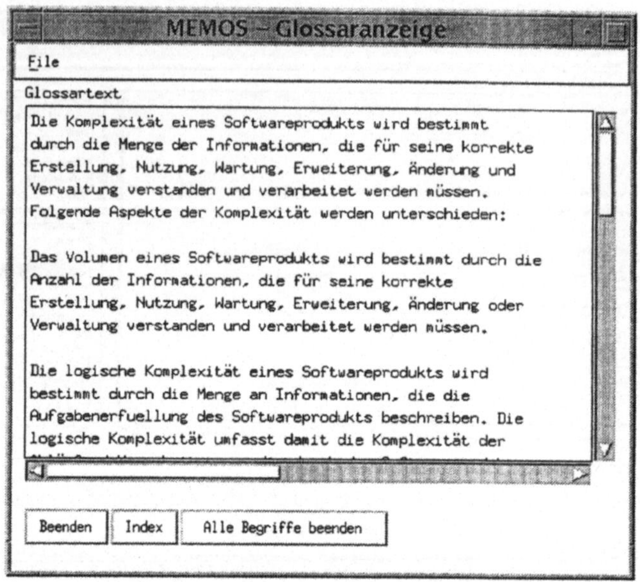


Abbildung 6.11: Weiterführende Informationen aus dem Glossar

Weise werden dem Anwender wichtige Gedankengänge vermittelt, die er bei der objektorientierten Systemanalyse berücksichtigen sollte.

Die Abbildungen 6.9 und 6.10 veranschaulichen, daß die Klasse *Mietverhältnis* wegen ihrer Komplexität, genauer wegen ihres Volumens, zur Überprüfung vorgeschlagen wurde. Das hohe Volumen ist auf die vergleichsweise große Anzahl der für die Klasse *Mietverhältnis* modellierten Attribute zurückzuführen.

In der Folge angestellte, durch Hinweise des Systems motivierte Überlegungen (vgl. Seite 141 im Anhang A) zeigen, daß die Klasse *Mietverhältnis* tatsächlich schlecht modelliert wurde. Die Objekte der Klasse *Mietverhältnis* beinhalten neben den für die Charakterisierung des Mietverhältnisses relevanten Informationen auch Informationen über die Zusammensetzung des Mietzinses. Diese kann sich jedoch im Zeitablauf und unabhängig vom Fortbestehen des Mietverhältnisses verändern, beispielsweise wenn die Kaltmiete erhöht oder die Nebenkostenvorauszahlung verändert wird. Zudem ist es denkbar, daß künftig eine andere Art der Aufstellung der Nebenkosten gefordert wird oder weitere, nicht qm-abhängige Mietzinspositionen hinzukommen (beispielsweise Gebühren für die Nutzung des Kabelfernsehens). Die getrennte Modellierung des Mietverhältnisses und des Mietzinses, seiner Zusammensetzung sowie der zugehörigen Berechnungen erscheint daher angebracht. Abbildung 6.12 zeigt den diesbezüglich überarbeiteten Ausschnitt des Entwurfs.

Auch die Klasse *Wohnung* wird zur Überprüfung hinsichtlich ihrer Komplexität vorgeschlagen (vgl. Abbildung 6.13). Die Klasse weist ebenfalls vergleichsweise viele

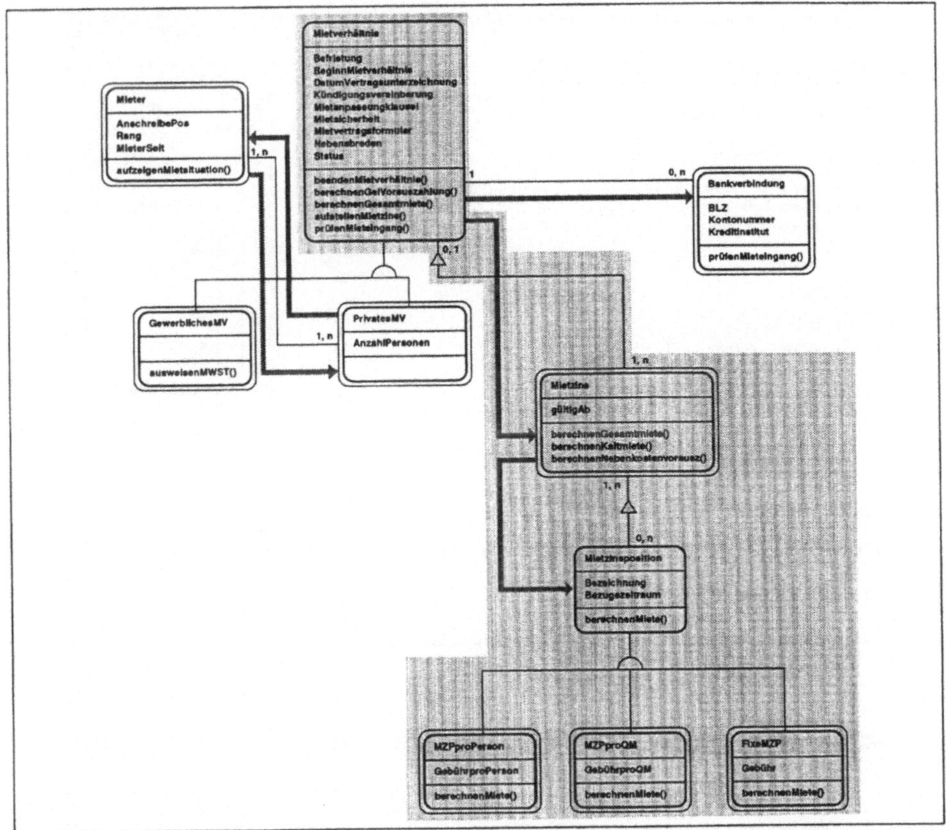

Abbildung 6.12: Ausschnitt des überarbeiteten statischen Modells

Attribute auf, was eine Zerlegung der Klasse in mehrere kleinere Klassen überlegenswert erscheinen läßt. Bei näherem Hinsehen zeigt sich jedoch, daß die Klasse nur deshalb so viele Attribute besitzt, weil sie Informationen, die im Mietvertrag zur vermieteten Wohnung angegeben werden, bereitstellen soll. Diese Daten müssen zwar erfaßt werden, um die notwendigen Einträge in das Standardmietvertragsformular bereitzustellen, sind für die Systemverantwortlichkeiten ansonsten jedoch nicht von Belang. Die getrennte Modellierung dieser Daten durch eine zusätzliche Klasse *Raum* (eine Wohnung besteht dann aus einer Reihe von Räumen) erscheint daher nicht gerechtfertigt.

Das hohe Volumen der Klasse *Wohnung* läßt sich daher rechtfertigen. Die Überlegungen sollten dokumentiert werden. Der Entwickler kann dies durch einen Kommentar tun, der in das Bewertungsprotokoll eingefügt wird (vgl. Abbildung 6.14). Das Protokoll der Bewertung (inkl. der Kommentare) kann auf Wunsch gespeichert oder ausgegeben werden.

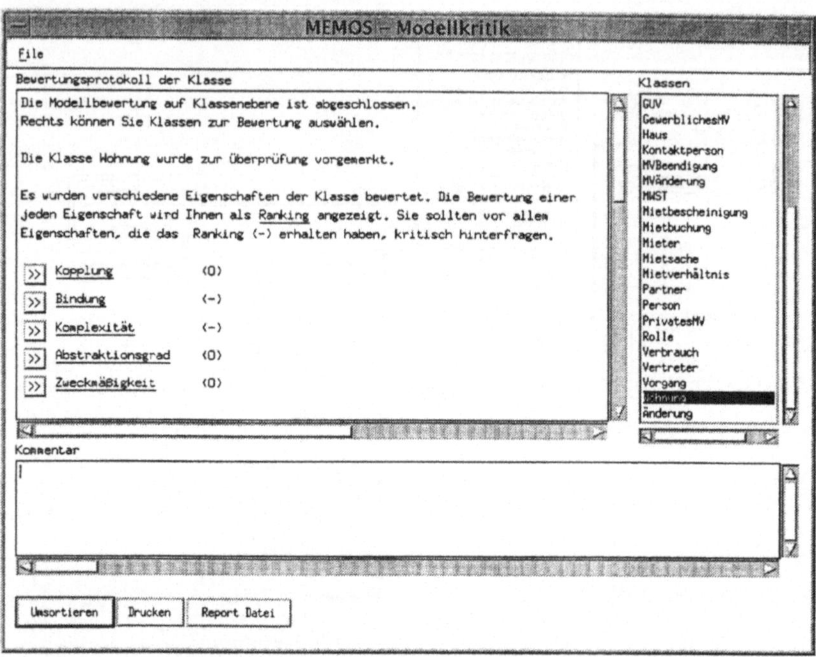

Abbildung 6.13:  Bewertung der Klasse *Wohnung*

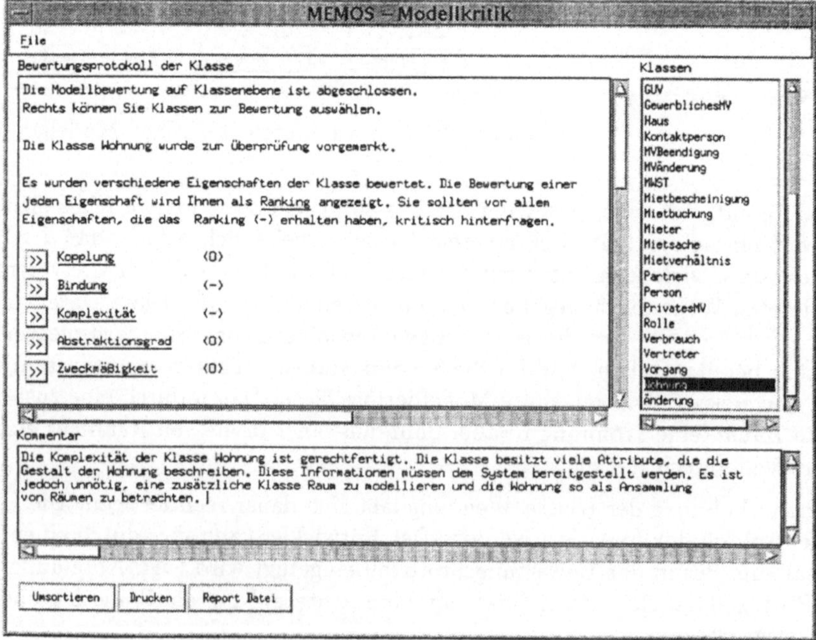

Abbildung 6.14:  Eingabe eines Kommentars zur Klasse *Wohnung*

## 6.3  Zusammenfassung

Auf den vorangegangenen Seiten wurde die Funktionsweise des meßbasierten Modellierungsratgebers MEMOS demonstriert.

Ausgehend von der Anwendung der in Kapitel 4 zugeordneten Softwaremaße wird der Entwickler gezielt auf Stellen seines Entwurfs hingewiesen, bei denen als qualitätsfördernd anerkannte Eigenschaften nicht berücksichtigt wurden oder verletzt zu sein scheinen. Der Entwickler wird auf diese Weise dazu angeregt, sich mit den bewerteten Eigenschaften auseinanderzusetzen und seinen Entwurf diesbezüglich zu hinterfragen. Auch hierbei leistet MEMOS Hilfestellung: Abhängig vom Bewertungsergebnis werden allgemeine Ratschläge gegeben, die bei der Überarbeitung des Entwurfs nützlich sind.

Wie die Ausführungen zeigen, sollte jeder von MEMOS identifizierte Kritikpunkt vom Entwickler unter Berücksichtigung der im konkreten Fall geltenden Rahmenbedingungen überprüft werden. „Schwarzweiß"-Bewertungen, die einen Entwurf ohne Berücksichtigung kontextbezogener Hintergründe eindeutig als „gut" oder „schlecht" charakterisieren, kann es auf der Basis einfacher Softwaremaße nicht geben. Die kontextspezifische Überprüfung des Entwurfs durch den Entwickler liefert dagegen wertvolle Einsichten.

Das Ergebnis der Überprüfung kann daher über Kommentare festgehalten werden: Auf diese Weise wird eine Dokumentation der Entwurfsentscheidungen erreicht. Werden die von der Bewertungskomponente erzeugten Hinweise als wertvoll eingestuft, ist es nützlich zu dokumentieren, warum das Modell nochmals überarbeitet wird. Wurden die von der Bewertungskomponente erzeugten Hinweise geprüft, der Entwurf jedoch beibehalten, werden die Entwurfsentscheidungen dokumentiert, die einen im Sinne der geltenden Lehrmeinung als „kritisch" einzustufenden Entwurf rechtfertigen. In beiden Fällen werden Informationen erfaßt, die andernfalls zwar in den Köpfen der Entwickler vorhanden, jedoch nicht in allgemeiner Form zugänglich dokumentiert sind.

# 7. Fazit und Ausblick

Bei der objektorientierten Softwareentwicklung sehen sich Entwickler einer Reihe von Empfehlungen gegenüber, die ihnen dabei helfen sollen, zu einem guten Entwurf zu gelangen. Die Übertragung der Empfehlungen auf den eigenen Entwurf bleibt dem Entwickler jedoch meist selbst überlassen.

Der Einsatz von Softwaremaßen zur Überprüfung anerkannter Entwurfsempfehlungen stellt einen vielversprechenden Ausgangspunkt für die wirkungsvolle Unterstützung des Entwicklers dar, der hier konsequent verfolgt wurde. Kapitel 2 diente zunächst dazu, einige Grundlagen über den Einsatz von Softwaremaßen zu vermitteln. Eine umfassende Literaturrecherche zeigte, daß im Zeichen der Softwarekrise einerseits ein wachsendes Interesse an einem umfassenden Softwarequalitätsmanagement und damit auch am Einsatz von Softwaremaßen besteht, die Softwaremetrie aber andererseits durch eine große Uneinheitlichkeit geprägt ist. Dem Einsatz von Softwaremaßen während der objektorientierten Analyse wurde bisher kaum Beachtung geschenkt, obwohl gerade das frühzeitige Erkennen möglicher Schwachstellen des Entwurfs wesentliche Vorteile bietet. Auch für den Einsatz von Softwaremaßen als Hilfestellung für Entwickler gibt es erst wenige Ansätze.

In der vorliegenden Arbeit wurde ein umfassendes Konzept zur Anwendung von Softwaremaßen zur Unterstützung von Entwicklern bei der objektorientierten Systemanalyse erarbeitet. Kapitel 3 motivierte die verwendete „top down"-Vorgehensweise. In Kapitel 4 wurden schließlich die für die Bewertung heranzuziehenden Eigenschaften von Softwareprodukten identifiziert und ausführlich behandelt. Dabei konnten Softwaremaße zugeordnet werden, mit deren Hilfe Softwareprodukte auf verschiedenen Detaillierungsebenen des Entwurfs auf ihre Komplexität, ihre Kopplung, ihre Bindung, ihren Abstraktionsgrad und ihre Zweckmäßigkeit hin überprüft werden können.

Das Bewertungskonzept wird ergänzt durch eine Reihe von Erläuterungen und Ratschlägen, die eine Bewertung der genannten Eigenschaften nahelegen, wichtige Entwurfsempfehlungen vermitteln und den Entwickler schließlich bei der Überarbeitung seines Entwurfs unterstützen.

Das in Kapitel 4 erarbeitete Bewertungskonzept zeigt einen Weg, Softwaremaße während der objektorientierten Systemanalyse konsequent zur Unterstützung des Entwicklers einzusetzen. Nach Abschluß der Bewertung wird der Entwickler dazu angeregt, zur Bewertung Stellung zu nehmen, was einerseits zu tiefergehenden Überlegungen und zum Durchdenken verschiedener Modellierungsalternativen führt und andererseits die Dokumentation von Modellierungsentscheidungen bewirkt, die grundlegende Entwurfsempfehlungen zu verletzen scheinen.

Die konsequente Anwendung des Bewertungskonzepts trägt insgesamt dazu bei, daß Entwurfsentscheidungen bewußter getroffen werden. Von besonderem Vorteil ist, daß zum frühestmöglichen Zeitpunkt, nämlich bereits während der Systemanalyse, die Überprüfung verschiedener wichtiger Eigenschaften des Entwurfs erfolgt. Es wird nicht erst das fertige Programm bewertet, dem Entwickler wird bereits während der Systemanalyse ein meßbasiertes Hilfsmittel an die Hand gegeben, das ihm dabei hilft, Modellierungsentscheidungen zu bewerten.

Die manuelle Auswertung von Softwaremaßen ist insbesondere bei umfangreichen Entwürfen aufwendig und fehleranfällig. Daher sollte die Anwendung des Bewertungskonzepts möglichst werkzeuggestützt erfolgen. Eine Marktrecherche zeigte, daß derzeit kein kommerzielles Werkzeug verfügbar ist, welches die Anwendung der in Kapitel 4 ausgewählten Maße gewährleistet. Daher wurde in Kapitel 5 das Werkzeug MEMOS konzipiert, welches neben der Ermittlung der Meßergebnisse die praktische Anwendung des hergeleiteten Bewertungskonzepts unterstützt. Darüber hinaus bietet das Werkzeug MEMOS interessierten Benutzern die Möglichkeit, sich mit Hilfe der Katalogkomponente und eines Glossars mit verschiedenen Einträgen Informationen über die verfügbaren Softwaremaße und bewerteten Eigenschaften zu verschaffen. Auf diese Weise wird neben der vorgefertigten, in Kapitel 4 konzipierten Modellkritik auch die Durchführung individueller Auswertungen möglich. Die Funktionsweise von MEMOS wurde in Kapitel 6 anhand einer Beispielanwendung demonstriert.

Die positiven Erfahrungen, die bei der Anwendung der automatischen Modellkritik auf verschiedene Fallstudien gemacht wurden, ermutigen nicht nur zum systematischen Einsatz des Werkzeugs, sondern auch zur konsequenten Erweiterung des in Kapitel 4 beschriebenen Bewertungskonzepts: Die zusätzliche Berücksichtigung von Design- und Implementationsinformationen (vgl. auch Abschnitt 3.4) kann eine Unterstützung der Entwickler auch in den späteren Phasen der Softwareentwicklung bieten. Alle in Kapitel 4 ausführlich behandelten Eigenschaften bieten hier sinnvolle Ansatzpunkte. Da die objektorientierte Softwareentwicklung u.a. den Vorteil der Konsistenz der Darstellungstechniken zwischen Analyse, Design und Implementierung bietet, ist sie für die Realisierung eines solchen umfassenden, phasenübergreifenden Konzepts prädestiniert.

Das Werkzeug MEMOS wurde flexibel genug konzipiert, um die hierfür notwendigen Erweiterungen zuzulassen. Lediglich die Analysatorkomponente müßte erweitert werden, so daß nicht nur die Analyseinformationen des MAOOAM-Repositorys genutzt, sondern auch Designinformationen verwendet und ggf. Quelltexte ausgewertet werden können. Die Modellkritikkomponente könnte dagegen unverändert genutzt werden, lediglich die Steuertexte wären an die neue Situation anzupassen.

Ist die durchgängige Anwendung der Softwaremaße in allen Phasen der Softwareentwicklung möglich, könnten die Meßwerte sukzessiv und mit einem Detaillierungsgrad, der der jeweiligen Entwicklungsstufe entspricht, ausgewertet werden. In der Literatur beschreiben beispielsweise McGregor (1995) und Darscht (1994) entsprechende Ansätze.

Darüber hinaus ließe sich das hier entwickelte Bewertungswerkzeug in eine Werkzeugfamilie eingliedern, die eine umfassende systematische Analyse und Bewertung des Softwareentwicklungsprozesses und der erzeugten Produkte gewährleistet. ME-MOS könnte hier beispielsweise zur Unterstützung von Reviews eingesetzt werden, bei denen die Mitglieder eines Entwicklungsteams ihre Entwürfe abstimmen. Die Betrachtungen können sich dann insbesondere bei größeren Modellen zunächst auf die Stellen des Entwurfs konzentrieren, die von MEMOS zur Überprüfung vorgeschlagen wurden. Die Nutzung der mit Hilfe der Analysatorkomponente ermittelten Meßwerte für das Projektmanagement ist außerdem möglich. Die Meßwerte können beispielsweise bei der Aufwands- oder Kostenschätzung, bei der Personalplanung und bei der Fortschrittskontrolle hilfreich sein (einen ersten Schritt in diese Richtung zeigt bereits die Arbeit von Beier (1996)). Da der Wissensstand über die Vorhersagbarkeit objektorientierter Softwareentwicklungsprojekte derzeit noch gering ist, ergibt sich hier Raum für weiterführende Arbeiten.

# A. Ratschläge des Systems

Dieses Kapitel enthält eine Liste der wesentlichen Erläuterungen und Ratschläge, die Anwender des in Kapitel 4 erarbeiteten Bewertungsprinzips bei der Überprüfung ihres Entwurfs unterstützen sollen.

Die Erläuterungen und Ratschläge werden nach den bewerteten Eigenschaften des Bewertungsmodells in Kapitel 4 geordnet. Die Bedingung, unter der die Erläuterung oder der Ratschlag jeweils präsentiert wird, ist dabei *kursiv* gedruckt. (Die Bedingungen werden, wie in Kapitel 4 und 5 beschrieben, unter Zuhilfenahme der in Anhang C erläuterten Maße und Referenzwerte überprüft.)

Wird innerhalb der Erläuterungen auf den Namen der konkret bewerteten Klasse oder des konkret bewerteten Subjekts Bezug genommen, so ist dies durch die Bezeichnung CLASS bzw. SUBJEKT verdeutlicht. Werden Teile der Ratschläge nur angezeigt, wenn zusätzliche Bedingungen erfüllt sind, so werden auch diese *kursiv* dargestellt.

Die Ratschläge basieren auf den in Kapitel 4 formulierten Überlegungen und wurden zumeist bereits dort formuliert. Die Ratschläge sollen dem Anwender als Hilfestellung bei der kontextspezifischen Überprüfung seines Entwurfs dienen. Wichtige Anregungen für die Formulierung der Ratschläge ergaben sich aus den Arbeiten von Berard (1993); Budd (1991); Coad *et al.* (1995); Gamma *et al.* (1995); Martin (1995) und Schader und Rundshagen (1996) sowie aus den im Anhang C zusammengefaßten Erläuterungen zu den verschiedenen Softwaremaßen.

## A.1 Bewertung von Methoden

**Motivation 01:** *Bewertung der logischen Komplexität von Methoden.*

- Die Methoden einer Klasse sollten möglichst einfach sein; die von der Methode zu erfüllende Aufgabe sollte sich mit einem kurzen Satz mit nur einem Objekt und einem Prädikat beschreiben lassen.

- Die Anzahl der Argumente, die einer Methode bei Aufruf übergeben werden müssen, beeinflußt die Menge der Informationen, die bei Aufruf der Methode korrekt verstanden und verarbeitet werden müssen. Methoden, für die viele formale Argumente spezifiziert wurden, sind häufig komplex und können vereinfacht werden. Vereinfachen bedeutet hierbei, daß eine Methode in mehrere weniger komplexe Methoden zerlegt wird.

**Ratschlag 01:** *WENN für eine Methode vergleichsweise viele formale Argumente spezifiziert wurden.*

- Prüfen Sie, welche Bedeutung die einzelnen Argumenten für die Verarbeitung der Methode haben. Jedes Argument sollte für die Verarbeitung relevant sein. Steuernde Argumente sind im Sinne des objektorientierten Verständnisses möglichst zu vermeiden, da sie bei der aufrufenden Methode die Kenntnis darüber voraussetzen, wie die aufgerufene Methode ihre Aufgaben erfüllt.

- Prüfen Sie außerdem, ob die kritisierte Methode der richtigen Klasse zugeordnet wurde. Die Spezifikation vieler Argumente für eine Methode kann darauf hinweisen, daß dies nicht der Fall ist. Methoden sollten stets derjenigen Klasse zugeordnet werden, deren Objekte als kleinste mögliche Einheit alle für die Methodendurchführung notwendigen Informationen besitzen.

## A.2    Bewertung von Klassen

### A.2.1    Komplexität

**Motivation 01:** *Bewertung des Volumens der Schnittstelle einer Klasse.*

- Die Schnittstelle einer Klasse sollte minimal, aber vollständig sein.
- Je mehr Methoden für die Objekte einer Klasse aufgerufen werden können, desto mehr Methoden muß ein Entwickler oder Anwender verstehen, der die Klasse entwickeln, wiederverwenden, erweitern, warten oder verwalten soll.
- Eine Klasse, deren Schnittstelle sehr viele Elemente enthält, d.h. für deren Objekte viele Methoden aufgerufen werden müssen, ist vergleichsweise schwer als „black box" einsetzbar, sofern sich nicht alle der Methoden auch intuitiv dem durch die Klasse repräsentierten inhaltlichen Konzept zuordnen lassen. Eine große Schnittstelle erschwert dann die Nutzung und die Wiederverwendung einer Klasse.

**Ratschlag 01:** *WENN eine Klasse vergleichsweise viele Methoden besitzt.*

- Implizite Methoden (algorithmisch einfache Methoden wie Konstruktoren und Destruktoren, Zugriffsfunktionen für die Attribute und Verbindungsfunktionen) werden normalerweise nicht in das Modell aufgenommen. Wenn Sie implizite Methoden in das Modell aufgenommen haben, kann dies ein Grund für die vergleichsweise große Anzahl der Methoden sein.

- Dienen wirklich alle Methoden, die Sie für die Klasse modelliert haben, der Realisierung eines einzigen, klar definierten inhaltlichen Konzepts? Bei Klassen, die vergleichsweise viele Methoden besitzen, ist dies häufig nicht der Fall, so daß sie sich u.U. sinnvoll in mehrere Klassen aufspalten lassen.

- Enthält die Klasse CLASS Methoden, die nicht für alle Objekte der Klasse sinnvoll angewendet werden können? Oder gibt es eine Methode, die abhängig von der Ausprägung eines Attributwerts bestimmte Verarbeitungen ausführt? In diesem Fall wurde evtl. eine mögliche Spezialisierung übersehen.

- Gibt es Methoden, die Werte verarbeiten, die nicht in der Klasse selbst, sondern in den Objekten von Klassen, die mit der Klasse verknüpft sind, bereitgestellt werden? Dann liegt evtl. eine falsche Zuordnung von Verantwortlichkeiten vor. Methoden sollten stets in der Klasse angesiedelt werden, deren Objekte die zur Ausführung der Verarbeitung notwendigen Informationen bereitstellen und gleichzeitig die kleinstmögliche Einheit bilden, für die dies gilt.

**Motivation 02:** *Bewertung des Volumens einer Klasse.*

Eine Klasse sollte ein klar definiertes inhaltliches Konzept minimal, aber vollständig repräsentierten.

- Je mehr Elemente eine Klasse bzw. jedes ihrer Objekte besitzt, desto mehr Elemente muß ein Entwickler oder Anwender verstehen, der die Klasse entwickeln, wiederverwenden, erweitern, warten oder verwalten soll.

- Klassen, die sehr viele Elemente enthalten, sind vergleichsweise schwierig zu verstehen und einzusetzen. Sie können oft sinnvoll in mehrere kleinere Klassen aufgespalten werden.

- Der gängigen Lehrmeinung nach ist es meist sinnvoller, mehr kleinere Klassen als wenige größere Klassen zu modellieren. (Falls notwendig können später kleinere Klassen leichter zu einer größeren zusammengefügt als eine größere Klasse in mehrere kleinere aufgespalten werden.)

**Ratschlag 02a:** *WENN eine Klasse vergleichsweise viele Attribute besitzt.*

- Gibt es Attribute mit inhaltlich ähnlicher Bedeutung? Unter Umständen wurden Sachverhalte redundant modelliert.

- Gehören einige der Attribute der Klasse inhaltlich so eng zusammen, daß sie zu einem einzigen Attribut zusammengefaßt werden könnten? Ggf. ist dann zu überlegen, ob hier die Modellierung einer eigenen Klasse für den Sachverhalt sinnvoll ist. Ein Beispiel, in dem dies sinnvoll wäre, ist etwa die Bankverbindung, die als ein klassenwertiges Attribut abgebildet werden könnte, auch wenn sie aus den einzelnen Werten Name des Kreditinstituts, Kontonummer und Bankleitzahl besteht.

- Gibt es in der Klasse CLASS Attribute, die nur die Werte JA und NEIN annehmen können? Hier bietet sich häufig bietet eine allgemeinere Form der Modellierung an. Beispiel: Die Attribute Barzahlung (ja/nein) und Kartenzahlung (ja/nein) können zu einem Attribut Zahlweise (bar, per Scheck, per Kreditkarte, weitere) zusammengefaßt werden, was zusätzlich die Flexibilität der Anwendung im Hinblick auf weitere Zahlungswege erhöht.

- Gibt es mengenwertige Attribute? Mengenwertige Attribute werden beim Design und bei der Implementierung eingesetzt, um Objektverbindungen oder Aggregationsstrukturen zu realisieren. Während der Systemanalyse ist zu überlegen, ob es sinnvoll ist, den durch mengenwertige Attribute abgebildeten Sachverhalt allgemeiner zu modellieren und beispielsweise mit Hilfe einer zusätzlichen Klasse und einer entsprechenden Beziehung explizit darzustellen.

- Gibt es Attribute, deren Veränderung im Zeitablauf sich unabhängig von anderen Attributen der Klasse vollzieht und für das System von Bedeutung ist? In diesem Fall bietet sich die Modellierung des Sachverhalts durch eine eigene Klasse und deren Objekte an.

- Gibt es Attribute mit vielen verschiedenen Ausprägungen? Dies weist darauf hin, daß mehrere inhaltlich verschiedene Aspekte durch ein einziges Attribut abgebildet wurden. Die explizite getrennte Modellierung der Sachverhalte führt u.U. zur Entwicklung einer zusätzlichen Klasse.

- *Sofern Objekte der Klasse an Aggregationsstrukturen beteiligt sind:* Objekte der Klasse CLASS sind als Aggregation mit anderen Objekten verknüpft. Evtl. enthält die Klasse Attribute, die sinnvoller innerhalb der Teile angesiedelt werden sollten: Prüfen Sie, ob es Attribute gibt, die nicht die Aggregation als solche, sondern eines der Teile beschreiben.

- Haben Sie Attribute modelliert, die Werte enthalten, die aus anderen Attributwerten errechnet werden können? Derartige Attribute sollten nicht im Analysemodell erscheinen. Sie gelten als Designinformationen, da sie beispielsweise aus Laufzeitüberlegungen in die Klasse aufgenommen werden könnten.

- Enthält Ihre Klasse Attribute, die es in derselben oder einer sehr ähnlichen Form auch in anderen Klassen gibt? Existieren derartige versteckte Redundanzen, so ist es oft sinnvoll, eine zusätzliche Klasse zu modellieren, die die Attribute (mit den zugehörigen Methoden) allgemein bereitstellt. Die Klasse CLASS kann die neue Klasse dann entweder nutzen oder von ihr abgeleitet werden.

- Gibt es Attribute, die den Typ oder die Kategorie der Objekte beschreiben? Häufig treten derartige Attribute in Zusammenhang mit Methoden auf, deren Verarbeitung in Abhängigkeit von der Ausprägung des Attributs variiert.

  Attribute, die den Typ oder die Kategorie eines Objekts beschreiben, können darauf hinweisen, daß eine mögliche Spezialisierung nicht aus-

modelliert wurde oder daß Informationen, die bereits durch Vererbung
bereitgestellt werden, redundant modelliert sind.

- Gibt es Attribute, die nicht für alle Objekte der Klasse sinnvolle Werte
  annehmen? Dies deutet darauf hin, daß eine mögliche Spezialisierung
  nicht ausmodelliert wurde.

- Enthält die Klasse CLASS auch nach Berücksichtigung der o.g. Fragestellungen noch zu viele Attribute, überlegen Sie, ob die Klasse sinnvoll
  geteilt werden kann. Andernfalls begründen Sie ihre Entwurfsentscheidung.

**Ratschlag 02b:** *WENN für eine Klasse vergleichsweise viele Objektbeziehungen
oder Aggregationsstrukturen modelliert wurden. ODER WENN eine Klasse
vergleichsweise viele Server besitzt.*

- Gibt es Beziehungen, die nicht für alle Objekte der Klasse sinnvoll sind?
  Dies deutet darauf hin, daß eine mögliche Spezialisierung nicht ausmodelliert, oder eine Möglichkeit zur allgemeineren Darstellung der Sachverhalte übersehen wurde.

- Prüfen Sie, ob Sie Beziehungen redundant modelliert haben.

- Prüfen Sie, ob die Objekte der Klasse CLASS als zentrale Kontrollele-
  mente agieren. Dies ist häufig der Fall, wenn Objekte einer Klasse mit
  vielen anderen Objekten verknüpft sind. Jedem Objekt sollte jedoch so
  viel Eigenverantwortung wie möglich zugebilligt werden.

- Objekte sollten nicht als reales Abbild der Personen und ihrer Aufgaben
  innerhalb des Problembereichs modelliert werden (Ausnahme: Simulationssysteme). Hierdurch entsteht sehr häufig eine funktionale Sichtweise des Problembereichs, die in der Modellierung von Kontrollklassen
  mündet. Objekte sollten statt dessen die Aufgaben erledigen, die an den
  Objekten des Problembereichs zu verrichten sind.

- Gegebenenfalls ist es sinnvoll, Aufgaben, die im Zusammenhang mit den
  modellierten Kopplungen stehen, zu verteilen. Dies geschieht beispielsweise durch die Modellierung zusätzlicher Klassen, deren Objekte Teile
  der Verantwortlichkeiten der Klasse CLASS übernehmen. Die Beziehungen zu mehreren Server-Klassen werden dann durch eine Beziehung zu
  der neu entworfenen Klasse ersetzt.

- Zur Reduzierung der durch viele Beziehungen entstehenden Kopplungen
  können die Grund- und Transaktionsmuster von Coad *et al.* (1995) sowie die Verhaltensmuster von Gamma *et al.* (1995) verwendet werden.
  Hierdurch wird eine sinnvolle Umordnung der Verantwortlichkeiten erreicht.

- Überlegen Sie sich, welche Veränderungen oder Weiterentwicklungen der
  Anwendung für die Zukunft zu erwarten sind. Prüfen Sie mit „Was
  wäre wenn"- Analysen, ob die modellierten Beziehungen auch dann noch

sinnvoll sind. Sollten Sie feststellen, daß dies nicht der Fall ist, versuchen Sie, die relevanten Sachverhalte auf andere Weise zu modellieren.

- Objekte einer Klasse kommunizieren mit Objekten anderer Klassen zur Erfüllung ihrer Verantwortlichkeiten. Derartige Kopplungen sind notwendig und durchaus gewollt. Eine Klasse bildet mit den Klassen, zu denen oder deren Objekten Beziehungen bestehen, eine Klassengruppe, die insgesamt der Realisierung eines inhaltlichen Konzepts dienen sollte. Das bedeutet, daß die Klassen der Klassengruppe den gleichen Systemverantwortlichkeiten zuzuordnen sind und von etwaigen Änderungen gleichsam betroffen wären. Die Klassengruppe wird zudem als Ganzes wiederverwendet. Überlegen Sie, ob diese Aussagen auf die Klasse CLASS und ihre Server zutreffen bzw. ob Sie derartiges beabsichtigt haben.

- Können Sie die Kopplung der Klasse CLASS auch nach Berücksichtigung der o.g. Fragestellungen nicht reduzieren, begründen Sie ihre Entwurfsentscheidung.

**Ratschlag 02c:** *WENN eine Klasse vergleichsweise viele Elemente besitzt, jedoch kein Elementtyp besonders häufig vorkommt.*

- Enthält die Klasse CLASS Elemente, die nicht für alle ihre Objekte sinnvoll sind? Dies deutet darauf hin, daß eine mögliche Spezialisierung nicht ausmodelliert wurde.

- Sind wirklich alle modellierten Elemente sinnvoll und für die Erfüllung der Systemverantwortlichkeiten notwendig? Werden Sachverhalte evtl. durch mehrere Elemente redundant modelliert?

- Formulieren Sie das inhaltliche Konzept, das durch die Klasse CLASS abgebildet wird. Sollten Sie hierbei Schwierigkeiten haben oder umständliche Erklärungen benötigen, sollten Sie Ihren Entwurf überdenken.

**Motivation 03:** *Bewertung der strukturellen (vererbungsbedingten) Komplexität.*

- Der Einsatz der Vererbung setzt eine gute Kenntnis des Problembereichs voraus und unterstützt eine saubere, stufenweise verfeinernde Entwurfsmethodik. Vererbungsstrukturen helfen darüber hinaus, Redundanzen zu vermeiden.

- Neben diesen unbestreitbaren Vorteilen der Vererbung ist jedoch auch zu bedenken, daß durch den Einsatz von Vererbungsstrukturen eine enge Beziehung zwischen einer Klasse und ihren Basisklassen entsteht. Grundsätzlich sollten Vererbungsstrukturen nur dann eingesetzt werden, wenn eine inhaltliche „is a"-Relation abgebildet wird.

**Ratschlag 03a:** *WENN eine Klasse vergleichsweise viele Basisklassen besitzt.*

- Die Klasse CLASS ist von vergleichsweise vielen Klassen direkt oder indirekt abgeleitet. Das bedeutet, daß die Informationen, die zum vollständigen Verständnis der Klasse benötigt werden, auf diese Basisklassen verteilt sind.

- Auch das Nachvollziehen der Objektinteraktionen, die zur Erfüllung der Systemverantwortlichkeiten notwendig sind, und an denen Objekte der Klasse CLASS beteiligt sind, kann durch Vererbung in Verbindung mit Polymorphismus und spätem Binden erschwert werden. In der Klasse und ihren Basisklassen können mehrere Methoden gleichen Namens aber ggf. unterschiedlicher Verarbeitungen existieren. Die zur Laufzeit auszuführende Methode wird anhand des dynamischen Typs des zur Laufzeit referenzierten Objekts ermittelt. Ein Nachvollziehen der Verarbeitungen, die zur Laufzeit innerhalb der Objekte einer Klasse stattfinden, ist anhand des Quelltextes u.U. schwierig (Jojo-Effekt). Daher ist insbesondere auf eine gute Dokumentation zu achten.

- Sie sollten die modellierte Vererbungsstruktur dahingehend hinterfragen, ob sie tatsächlich inhaltliche Zusammenhänge angemessen darstellt und die Klassen über eine „is a"-Relation miteinander verknüpft sind. Gegebenenfalls können andere Modellierungskonstrukte sinnvoll eingesetzt werden. Siehe hierzu die Diskussion zur Verwendung von Aggregationsstrukturen versus Vererbungsstrukturen auf Seite 161.

**Ratschlag 03b:** *WENN eine Klasse mehrere direkte Basisklassen hat.*

- Die Klasse CLASS wurde von mehr als einer direkten Basisklasse abgeleitet. Der Einsatz der Mehrfachvererbung sollte möglichst vermieden werden, da sich hieraus oft Probleme für die Nachvollziehbarkeit der modellierten Strukturen ergeben. Gegebenenfalls können andere Modellierungskonstrukte sinnvoll eingesetzt werden. Siehe hierzu die Diskussion zur Verwendung von Aggregationsstrukturen versus Vererbungsstrukturen auf Seite 161.

**Ratschlag 03c:** *WENN eine Klasse einen vergleichsweise niedrigen Eigenanteil an der Schnittstelle aufweist.*

- Der Eigenanteil der Klasse CLASS an ihrer Schnittstelle ist vergleichsweise gering, d.h. einen großen Teil der Schnittstelle erbt die Klasse CLASS von ihren Basisklassen. Sie sollten prüfen, ob dieser Beziehung tatsächlich eine inhaltliche „is a"-Relation zugrunde liegt.

- Machen Sie sich außerdem klar, welche Bedeutung die Klasse für die Systemverantwortlichkeiten hat und welche Eigenschaften sie gegenüber ihrer Basisklasse(n) auszeichnen.

- Stellen Sie sicher, daß alle geerbten Methoden für die Klasse CLASS sinnvoll sind. Gibt es für einige der geerbten Methoden keine Verwendung, so sollte der beschriebene Sachverhalt nicht mit Hilfe einer Vererbungsstruktur modelliert werden.

**Ratschlag 03d:** *WENN eine Klasse einen vergleichsweise niedrigen Eigenanteil aufweist.*

- Der Eigenanteil der Klasse CLASS ist vergleichsweise gering, d.h. einen großen Teil ihrer Komplexität erbt die Klasse CLASS von ihren Basisklassen. Sie sollten prüfen, ob dieser Beziehung tatsächlich eine inhaltliche „is a"-Relation zugrunde liegt.
- Stellen Sie sicher, daß alle geerbten Elemente für die Klasse CLASS auch sinnvoll sind. Können beispielsweise einige der geerbten Attribute für Objekte der Klasse CLASS nicht sinnvoll belegt werden, oder gibt es für einige der geerbten Methoden keine Verwendung, so sollte der beschriebene Sachverhalt nicht durch eine Vererbungsstruktur modelliert werden.
- Machen Sie sich außerdem klar, welche Bedeutung die Klasse für die Systemverantwortlichkeiten hat und welche Eigenschaften sie gegenüber ihrer Basisklasse(n) auszeichnen.

**Motivation 04:** *Bewertung der logischen Komplexität.*

- Durch ein Zustandsdiagramm wird der Lebenszyklus der Objekte einer Klasse beschrieben, falls diese ein interessantes dynamisches Verhalten aufweisen.
- Komplizierte Zustandsdiagramme sind häufig Ausdruck eines komplizierten Bedingungsgefüges, das das Verhalten der Objekte beschreibt. Klassen sollten stets so einfach wie möglich gestaltet werden. Daher ist es ratsam, Klassen mit einem komplexen dynamischen Verhalten daraufhin zu überprüfen, ob Verantwortlichkeiten sinnvoll delegiert werden können.

**Ratschlag 04:** *WENN für eine Klasse ein vergleichsweise komplexes Zustandsdiagramm modelliert wurde.*

- Prüfen Sie, ob alle Zustände, die sie für die Objekte der Klasse CLASS modelliert haben, auch wirklich sinnvoll und notwendig sind.
- Prüfen Sie außerdem, ob das Zustandsdiagramm dadurch vereinfacht werden kann, daß Objekte der Klasse Aufgaben delegieren.
- Verfügen die Objekte der Klasse CLASS auch tatsächlich selbst über alle Informationen, die für die modellierten Zustandsübergänge entscheidend sind? Manchmal ist die Modellierung eines komplexen dynamischen Verhaltens das Ergebnis davon, daß Objekte einer Klasse Verantwortlichkeiten übernehmen, die eigentlich den Objekten anderer Klassen zuzuordnen wären.

- Sofern Sie sich nicht zu einer Veränderung ihres Entwurfs entschliessen, sorgen Sie für eine entsprechend gute Dokumentation der durch das Zustandsdiagramm abgebildeten Sachverhalte.

## A.2.2  Kopplung

**Motivation 05:** *Bewertung der Kopplung durch Methodenaufrufe.*

- Eine Klasse, die oder deren Objekte sehr viele Nachrichten an andere Klassen oder deren Objekte senden können, ist von der Ausführung dieser Methoden abhängig.  Die entstehenden Abhängigkeiten haben Einfluß auf die Test-, Wart-, Erweiterbarkeit und Wiederverwendbarkeit der Klasse sowie auf den Aufwand, der zu ihrer Entwicklung aufgewendet werden muß. Denn die aufgerufenen Methoden müssen jeweils korrekt verstanden und verarbeitet werden. Bei Änderungen der Schnittstelle der Methoden sind zudem Seiteneffekte zu befürchten.

- Klassen, die an viele andere Klassen bzw. deren Objekte gekoppelt sind, dienen oft nicht der Repräsentation eines klar definierten inhaltlichen Konzepts.  Sie können daher oft sinnvoll in verschiedene Klassen mit geringerer Kopplung aufgespalten werden.

**Ratschlag 05:** *WENN Objekte einer Klasse vergleichsweise viele Methoden von Objekten anderer Klassen aufrufen.*

- Ratschlag 02b für die Bewertung von Klassen

- Bestehen zudem Nachrichtenverbindungen zu Objekten von Klassen, zu denen keine direkte Beziehung durch eine Objektbeziehung oder eine Aggregationsstruktur modelliert wurde, ist zu überlegen, woher die zum Aufruf der Methoden erforderlichen Informationen stammen. Sie können beispielsweise als Argumente übergeben werden. Es kann jedoch auch eine Verletzung der Datenkapselung vorliegen, die es möglichst zu vermeiden gilt.

**Motivation 06:** *Bewertung der Kopplung durch nicht vererbungsbedingte Beziehungen.*

- Eine Klasse, die oder deren Objekte durch nicht vererbungsbedingte Beziehungen an andere Klassen gekoppelt ist, wird von diesen Klassen abhängig. Die entstehenden Abhängigkeiten haben Einfluß auf die Test-, Wart-, Erweiterbarkeit und Wiederverwendbarkeit der Klasse sowie auf den Aufwand, der zu ihrer Entwicklung aufgewendet werden muß, da alle modellierten Beziehungen jeweils berücksichtigt werden müssen. Bei Änderungen der Server-Klassen sind zudem Seiteneffekte zu befürchten.

- Klassen, die an viele andere Klassen bzw. deren Objekte gekoppelt sind, dienen oft nicht der Repräsentation eines klar definierten inhaltlichen Konzepts. Sie können oft sinnvoll in verschiedene Klassen mit geringerer Kopplung aufgespalten werden.

**Ratschlag 06:** *WENN eine Klasse vergleichsweise viele Server-Klassen hat.* Entspricht Ratschlag 02b.

## A.2.3   Bindung

**Motivation 07:** *Bewertung der Ähnlichkeit der Klassen in einer Vererbungsstruktur.*

- Der Einsatz der Vererbung setzt eine gute Kenntnis des Problembereichs voraus und unterstützt eine saubere, stufenweise verfeinernde Entwurfsmethodik. Vererbungsstrukturen helfen dabei, Redundanzen zu vermeiden. Sie sollten stets zur Modellierung von „is a"-Beziehungen eingesetzt werden.

- Die Klassen, die durch Vererbungsstrukturen verknüpft werden, sollten ein gemeinsames inhaltliches Konzept repräsentieren und sich in diesem Sinne ähnlich sein. Vererbungsstrukturen, bei denen dies nicht der Fall ist, sind i.a. schwieriger nachvollziehbar, was entsprechende Auswirkungen auf die Verständlichkeit der innerhalb der Vererbungsstruktur angesiedelten Klassen haben kann.  Hieraus ergeben sich Auswirkungen auf den Aufwand, der für die Entwicklung, Wartung und Nutzung der modellierten Klasse veranschlagt werden muß.

**Ratschlag 07a:** *WENN eine Klasse über einen vergleichsweise hohen Eigenanteil verfügt.*

- Der Eigenanteil der Klasse CLASS ist vergleichsweise hoch. Klassen, die in einer Vererbungsstruktur angesiedelt sind, sollten ein gemeinsames inhaltliches Konzept realisieren und sich diesbezüglich ähnlich sein.
  Stellen Sie sicher, daß zwischen der abgeleiteten Klasse und ihrer Basisklasse tatsächlich eine „is a"-Relation besteht, so daß Objekte der abgeleiteten Klasse stets für Objekte der Basisklasse eingesetzt werden können.

- Hohe Eigenanteile können ein Zeichen dafür sein, daß zwischen der Klasse und ihren Basisklassen keine große Ähnlichkeit besteht. In diesem Falle ist die Verwendung anderer Modellierungskonstrukte oft sinnvoller (z.B. der Einsatz von Aggregationsstrukturen, vgl. S. 161).

- Hohe Eigenanteile können darauf hinweisen, daß eine zusätzlich mögliche Verallgemeinerung nicht ausmodelliert wurde.  Überlegen Sie, ob Ihnen eine für die Zukunft wahrscheinliche Erweiterung der Anwendung einfällt, die eine solche Verallgemeinerung rechtfertigt.

**Ratschlag 07b:** *WENN ein vergleichsweise hoher Anteil der geerbten Methoden überschrieben wird.*

- In der Klasse CLASS wird ein hoher Anteil der geerbten Methoden überschrieben. Sofern es sich bei der Basisklasse nicht um eine sog. Protokollklasse handelt, so daß das Überschreiben der meisten Methoden beabsichtigt ist, sollten Sie überprüfen, ob zwischen der Klasse CLASS und ihren Basisklassen tatsächlich eine „is a"-Relation besteht.

- Andernfalls ist die Verwendung anderer Modellierungskonstrukte oft sinnvoller (z.B. der Einsatz von Aggregationsstrukturen, vgl. S. 161).

## A.2.4   Abstraktionsgrad

**Motivation 08:** *Bewertung des Abstraktionsgrads einer Klasse.*

- Eine Klasse, die für die spätere Wiederverwendung vorgesehen ist, sollte möglichst unabhängig von anderen Klassen sein. Sie sollte darüber hinaus ein klar definiertes inhaltliches Konzept repräsentieren und hinsichtlich ihres Leistungsumfangs vollständig und stabil sein.

- Der Abstraktionsgrad einer Klasse trägt wesentlich zu ihrer Wiederverwendbarkeit bei. Er beschreibt, wie universell die Einheit entworfen wurde. Klassen, die zur Wiederverwendung vorgesehen sind, sollten allgemein genug sein, um in verschiedenen Kontexten eingesetzt werden zu können.

**Ratschlag 08a:** *WENN eine Klasse vergleichsweise viele Server-Klassen hat:* Entspricht Ratschlag 02b.

**Ratschlag 08b:** *WENN nur ein geringer Anteil der Server-Klassen abstrakt ist.*

- Beziehungen zu abstrakten Klassen sind hinsichtlich künftiger Systemänderungen stabiler, sofern auf diese Weise die wesentlichen und als unveränderlich angesehenen Beziehungen modelliert werden. Durch den Einsatz abstrakter Klassen werden allgemeine Abhängigkeiten von solchen getrennt modelliert, die nur im Spezialfall gelten. (Solche Spezialfälle werden dann durch die von der abstrakten Klasse abgeleiteten Klassen abgebildet.)

- Überlegen Sie, ob Sie einige der modellierten Beziehungen in diesem Sinne abstrakter modellieren können. „Was wäre wenn"-Analysen, bei denen Sie gedanklich künftige Systemveränderungen vorwegnehmen, helfen dabei, sinnvolle Abstraktionen zu identifizieren.

## A.2.5 Zweckmäßigkeit

**Ratschlag 09a:** *WENN eine Klasse weniger als drei Elemente enthält.*

- Ist die Modellierung der Klasse bereits abgeschlossen? Haben Sie Elemente vergessen, die der Klasse CLASS sinnvoll zugeordnet werden können und die für die Erfüllung der Systemverantwortlichkeiten notwendig sind?

- Handelt es sich bei der Klasse CLASS um eine Protokollklasse? Protokollklassen dienen dazu, Verhalten abstrakt zu beschreiben. Sie sind für die Erweiterung bzw. Konkretisierung durch Vererbung vorgesehen und besitzen mitunter nur wenige Elemente.

- Überlegen Sie andernfalls, welche Bedeutung die Klasse für die Erfüllung der Systemverantwortlichkeiten hat, und ob ihre Existenz als eigenständige Klasse gerechtfertigt ist. Unter Umständen kann die Klasse CLASS sinnvoll mit einer anderen Klasse zusammengefaßt werden.

**Ratschlag 09b:** *WENN eine Klasse kein oder nur ein Attribut besitzt.*

- Haben Sie Attribute vergessen, die der Klasse CLASS sinnvoll zugeordnet werden können und die für die Erfüllung der Systemverantwortlichkeiten notwendig sind?

- Handelt es sich um eine Klasse, die an der Systemgrenze die Kommunikation mit Folgesystemen übernimmt? Da die der Klasse sinnvoll zuordenbaren Attribute häufig Sachverhalte abbilden, die außerhalb der Systemverantwortlichkeiten liegen, haben Schnittstellenklassen mitunter keine oder sehr wenige Attribute.

- *Sofern die Klasse kein Attribut, aber Methoden besitzt:* Klassen ohne Attribute, die Methoden besitzen, sind oft Klassen, die durch einen eher funktionalen als objektorientierten Systementwurf entstehen. Funktionale Klassen bieten häufig Funktionalitäten an, die Objekte anderer Klassen betreffen und besser von diesen selbst bereitgestellt werden sollten. Mitunter sind funktionale Klassen sogar Kontrollklassen, die Systemabläufe zentral steuern. Stellen Sie sicher, daß keine dieser Aussagen auf die Klasse CLASS zutrifft. Handelt es sich vielleicht um eine Protokollklasse?

- Überdenken Sie Ihren Entwurf entsprechend der o.g. Überlegungen oder begründen Sie Ihre Entwurfsentscheidungen.

**Ratschlag 09c:** *WENN eine Klasse keine oder nur eine Methode besitzt.*

- Haben Sie Methoden vergessen, die der Klasse CLASS sinnvoll zugeordnet werden können und die für die Erfüllung der Systemverantwortlichkeiten notwendig sind?

- Handelt es sich um eine Klasse, die für die Verwaltung von Daten sorgt, die für die Systemverantwortlichkeiten relevant sind? Die Verwaltung der Daten wird in der Regel durch die sog. impliziten Methoden abgedeckt, die im statischen Modell der Systemanalyse nicht in Erscheinung treten.

- Überdenken Sie Ihren Entwurf entsprechend der o.g. Überlegungen oder begründen Sie Ihre Entwurfsentscheidungen.

**Ratschlag 09d:** *WENN eine Klasse abstrakt ist, aber keine oder nur eine andere Klasse von ihr abgeleitet wird.*

- Im allgemeinen sollten von einer abstrakten Klasse mindestens zwei weitere Klassen abgeleitet werden. Überlegen Sie, aus welchem Grund Ihr Entwurf gegen diese Regel verstößt.

- Ist die Modellierung der Klasse bereits abgeschlossen? Haben Sie Klassen vergessen, die von der Klasse CLASS abgeleitet werden können und die für die Erfüllung der Systemverantwortlichkeiten notwendig sind?

- Überlegen Sie andernfalls, welche Bedeutung die Klasse für die Erfüllung der Systemverantwortlichkeiten hat, und ob ihre Existenz als eigenständige Klasse gerechtfertigt ist. Unter Umständen kann die durch die Klasse CLASS abgebildete Abstraktion im Hinblick auf künftige Veränderungen der Anwendung notwendig sein (hier helfen „Was wäre wenn"-Analysen in der Regel weiter). Denkbar wäre auch, daß die Klasse explizit zur Wiederverwendung innerhalb anderer Anwendungen vorgesehen ist.

- Ist die Existenz der Klasse CLASS als eigenständige Klasse nicht begründbar, überlegen Sie, ob die Klasse sinnvoll mit einer ihrer Basisklassen oder mit der von ihr abgeleiteten Klasse zusammengefaßt werden kann.

**Ratschlag 09e:** *WENN eine Klasse nur wenige Klienten hat.*

- Prüfen Sie, ob alle relevanten Nutzungsbeziehungen modelliert wurden.

- Prüfen Sie weiterhin, ob absehbare künftige Systementwicklungen weitere Klienten implizieren oder ob die betrachtete Klasse von allgemeiner Bedeutung und somit für die spätere Wiederverwendung vorgesehen wurde (z.B. als abstrakte Klasse). Evtl. handelt es sich auch um eine Klasse, die eine Schnittstelle des Systems darstellt, so daß ihre Klienten außerhalb der Systemgrenzen zu suchen sind.

- Trifft keiner der o.g. Punkte zu, formulieren Sie das inhaltliche Konzept, das durch die Klasse CLASS abgebildet wird. Handelt es sich um eine Klasse mit wenigen Elementen, ist zu überlegen, ob sie in eine der modellierten Klientenklasse(n) integriert werden sollte.

**Ratschlag 09f:** *WENN von einer Klasse in einer Vererbungsstruktur nur eine einzige Klasse abgeleitet wird.*

- Dient eine Klasse als Abstraktion, d.h. werden von ihr innerhalb von Vererbungsstrukturen Klassen abgeleitet, so soll in der Regel nicht nur eine einzige Klasse abgeleitet werden.

- Prüfen Sie daher, ob die hier eingeführte Abstraktion tatsächlich sinnvoll ist (z.B. im Hinblick auf für die Zukunft absehbare Systemveränderungen oder weil die Klasse von allgemeiner Bedeutung und daher für die Wiederverwendung in weiteren Systemen vorgesehen ist).

- Falls nicht, überlegen Sie, ob es eine Basisklasse oder eine abgeleitete Klasse gibt, mit der die betrachtete Klasse sinnvoll zu einer Klasse zusammengefaßt werden kann.

## A.2.6  Allgemeines

**Ratschlag 10:** *WENN eine Klasse nur bei Berücksichtigung geerbter Eigenschaften zur Überprüfung vorgeschlagen wird.*

- Die Bewertung der Klasse CLASS zeigt, daß das erreichte Ranking sich bei Berücksichtigung geerbter Eigenschaften verschlechtert.

- Daher sollten Sie zunächst überlegen, ob tatsächlich eine „is a"-Beziehung zwischen abgeleiteter Klasse und Basisklasse besteht. Ist dies nicht der Fall, so ist es in der Regel sinnvoll, andere Modellierungskonstrukte einzusetzen (z.B. Aggregationsstrukturen).

- Handelt es sich um eine „is a"-Beziehung, so sollten Sie überprüfen, ob die bewertete Eigenschaft der Basisklasse verbessert werden kann.

# A.3  Bewertung von Vererbungsstrukturen

**Motivation 01:** *Bewertung des Volumens einer Vererbungsstruktur.*

- Der Einsatz der Vererbung setzt eine gute Kenntnis des Problembereichs voraus und unterstützt eine saubere, stufenweise verfeinernde Entwurfsmethodik. Vererbungsstrukturen helfen dabei, Redundanzen zu vermeiden. Sie sollten stets zur Modellierung von „is a"-Beziehungen eingesetzt werden, so daß Objekte der abgeleiteten Klasse stets wie Objekte der Basisklasse eingesetzt werden können.

- Die Klassen, die durch Vererbungsstrukturen verknüpft werden, sollten ein gemeinsames inhaltliches Konzept repräsentieren. Der Aufwand, Vererbungsstrukturen nachzuvollziehen, die sehr viele Klassen enthalten, ist entsprechend hoch.

**Ratschlag 01:** *WENN eine Vererbungsstruktur vergleichsweise viele Klassen enthält.*

- Das durch die Vererbungsstruktur repräsentierte Konzept ist bei Vererbungsstrukturen mit vielen Klassen entweder sehr allgemein, oder es liegt eine „Überspezialisierung" der verknüpften Klassen vor.
- Sie sollten daher überprüfen, ob tatsächlich alle Klassen der Vererbungsstruktur über eine „is a"-Beziehung verknüpft sind. Vererbungsstrukturen sollten nur dann eingesetzt werden, wenn „is a"-Beziehungen vorliegen; ist dies nicht der Fall, so können andere Modellierungskonstrukte sinnvoller eingesetzt werden (z.B. Aggregationsstrukturen).
- Bei Vererbungsstrukturen mit vergleichsweise vielen Klassen liegt häufig keine „optimale" Gliederung vor, so daß sie bei künftigen Erweiterungen leicht ausufert. Prüfen Sie mit Hilfe von „Was wäre wenn"-Analysen, ob diese Aufgabe auf Ihre Vererbungsstruktur zutrifft. Ist dies der Fall, so können die Entwurfsmuster „Decorator" oder „Bridge" von Gamma *et al.* (1995) oft sinnvoll eingesetzt werden. Auch das Modellieren von Rollen kann die Anwendung sehr weitläufiger Vererbungsstrukturen überflüssig machen (vgl. Coad *et al.* (1995) oder auch Schader und Rundshagen (1996)).

**Motivation 02:** *Bewertung der strukturellen Komplexität einer Vererbungsstruktur.*

- Die Vererbungsstruktur mit der Wurzelklasse CLASS weist eine auffällige Struktur auf. Für die Beschreibung der Struktur wurden hier die Tiefe und die Breite der Struktur sowie die Anzahl der Blätter herangezogen.

**Ratschlag 02a:** *WENN eine Vererbungsstruktur vergleichsweise breit angelegt ist.*

- Die Vererbungsstruktur mit der Wurzelklasse CLASS ist vergleichsweise breit. Dies kann darauf hindeuten, daß zusätzlich mögliche Verallgemeinerungen nicht ausmodelliert wurden.
- Überlegen Sie, ob Ihnen eine für die Zukunft wahrscheinliche Erweiterung der Anwendung einfällt, die eine solche Verallgemeinerung rechtfertigt. (Viele Autoren empfehlen, Vererbungsstrukturen eher tief als breit zu modellieren.)

**Ratschlag 02b:** *WENN eine Vererbungsstruktur vergleichsweise tief angelegt ist.*

- Ihre Vererbungsstruktur ist vergleichsweise tief. Die abgeleiteten Klassen, die am tiefsten in der Struktur angesiedelt sind, sind speziell und u.U. nur schwer nachvollziehbar, weil die Informationen, die zu ihrem korrekten Verständnis notwendig sind, über viele Ebenen und Basisklassen verteilt sind. Polymorphismus kann hier das Verständnis der Klassen bzw. ihres dynamischen Verhaltens zusätzlich erschweren.

- Überlegen Sie, ob alle Ableitungen durch inhaltlich relevante „is a" Relationen gerechtfertigt werden können.

  Vollziehen Sie die Ebenen der Vererbungsstruktur nach und prüfen Sie mit Hilfe von „Was wäre wenn"-Überlegungen, wie sich Systemerweiterungen, die für die Zukunft wahrscheinlich sind, auf die Vererbungsstruktur auswirken. Stellen Sie dabei fest, ob die Vererbungsstruktur „ausufert".

- Zur Überarbeitung ausufernder Vererbungsstrukturen bietet sich die Verwendung der Entwurfsmuster „Decorator" oder „Bridge" von Gamma *et al.* (1995) an. Auch das Modellieren von Rollen kann die Anwendung sehr weitläufiger Vererbungsstrukturen überflüssig machen (vgl. Coad *et al.* (1995) oder auch Schader und Rundshagen (1996)).

**Ratschlag 02c:** *WENN eine Vererbungsstruktur vergleichsweise viele „Blätter" hat.*

- Die betrachtete Vererbungsstruktur hat vergleichsweise viele „Blätter". Dies kann ein Zeichen dafür sein, daß die Vererbungsstruktur bei künftig nötigen Erweiterungen leicht „ausufert". Überprüfen Sie mit Hilfe von „Was wäre wenn"-Überlegungen, ob sich diese Aussage für Ihre Vererbungsstruktur bestätigt.

- Für die Überarbeitung „ausufernder" Vererbungsstrukturen bietet sich die Anwendung der Entwurfsmuster „Decorator" und „Bridge" von Gamma *et al.* (1995) an. Auch die Anwendung des Darsteller-Rolle-Musters (vgl. Schader und Rundshagen (1996)) kann helfen.

**Ratschlag 02d:** *WENN eine Vererbungsstruktur Klassen mit mehr als einer Basisklasse enthält.*

- Die Vererbungsstruktur mit der Basisklasse CLASS enthält Klassen, die von mehr als einer direkten Basisklasse abgeleitet wurden.

- Der Einsatz der Mehrfachvererbung sollte möglichst vermieden werden, da sich hieraus oft Probleme für die Nachvollziehbarkeit der modellierten Strukturen ergeben.

- Oft können andere Modellierungskonstrukte sinnvoll eingesetzt werden. Siehe hierzu die Diskussion zur Verwendung von Aggregationsstrukturen versus Vererbungsstrukturen auf Seite 161. Versuchen Sie, den dargestellten Sachverhalt auf andere Weise zu modellieren.

**Ratschlag 02e:** *WENN ein hoher Anteil der in einer Vererbungsstruktur modellierten Methoden überschrieben wurde.*

- Durch Vererbung in Verbindung mit Polymorphismus und spätem Binden können innerhalb eines Systems mehrere Methoden gleichen Namens aber ggf. unterschiedlicher Verarbeitungen existieren. Die zur Laufzeit auszuführende Methode wird anhand des dynamischen Typs des zur Laufzeit referenzierten Objekts ermittelt (vgl. Schader und Kuhlins (1995)). Rein statisches Nachvollziehen der Abläufe ist dadurch nicht mehr oder nur bedingt möglich. Vgl. auch Budd (1991) zum Jojo-Effekt.

- Die von Ihnen modellierte Vererbungsstruktur enthält einen hohen Anteil von Methoden, die überschrieben wurden. Prüfen Sie zunächst, ob alle Überschreibungen sinnvoll und notwendig sind. Falls ja, sorgen Sie für eine sorgfältige Dokumentation der Vererbungsstruktur, um die Nachvollziehbarkeit der Abläufe, an denen Objekte der zur Vererbungsstruktur gehörigen Klassen beteiligt sind, zu gewährleisten.

Das Überschreiben von Methoden ist insbesondere im Zusammenhang mit Protokollklassen beabsichtigt und z.T. sogar notwendig.

# A.4  Bewertung von Abläufen

## A.4.1  Komplexität

**Motivation 01:** *Bewertung der Komplexität von Abläufen*

- Die Anzahl der Objekte und Ereignisse, durch die ein Ablauf in einem Ereignisfolgediagramm dargestellt wird, läßt Rückschlüsse darauf zu, wie verteilt die Verarbeitungen realisiert und wie viele Kommunikationsbeziehungen zwischen den Objekten notwendig sind.

- Die Anzahl der in einem Ereignisfolgediagramm modellierten Objekte sagt nichts darüber aus, wie viele Objekte zur Laufzeit tatsächlich vorhanden sind, und wie viele Objekte dementsprechend zur Laufzeit tatsächlich in der im Ereignisfolgediagramm dargestellten Form miteinander kommunizieren.

- Zudem darf die Aussagekraft eines Ereignisfolgediagramms nicht mit der eines Ablaufdiagramms der herkömmlichen Softwareentwicklung verglichen werden, da innerhalb von Ereignisfolgediagrammen i.a. keine Bedingungen oder Schleifen modelliert werden.

**Ratschlag 01:** *Wenn ein Ereignisfolgediagramm vergleichsweise viele Objekte oder Ereignisse enthält.*

- Abläufe, an denen vergleichsweise viele verschiedene Objekte (insbesondere Objekte verschiedener Klassen) beteiligt sind, oder für deren Bearbeitung das Versenden vieler Nachrichten erforderlich ist, sollten daraufhin überprüft werden, ob hier nicht eine Möglichkeit zur Ausgliederung von übersichtlicheren, wiederverwendbaren Teilabläufen übersehen wurde.

**Ratschlag 01b:** *WENN innerhalb eines Ereignisfolgediagramms Objekte vergleichsweise vieler Klassen vorkommen.*

- Die Anzahl der Klassen, von denen jeweils mindestens ein Objekt im betrachteten Ereignisfolgediagramm dargestellt wurde, gibt an, wie viele Klassen verstanden werden müssen, um den dargestellten Ablauf nachvollziehen zu können. Ist das Verständnis vieler verschiedener Klassen notwendig, sollten Sie prüfen, ob eine Möglichkeit zur Ausgliederung wiederverwendbarer Teilabläufe übersehen wurde.

## A.5   Bewertung von Subjekten

### A.5.1   Komplexität

**Motivation 01:** *Bewertung des Volumens eines Subjekts.*

- Je größer die Komplexität eines Subjekts ist, desto mehr Informationen muß ein Entwickler verstehen, der das Subjekt entwickeln, testen, warten, erweitern, einsetzen, verwalten oder wiederverwenden soll. Dies läßt Rückschlüsse auf die jeweils entstehenden Aufwände zu.
- Jedes Subjekt sollte Klassen zusammenfassen, die inhaltlich zusammengehören und insgesamt der Erreichung eines gemeinsamen Ziels dienen. Subjekte, die vergleichsweise viele Klassen enthalten, sollten daraufhin überprüft werden, ob sie diesen Anforderungen genügen.

**Ratschlag 01:** *WENN ein Subjekt vergleichsweise viele Klassen enthält.*

- Sind alle im Subjekt enthaltenen Klassen für das modellierte inhaltliche Konzept sinnvoll und notwendig? Wurden Zusammenhänge redundant modelliert?
- Formulieren Sie das inhaltliche Konzept, das durch das Subjekt abgebildet werden soll. Haben Sie hierbei Schwierigkeiten bzw. können Sie nur umständliche Erklärungen finden, so ist Ihr Entwurf zu überdenken.
- Die in einem Subjekt zusammengefaßten Klassen sollen eine konzeptionelle Einheit repräsentieren und gemeinsam der Erfüllung eines klar definierten Aufgabenspektrums dienen. Daher sollten die im Subjekt enthaltenen Klassen weitgehend auf die gleichen Änderungen des Problembereichs oder der gestellten Anforderungen reagieren. Subjekte sollten zudem als Einheiten der Wiederverwendung angesehen werden können.
  Überlegen Sie, ob diese Aussagen auf das betrachtete Subjekt zutreffen. Ist dies nicht der Fall, läßt sich durch die in diesem Sinne angestellten Überlegungen evtl. eine geeignete Zerlegung des betrachteten Subjekts identifizieren.

- Enthält Ihr Subjekt weitere Subjekte, so begründen Sie Ihren Ansatz. Subjekte sollen in sich geschlossene Teilgebiete des Problembereichs abdecken. Enthalten Subjekte weitere Subjekte, so weist dies auf eine vergleichsweise große Komplexität hin. Diese kann problembedingt sein.


## A.5.2  Kopplung

**Motivation 02:** *Bewertung der Kopplung eines Subjekts.*

- Subjekte sollten konzeptionelle Einheiten repräsentieren und möglichst unabhängig voneinander sein. Daher sollte ein Subjekt an möglichst wenige andere Subjekte gekoppelt sein, so daß zwischen den Klassen verschiedener Subjekte möglichst wenige Abhängigkeiten bestehen.

- Ein Subjekt das an andere Subjekte bzw. deren Klassen und Objekte gekoppelt ist, ist von diesen Subjekten abhängig. Die entstehenden Abhängigkeiten haben Einfluß auf die Test-, Wart-, Erweiterbarkeit und Wiederverwendbarkeit des Subjekts sowie auf den Aufwand, der zu seiner Entwicklung aufgewendet werden muß, da auch die modellierten Abhängigkeiten korrekt verstanden und verarbeitet werden müssen. Bei Änderungen der Server-Subjekte sind zudem Seiteneffekte zu befürchten. Subjekte, die mit vergleichsweise vielen Server-Subjekten verknüpft sind, können oft sinnvoll in mehrere Subjekte aufgespalten werden.

**Ratschlag 02:** *WENN ein Subjekt mit vergleichsweise vielen Server-Subjekten verknüpft ist.*

- Sind alle modellierten Abhängigkeiten tatsächlich sinnvoll und notwendig? Evtl. wurden auch redundante Abhängigkeiten modelliert.

- Prüfen Sie, ob sich das betrachtete Subjekt sinnvoll in verschiedene Subjekte aufspalten läßt, die dann jeweils nur von wenigen Servern abhängen.

- Überlegen Sie, welche Änderungen des Problembereichs für die Zukunft sinnvoll oder wahrscheinlich sind und wie sie sich auf das betrachtete Subjekt und seine Server-Subjekte auswirken. Diese Überlegungen weisen evtl. darauf hin, welche der modellierten Abhängigkeiten eliminiert werden sollten und welche Abhängigkeiten als stabil angesehen und gerechtfertigt werden können.

- Hängt ein Subjekt von mehreren verschiedenen Klassen eines anderen Subjekts ab, so kann das Entwurfsmuster „Facade" von Gamma *et al.* (1995) dabei helfen, die Kopplungen zwischen den Subjekten durch Einführung einer sog. Schnittstellenklasse zu reduzieren.

## A.5.3    Abstraktionsgrad

**Motivation 03:** *Bewertung des Abstraktionsgrads eines Subjekts.*

- Ein Subjekt, das für die spätere Wiederverwendung vorgesehen ist, sollte so unabhängig von anderen Subjekten sein wie möglich und einen klar definierten Teil des Problembereichs abbilden. Es sollte auch einzeln verständlich sein.

- Abstrakt modellierte Zusammenhänge sind im Hinblick auf künftige Systemänderungen stabiler, sofern auf diese Weise die wesentlichen und als unveränderlich angesehenen Zusammenhänge modelliert werden. Werden Subjekte als Einheit der Wiederverwendung angesehen, so stellen die abstrakten Klassen des Subjekts oft sog. „Hot Spots" dar, an denen leicht Anpassungen oder Veränderungen an die eigenen Bedürfnisse vorgenommen werden können.

**Ratschlag 03:** *WENN ein Subjekt vergleichsweise wenige abstrakte Klassen enthält.*

- Überlegen Sie, welche Änderungen des Problembereichs für die Zukunft sinnvoll oder wahrscheinlich sind und welche Änderungen oder Erweiterungen hierfür im betrachteten Subjekt vorgenommen werden müßten. Auf diese Weise lassen sich häufig Klassen oder Bereiche des Subjekts erkennen, für die die Modellierung abstrakter Klassen sinnvoll ist.

## A.5.4    Zweckmäßigkeit

**Ratschlag 04a:** *WENN ein Subjekt sehr wenige Klassen enthält.*

- Ein Subjekt sollte eine sinnvolle konzeptionelle Einheit repräsentieren. Bei Subjekten, die nur sehr wenige Elemente (Klassen und ggf. weitere Subjekte) enthalten, ist zu prüfen, ob dies zutrifft.
- Ist die Modellierung des Subjekts bereits abgeschlossen? Haben Sie Klassen vergessen, die dem Subjekt sinnvoll zugeordnet werden müssen?
- Handelt es sich bei den Klassen des Subjekts um Klassen, die einen allgemeinen Sachverhalt abstrakt modellieren und für die spätere Wiederverwendung vorgesehen sind bzw. aus vorhandenen Bibliotheken wiederverwendet werden können? Auf diese Weise entstehen mitunter sinnvolle Subjekte mit nur wenigen Klassen.
- Begründen Sie andernfalls, warum Sie das Subjekt in dieser Form modelliert haben. Welche Bedeutung hat das Subjekt für die Erfüllung der Systemverantwortlichkeiten? Warum ist seine Existenz als eigenständiges Subjekt gerechtfertigt?

  Können Sie hier keine zufriedenstellenden Antworten finden, prüfen Sie, ob das Subjekt SUBJEKT sinnvoll mit einem anderen Subjekt zusammengefaßt werden kann.

**Ratschlag 04b:** *WENN ein Subjekt keine Klienten hat.*

- Generell sollten nur Subjekte modelliert werden, die für die Erfüllung der Systemverantwortlichkeiten sinnvoll und notwendig sind. Bei Subjekten, die keine Klienten haben, stellt sich die Frage, in welcher Form sie diese Anforderung erfüllen.
- Wurden evtl. Nutzungsbeziehungen nicht modelliert? Prüfen Sie unter Berücksichtigung des dynamischen Modells, ob dies der Fall ist.
- Gehört das Subjekt zur Systemschnittstelle und hat daher Klienten, die außerhalb des modellierten Problembereichs liegen?
- Formulieren Sie andernfalls das durch das Subjekt repräsentierte inhaltliche Konzept und seine Bedeutung für die Erfüllung der Systemverantwortlichkeiten.

**Ratschlag 04c:** *WENN ein Subjekt vergleichsweise wenige Klassen enthält, die in Vererbungsstrukturen eingebettet sind.*

- Der Einsatz von Vererbungsstrukturen dient der Flexibilisierung von Systemen im Hinblick auf künftige Systemerweiterungen sowie der Vermeidung von Redundanzen.
- Prüfen Sie, ob innerhalb des Subjekts SUBJEKT mehrmals ähnliche Sachverhalte modelliert wurden. Oft lassen sich diese durch eine Vererbungsstruktur einfacher, übersichtlicher und im Hinblick auf künftige Erweiterungen des Systems flexibler gestalten.
- Prüfen Sie durch „Was wäre wenn"-Untersuchungen, wie sich für die Zukunft wahrscheinliche Änderungen der Anforderungen oder des modellierten Problembereichs auf das Subjekt SUBJEKT auswirken. Auf diese Weise lassen sich Klassen oder Bereiche innerhalb des Subjekts identifizieren, bei denen der Einsatz von Vererbungsstrukturen und evtl. von abstrakten Klassen sinnvoll ist.

# B. Liste der Glossareinträge

**Abstraktion:** Abstraktion ist eine der als qualitätsfördernd anerkannten Entwurfstechniken (weitere z.B.: Strukturierung, Redundanzvermeidung, Datenkapselung).

Abstrahieren bedeutet, das Wesentliche eines Sachverhalts unter einem bestimmten Blickwinkel herauszuarbeiten (vgl. Denert (1991)). Unwesentliche Details werden zugunsten der charakteristischen Merkmale vernachlässigt (vgl. Schader und Rundshagen (1996)).

Die jeweils „richtigen" Abstraktionen zu identifizieren, erfordert viel Erfahrung, da das Wesentliche für die konkrete Anwendung repräsentiert werden muß. Ein Ziel der objektorientierten Softwareentwicklung ist es, die Abstraktionen möglichst so zu wählen, daß sie auf andere, ähnlich gelagerte Anwendungsfälle übertragen werden können (vgl. Küffmann (1994)).

**Abstraktionsgrad:** Der *Abstraktionsgrad* einer Einheit gibt an, wie universell die Einheit entworfen wurde und beschreibt damit das Abstraktionsniveau der Einheit. Vgl. auch Wiederverwendbarkeit.

**Aggregationsstrukturen vs. Vererbungsstrukturen:** Bei der Entscheidung, ob Sachverhalte besser durch Vererbungsstrukturen oder durch Aggregationsstrukturen modelliert werden sollen, können folgende Argumente vorgebracht werden (vgl. Budd (1991)):

Die Verwendung von Vererbungsstrukturen ist häufig die augenfälligere und schneller realisierbare Lösung. Vererbungsstrukturen sollten jedoch nur dann eingesetzt werden, wenn inhaltlich tatsächlich „is a"-Relationen zwischen Basisklasse und abgeleiteter Klasse bestehen, d.h. wenn Objekte der Basisklasse stets durch Objekte der abgeleiteten Klasse ersetzt werden können. Vererbungsstrukturen, die entstehen, um bereits realisierte oder modellierte Zusammenhänge zu nutzen, ohne daß eine inhaltlich gerechtfertigte Beziehung besteht, sind zu vermeiden, da sich auf diese Weise leicht unübersichtliche Strukturen ergeben können (man spricht dann i.a. von *Spaghetti Vererbung*).

Werden Vererbungsstrukturen eingesetzt, so übertragen sich auch die Zugriffsmöglichkeiten von der Basisklasse auf die abgeleitete Klasse: Auf Objekte einer abgeleiteten Klasse kann i.a. in gleicher Weise zugegriffen werden wie auf Objekte der Basisklasse. Ist dies nicht beabsichtigt, so sollten Aggregationsstrukturen verwendet werden. Die aggregierten Teile gehören zu den internen Informationen der aggregierenden Klasse und sind daher im Sinne der Datenkapselung der Sicht von außen verborgen.

Die Modellierung mit Hilfe von Aggregationsstrukturen ist flexibler im Hinblick auf Veränderungen. Während durch Vererbungsstrukturen eine Beziehung zwischen Klassen hergestellt wird, bestehen Aggregationsstrukturen zwischen Objekten. Sie können bei Bedarf sogar zur Laufzeit verändert werden (z.B. Austausch von Komponenten), was beim Einsatz von Vererbungsstrukturen nicht möglich ist, da ein Objekt seine Klasse in der Regel nicht wechseln kann.

**Bedeutung:** Die *Bedeutung* einer Einheit beschreibt, wie wichtig oder nützlich die Einheit für die Erfüllung der Systemverantwortlichkeiten ist. Die Bedeutung einer Einheit kann mit Hilfe der Beziehungen ermittelt werden, über die andere Einheiten die betrachtete Einheit nutzen (nutzungsbedingte Bedeutung) oder im Falle von Klassen durch die von ihr abgeleiteten Klassen (vererbungsbedingte Bedeutung).

**Bindung:** Die Bindung beschreibt als semantische Eigenschaft qualitativ, wie gut die zu einer Einheit zusammengefaßten Elemente der Repräsentation eines gemeinsamen inhaltlichen Konzepts dienen und wie gut die Einheit als Abstraktion geeignet ist (vgl. Embley und Woodfield (1987)). Folgende Aspekte der Bindung werden unterschieden:

Die *semantische Bindung* beschreibt qualitativ, wie gut die in einem Softwareprodukt zusammengefaßten Elemente der Repräsentation eines gemeinsamen inhaltlichen Konzepts dienen.

Die *Autarkie* eines Softwareprodukts beschreibt die Unabhängigkeit des Softwareprodukts hinsichtlich der benötigten Informationen.

Die (semantische) *Bindung einer Vererbungsstruktur* bzw. die Bindung einer Klasse, die in eine Vererbungsstruktur eingebettet ist, an die Vererbungsstruktur beschreibt qualitativ, wie ähnlich sich die Klassen der Vererbungsstruktur bez. des repräsentierten inhaltlichen Konzepts sind und ob sie zueinander in einer „is a"-Relation stehen.

Eine Klasse weist eine hohe Bindung auf, wenn sie ein klar definiertes inhaltliches Konzept minimal, aber vollständig repräsentiert (vgl. Berard (1993)).

Dabei sollte eine Klasse möglichst nicht nur die für die spezielle Anwendung ausreichenden Eigenschaften haben sondern im Hinblick auf ihre Wiederverwendbarkeit auch in bezug auf den gesamten Problembereich das repräsentierte inhaltliche Konzept vollständig abbilden.

Fehlende Bindung wirkt sich negativ auf die Verständlichkeit einer Klasse aus. Dies kann zu erhöhter Fehleranfälligkeit und schlechterer Wiederverwendbarkeit führen. Darüber hinaus ist eine Steigerung des Test-, Wartungs- und Entwicklungsaufwands zu befürchten.

Klassen mit vergleichsweise geringer Bindung können oft sinnvoll in mehrere Klassen mit höherer Bindung aufgespalten werden.

**Datenkapselung:** Datenkapselung (Information Hiding) ist eines der als qualitätsfördernd anerkannten Prinzipien (weitere z.B.: Abstraktion, Strukturierung, Redundanzvermeidung).

Für jede Einheit erfolgt eine saubere Trennung der Außen- von der Innensicht und damit eine Trennung zwischen dem äußeren Erscheinungsbild (für Nutzungen der Einheit) und der internen Realisierung (vgl. Ferstl und Sinz (1990)). Dieses Prinzip ist auch als „Information Hiding" oder als „Geheimnisprinzip" bekannt.

**Entwicklungsprozeß:** Prozeß der Entwicklung von Softwareprodukten. Der Softwareentwicklungsprozeß wird i.a. in die Phasen Analyse, Design, Implementation und Test unterteilt.

Der objektorientierte Entwicklungsprozeß wird oft nicht nur sequentiell durchlaufen sondern vollzieht sich iterativ und inkrementell.

**Klient:** Klienten einer Klasse oder allgemeiner eines Softwarebausteins (dies kann z.B. auch eine Methode oder ein Subjekt sein) sind Klassen oder Softwarebausteine, die Dienste des betrachteten Softwarebausteins in Anspruch nehmen.

**Kontrollklasse:** Die Objekte einer zentralen Kontrollklasse übernehmen die Steuerung von Systemabläufen, indem sie die gesamte Ablauflogik beinhalten und nur wenige Aufgaben an andere Objekte delegieren.

Zentral steuernde Objekte sollen bei der objektorientierten Softwareentwicklung möglichst vermieden werden. Jedem Objekt sollte statt dessen so viel Eigenverantwortung wie möglich zugebilligt werden.

**Komplexität:** Die *Komplexität* eines Softwareprodukts wird bestimmt durch die Menge der Informationen, die für seine korrekte Erstellung, Nutzung, Wartung, Erweiterung, Änderung und Verwaltung verstanden und verarbeitet werden müssen. Folgende Aspekte der Komplexität werden unterschieden:

Das *Volumen* eines Softwareprodukts wird bestimmt durch die Anzahl der Informationen, die für seine korrekte Erstellung, Nutzung, Wartung, Erweiterung, Änderung oder Verwaltung verstanden und verarbeitet werden müssen.

Die *logische Komplexität* eines Softwareprodukts wird bestimmt durch die Menge an Informationen, die die Aufgabenerfüllung des Softwareprodukts beschreiben. Die logische Komplexität umfaßt damit die Komplexität der Abläufe / Verarbeitungen, die durch das Softwareprodukt realisiert werden (Funktionalität des Softwareprodukts).

Die *strukturelle Komplexität* eines Softwareprodukts wird bestimmt durch die Menge der Informationen, die den strukturellen Aufbau eines Softwareprodukts beschreiben.

**Kopplung:** Die *Kopplung* (synonym Coupling) einer Einheit beschreibt die Wechselbeziehungen, die sie zu anderen Einheiten unterhält, und die damit verbundenen Abhängigkeiten. Je nach Art des Zustandekommens der Kopplungen unterscheidet man: Kopplungen durch Methodenaufrufe, Kopplungen durch nicht vererbungsbedingte Beziehungen, Kopplungen durch Verwendung nicht lokaler Objekte, Kopplungen durch Verletzungen der Datenkapselung, Kopplungen durch Redundanzen, Kopplungen durch Vererbung und Kopplungen innerhalb von Klassen.

**Protokollklasse:** Abstrakte Klasse, die nur Methoden zum Empfang und zur Bearbeitung polymorpher Methodenaufrufe bereitstellt, aber nicht über Attribute verfügt (vgl. Schader und Rundshagen (1996)). Protokollklassen werden eingesetzt, um ein sog. Protokoll bereitzustellen, so daß mit den abgeleiteten Klassen bzw. ihren Objekten in gleicher Weise kommuniziert werden kann.

**Qualität:** Grad der Erfüllung der Qualitätseigenschaften, der tatsächlich erreicht wird.

Die Qualität ist keine absolute Größe, sondern ergibt sich aus der zusammenfassenden Beurteilung verschiedener Qualitätsanforderungen. Die Beurteilung erfolgt teilweise subjektiv und an die geltenden Rahmenbedingungen angepaßt (vgl. Rombach (1984)).

**Qualitätsanforderungen:** Grad der Erfüllung der Qualitätseigenschaften, der für ein betrachtetes Softwareprodukt oder einen Softwareentwicklungsprozeß erreicht werden soll.

Für eine Anwendung können verschiedene Qualitätseigenschaften mit unterschiedlicher Priorität relevant sein. Welche Qualitätseigenschaften mit welcher Gewichtung die Qualität eines Softwareprodukts oder -Entwicklungsprozesses insgesamt bestimmen, hängt von den konkreten Rahmenbedingungen ab (vgl. Rombach (1984)).

**Qualitätseigenschaft:** Eigenschaft, die zur Unterscheidung von Softwareprodukten oder -entwicklungsprozessen in qualitativer (subjektiver) oder quantitativer (meßbarer) Hinsicht herangezogen werden kann (vgl. auch Rombach (1984)).

**Qualitätsmodell:** Modell der Zusammenhänge zwischen der Ausprägung von Qualitätsmerkmalen und den Eigenschaften des Gegenstands der Bewertung. Im Zusammenhang mit der Softwareentwicklung werden in der Regel Produkte, Prozesse und Ressourcen bewertet.

**Quantitatives Merkmal:** Merkmal, das Softwareprodukte oder -Entwicklungs-
prozesse nach dem Besitz von interessierenden (Qualitäts-)Eigenschaften oder
nach dem Grad der Erfüllung dieser Eigenschaften charakterisiert.

Ein Merkmal heißt dabei quantitativ, wenn alle seine Ausprägungen sich
durch reelle Zahlen ausdrücken lassen, andernfalls qualitativ (vgl. auch Rombach (1984)).

**Ranking:** Ein Ranking ist die Bewertung einer Einheit hinsichtlich einer bestimmten, zur Bewertung herangezogenen Eigenschaft. In dieser Anwendung werden beispielsweise die Eigenschaften Kopplung, Bindung, Komplexität, Abstraktionsgrad und Zweckmäßigkeit zur Bewertung herangezogen.

Das Ranking stuft den bewerteten Baustein hinsichtlich der bewerteten Eigenschaft in die Kategorien „+“, „o“, „-“ ein. Die Bewertung „-“ suggeriert
dabei stets eine „schlechte“ Bewertung. Das heißt, der bewertete Baustein
wird hinsichtlich der bewerteten Eigenschaft zur Überprüfung vorgeschlagen.

Meßwerte erhalten das Ranking „-“, wenn sie vergleichsweise niedrig sind und
das Ranking „+“, wenn sie vergleichsweise hoch sind. Andernfalls wird das
Ranking „o“ (mittel) vergeben.

**Redundanzvermeidung:** Redundanzvermeidung ist eine der als qualitätsfördernd
anerkannten Techniken (weitere z.B.: Abstraktion, Redundanzvermeidung,
Datenkapselung).

Redundanzen in der Spezifikation, im Entwurf oder der Implementation führen
leicht zu Inkonsistenzen und zu erhöhter Fehleranfälligkeit.

Die objektorientierte Softwareentwicklung ist per se auf die Vermeidung von
Redundanzen ausgerichtet. So dient insbesondere der Einsatz der Vererbung
dazu, Redundanzen zu vermeiden.

**Server:** Server einer Klasse oder allgemeiner eines Softwarebausteins (dies kann
z.B. auch eine Methode oder ein Subjekt sein) sind Klassen oder Softwarebausteine, deren Dienste von dem betrachteten Softwarebaustein in Anspruch
genommen werden.

**Softwaremaß:** Abbildung der Menge der Softwareprodukte oder -prozesse in die
Menge der reellen Zahlen, um Softwareprodukte oder -prozesse mit Hilfe
quantifizierbarer Merkmale hinsichtlich des Besitzes interessierender Eigenschaften zu charakterisieren. (Andere Wertebereiche sind möglich; hier soll
jedoch von der Menge der reellen Zahlen ausgegangen werden.). Synonym
verwendbar: Softwaremetrik.

Man spricht dabei von einem *Produktmaß*, wenn Merkmale von Softwareprodukten Gegenstand der Bewertung sind, und von *Prozeßmaßen*, wenn
Merkmale des Softwareentwicklungsprozesses bewertet werden. Des weiteren
gibt es *Ressourcen-Maße*, mit deren Hilfe die Grundlagen, die man für die

Durchführung des Softwareentwicklungsprozesses benötigt, betrachtet werden (vgl. Fenton (1993)).

**Softwaremetrie:** Wissenschaft des Messens und Bewertens von Software.

**Softwareprodukt:** Produkt, das im Rahmen der Softwareentwicklung erstellt wird (z.B. Modelle der Phasen Analyse und Design, Programmcode, Dokumentation, etc.).

**Stabilität:** Die Stabilität einer Klasse oder allgemeiner eines Softwarebausteins beschreibt deren Beständigkeit. Klassen, bei denen die Wahrscheinlichkeit künftiger Änderungen als groß angesehen werden muß, sind in diesem Sinne nicht stabil.

**Strukturiertheit:** Strukturierung ist eine der als qualitätsfördernd anerkannten Techniken (weitere z.B.: Abstraktion, Redundanzvermeidung, Datenkapselung). Systeme werden zur Komplexitätsbewältigung in kleinere, überschaubarere Einheiten gegliedert („top down") bzw. aus ihnen aufgebaut („bottom up").

Bei der herkömmlichen Softwareentwicklung ist es Ziel, eine möglichst gute modulare Struktur zu erreichen, bei der objektorientierten Softwareentwicklung stehen weniger Module als Klassen und Objekte im Mittelpunkt der Betrachtungen.

Kriterien einer guten Strukturierung sind vor allem die hohe Bindung, geringe Kopplung, eine angemessene Komplexität und die Zweckmäßigkeit der einzelnen Elemente der Strukturierung.

**Wiederverwendung:** Softwarewiederverwendung ist die systematische Erstellung von wiederverwendbaren Einheiten und die systematische Nutzung existierender Einheiten während der Entwicklung neuer Anwendungssysteme. Dabei wird jedes dokumentierte Ergebnis irgendeiner Phase im Softwareentwicklungsprozeß als potentiell wiederverwendbare Einheit angesehen (vgl. Convent (1994)).

Softwarewiederverwendung umfaßt nach dieser Definition zwei gleichwertige Aspekte: die Erstellung und die Nutzung wiederverwendbarer Einheiten (vgl. Convent (1994)). Außerdem wird deutlich, daß Wiederverwendung eine wohlorganisierte und geplante Aktivität ist, die sich von dem eher zufälligen, wiederholten Einsatz von Programmteilen aufgrund von individuellen Kenntnissen und Erfahrungen einzelner Entwickler unterscheidet.

**Wiederverwendbarkeit:** Die Wiederverwendbarkeit einer Klasse oder allgemeiner eines Softwarebausteins beschreibt, wie universell der Baustein entworfen wurde. Wiederverwendbare Bausteine sind so allgemein, daß sie für verschiedene Anwendungsfälle genutzt werden können. Der Entwurf wiederverwendbarer Bausteine erfordert eine gezielte Abstraktion vom individuellen zum allgemeinen, wobei insbesondere nach bestehenden Ähnlichkeiten gesucht wird (vgl. Küffmann (1994)).

Wiederverwendbarkeit ist als Eigenschaft eines Softwarebausteins vom Prozeß der Wiederverwendung (Nutzung wiederverwendbarer Einheiten) zu unterscheiden.

**Zweckmäßigkeit:** Eine Einheit wurde zweckmäßig modelliert, wenn sie einen Beitrag zur Erfüllung der Systemverantwortlichkeiten leistet, dies möglichst rationell tut und keine der allgemeinen Modellierungsregeln verletzt.

# C. Beschreibung der verwendeten Softwaremaße

Wie in Abschnitt 5.2.5 motiviert wurde, soll zur Beschreibung der Softwaremaße eine *Facettenklassifikation* verwendet werden (vgl. Convent (1994)). Dabei wird eine Reihe unabhängiger Eigenschaften von Softwaremaßen festgelegt, die getrennt beschrieben werden können. Zusätzliche verbale Beschreibungen stellen ergänzende Informationen bereit. Die verwendeten Punkte der Beschreibung werden anschließend vorgestellt. Die Einführung jedes einzelnen Merkmals wird motiviert und erläutert.

1. *Name und Definition*

   Jedem Maß wird ein Name zugeordnet.

2. *Erläuterung*

   Zu jedem Softwaremaß wird eine Erläuterung bereitgestellt, die die Anwendung des Softwaremaßes motivieren und Interpretationshilfen geben soll.

   Bei Maßen ähnlicher Zielrichtung werden ähnliche Erläuterungen zu finden sein. Die auf diese Weise entstehenden Redundanzen sind beabsichtigt, da dieses Kapitel als Katalog oder Nachschlagewerk geeignet sein soll.

3. *Bewertetes Merkmal*

   Für jedes Softwaremaß wird angegeben, welche der als qualitätsfördernd anerkannten Eigenschaften durch den Einsatz des Softwaremaßes bewertet werden sollen. Die Merkmale wurden im einzelnen in Kapitel 4 vorgestellt.

4. *Ebene der Bewertung*

   Die im Katalog erfaßten Softwaremaße unterscheiden sich hinsichtlich der Detaillierungsebene, auf der sie angewendet werden können. So sind Maße für Methoden, Klassen, Vererbungsstrukturen und Subjekte zu unterscheiden. Für jedes Softwaremaß wird die Ebene der Bewertung angegeben.

5. *Bewertungsansatz*

   Zu den in der Literatur vorgeschlagenen Softwaremaßen wird das zugrundeliegende Meßmodell nur in seltenen Fällen sorgfältig formuliert. Wird jedoch ein Maß vorgeschlagen, so induziert es automatisch eine Rangordnung auf den empirischen Objekten (in diesem Fall auf den objektorientierten Softwareprodukten).

Diese Rangordnung wird verbal erläutert. Sie wird jeweils so formuliert, als wenn das Softwaremaß isoliert eingesetzt wird. Sinnvoll ist es jedoch, zur Bewertung einer Eigenschaft stets mehrere Softwaremaße einzusetzen, so daß sich die bewerteten Aspekte in sinnvoller Weise ergänzen.

### 6.  *Wertebereich*

Die Angabe des Wertebereichs der Meßwerte ist für die Interpretation der Meßergebnisse bedeutsam.

### 7.  *Referenzwert*

Es erleichtert die Interpretation der Meßergebnisse eines Softwaremaßes, wenn geeignete Referenzwerte angegeben werden können.

Die hier vorgegebenen Referenzwerte und Toleranzen wurden durch die Bewertung von etwa 300 Klassen aus 15 Referenzmodellen ermittelt. Die Einstellung der Richtwerte kann bei Bedarf modifiziert werden.

Verändert sich der Meßwert des Softwaremaßes bei Berücksichtigung geerbter Elemente, so wird der Referenzwert für die Bewertung eigener Elemente als erstes angegeben. Der Referenzwert, der für die Bewertung unter Berücksichtigung geerbter Elemente verwendet wird, steht in Klammern dahinter.

### 8.  *Toleranz*

Um Meßwerte in hohe, mittlere und niedrige Meßwerte einteilen zu können, wird neben dem Referenzwert eine Toleranz vorgegeben (vgl. die Ausführungen zur Rangordnung in Kapitel 5).

Auch die für die verschiedenen Softwaremaße angegebenen Toleranzwerte sind Erfahrungswerte, die durch die Auswertung verschiedener Referenzmodelle gewonnen wurden (vgl. Abschnitt 5.3).

### 9.  *Einsatzgebiete*

Einsatzgebiet aller in Kapitel 4 zugeordneten Softwaremaße ist die Bewertung von Eigenschaften von Softwareprodukten der verschiedenen Ebenen. Aus diesem Grund wird das Merkmal *Einsatzgebiet* im folgenden weggelassen.

Weitere Einsatzgebiete für Softwaremaße wären die Schätzung oder Vorhersage von Eigenschaften von Softwareprodukten, -prozessen oder Ressourcen, wobei anhand der Meßergebnisse Einschätzungen der (späteren) Ausprägung der Merkmale künftiger Produkte oder Prozesse vorgenommen werden. Derartige Ansätze sind beispielsweise bei der Projektplanung (Aufwands- und Kostenschätzungen) verbreitet. Hinsichtlich der in Kapitel 7 beschriebenen Erweiterung der Funktionalität des Bewertungswerkzeugs ist die Klassifikation nach dem Einsatzgebiet von Bedeutung.

10. *Phase des frühestmöglichen Einsatzes*

Alle der hier eingesetzten Softwaremaße können bereits bei der Systemanalyse eingesetzt werden. Die Phase des frühestmöglichen Einsatzes wird daher
im folgenden nicht explizit angegeben. Hinsichtlich der in Kapitel 7 beschriebenen Erweiterung der Funktionalität des Bewertungswerkzeugs ist dieses
Klassifikationsmerkmal jedoch von Bedeutung.

11. *Quelle*

Sofern die hier verwendeten Softwaremaße bereits in verfügbaren Quellen von
anderen Autoren vorgeschlagen oder verwendet wurden, wird an dieser Stelle
auf entsprechende Literaturstellen verwiesen. In der Regel handelt es sich
hier um Quellen, die zwar gleiche Maße benennen, sie jedoch als Codemaße
einsetzen. Teilweise wird auch auf Quellen verwiesen, in denen ähnliche Maße
vorgeschlagen werden; diese Stellen sind entsprechend gekennzeichnet.

12. *Kommentar*

Der Kommentar weist Anwender auf Besonderheiten hin, die bei Anwendung
des Maßes berücksichtigt werden sollten.

13. *Skalierung*

Die für die einzelnen Maße angegebene Skalierung entspricht der Skalierung,
die sich aus dem zugrundeliegenden Bewertungsansatz ergibt. Die meisten
Maße sind ordinal skaliert. Dies ist auf den ersten Blick erstaunlich, da es
sich i.w. um Maße handelt, deren Ermittlung einfache Zählprozesse zugrunde
liegen. Mit Zählprozessen wird i.a. eine rationale oder absolute Skalierung
assoziiert.

Das dies nicht immer der Fall sein muß, veranschaulicht das folgende Beispiel:
Die Kopplung einer Klasse wird häufig mit Hilfe der Anzahl der anderen Klassen bewertet, zu denen die Klasse über nicht vererbungsbedingte Beziehungen
in Verbindung steht (vgl. Chidamber und Kemerer (1991, 1994); Sharble und
Cohen (1993)). Die Meßergebnisse werden nun einfach durch Zählen ermittelt. Steht eine Klasse $K$ z.B. mit doppelt so vielen anderen Klassen in
Verbindung wie eine Klasse $K'$, so gilt $K$ in diesem Sinne als stärker gekoppelt als $K'$. Da jedoch die Bewertung der Kopplung durch das Softwaremaß
„Anzahl der nicht vererbungsbedingten Beziehungen" indirekt erfolgt und
von verschiedenen Aspekten, die bei einer Bewertung des Kopplungsgrads
relevant sein können, abstrahiert wurde, ist keine Aussage darüber möglich,
um wieviel stärker die Kopplung ist. Das Maß ist daher nur ordinal skaliert.

Der Schritt von einer ordinalen zu einer kardinalen Skala läßt sich mit Hilfe
der Definition einer empirischen Verknüpfungsrelation realisieren, die im nu-
merischen Relationensystem durch die Addition repräsentiert werden kann.
Es ist jedoch nicht leicht, derartige Verknüpfungsoperationen herzuleiten, denen auch intuitiv eine praktische Relevanz beigemessen werden kann[1]. In al-

---

[1]Fetcke (1995) beschäftigt sich beispielsweise mit der Frage, welche Maße extensive Strukturen
voraussetzen und welche Verknüpfungsoperationen auf dem empirischen Relationensystem diesen

len Fällen, in denen eine entsprechende Verknüpfungsoperation nicht intuitiv
so definiert werden kann, daß sie auch praktisch im Sinne der objektorientierten Softwareentwicklung interpretierbar bleibt, wird daher das zugrundeliegende Skalenniveau lediglich als ordinal bezeichnet.

Die Skala wird in der folgenden Aufstellung ebenfalls nicht angegeben. Das
Merkmal wäre jedoch im Sinne einer erweiterten Nutzung des Werkzeugs von
Bedeutung (vgl. Kapitel 7).

Für die Klassifizierung der Softwaremaße werden nicht alle der genannten Merkmale herangezogen. Hier sind vor allem diejenigen Merkmale wichtig, die mit festen
Termen vorbelegt werden können: *Kurzname, Merkmal, Ebene, Wertebereich, Einsatzgebiet, Phase* und *Skalierung*.

# C.1   Softwaremaße für Methoden

| **Softwaremaß:** Anzahl der formalen Argumente einer Methode |
| --- |

**Erläuterung:** Die Anzahl der Argumente einer Methode beeinflußt die Menge der Informationen, die bei Aufruf der Methode korrekt verstanden und verarbeitet werden muß.
Hierbei ist insbesondere auch die Bedeutung, die die Argumente für die Verarbeitung der
Methode haben, zu berücksichtigen. Vor allem die Spezifizierung steuernder Argumente
sollte im Sinne des objektorientierten Verständnisses vermieden werden. Methoden, für
die vergleichsweise viele Argumente spezifiziert wurden, sollten überprüft werden. Sie
lassen sich häufig in mehrere Methoden aufspalten, denen bei Aufruf weniger Argumente
übergeben werden müssen.

**Bewertetes Merkmal:** Komplexität (logische)

**Ebene der Bewertung:** Methoden

**Bewertungsansatz:** Je mehr Argumente für eine Methode spezifiziert sind, desto höher
ist die Komplexität der Methode.

**Wertebereich:** $\mathbb{N}$

**Referenzwert:** 2

**Toleranz:** 1

**Quelle:** Coad und Yourdon (1991b), Lorenz und Kidd (1994), Morschel (1994)

**Kommentar:** Bei Anwendung dieses Maßes wird lediglich die Anzahl der Argumente
einer Methode berücksichtigt. Von der Struktur der Argumente wird ebenso abstrahiert wie von ihrer Homogenität und ihrer Bedeutung für die Verarbeitung innerhalb der
Methode.

---

Anforderungen theoretisch genügen.

# C.2 Softwaremaße für Klassen

---
**Softwaremaß:** Anzahl der Attribute
---

**Erläuterung:** Die Attribute einer Klasse beschreiben die Zustände, die ihre Objekte annehmen können. Der Zustand eines Objekts wird entsprechend durch die Attributwerte charakterisiert. Die Attribute leisten damit als Elemente, die zum vollständigen Verstehen der Klasse wichtig sind, einen Beitrag zum Volumen der Klasse.

Klassen mit vergleichsweise vielen Attributen sollten überprüft werden. Es könnte evtl. sinnvoll sein, eine solche Klasse in mehrere Klassen zu zerlegen. Eine hohe Anzahl von Attributen kann auch darauf zurückzuführen sein, daß unnötige Attribute oder Beziehungen modelliert wurden. Andererseits sollte eine Klasse mindestens über ein Attribut verfügen.

**Bewertetes Merkmal:** Komplexität (Volumen)

**Ebene der Bewertung:** Klassen

**Bewertungsansatz:** Die Attribute leisten einen Beitrag zum Volumen einer Klasse. Je mehr Attribute eine Klasse besitzt, desto höher ist ihr (attributbedingtes) Volumen.

**Wertebereich:** $\mathbb{N}$

**Referenzwert:** 3 (4)

**Toleranz:** 2 (2)

**Quelle:** Lorenz und Kidd (1994), Williams (1994), Morschel (1994)

**Kommentar:** Bei der Ermittlung der Meßwerte bleiben der Typ und die Komplexität der einzelnen Attribute unberücksichtigt.

Interessant ist ein Vergleich der Werte, die sich mit und ohne Berücksichtigung geerbter Attribute ergeben.

---
**Softwaremaß:** Anzahl der Methoden
---

**Erläuterung:** Das Verhalten der Objekte einer Klasse wird mit Hilfe der Methoden beschrieben. Die Methoden leisten damit als Elemente einen Beitrag zum Volumen einer Klasse. (Da in der Analysephase nur explizite Methoden modelliert werden, kann es vereinfachend gleichgesetzt werden mit dem Volumen der Schnittstelle.)

Die Anzahl der Methoden einer Klasse (inkl. überschriebene Methoden) zeigt, wie viele Methoden ein Entwickler oder Anwender verstehen muß, um Objekte der Klasse richtig einsetzen zu können, die Klasse zu entwickeln, wiederzuverwenden, zu erweitern, zu warten und zu verwalten. Klassen mit vergleichsweise vielen Methoden sollten daraufhin überprüft werden, ob sie sinnvoll in mehrere verschiedene Klassen aufgespalten werden können. Denn viele Methoden können ein Indikator dafür sein, daß Objekte einer Klasse nicht nur eine wohldefinierte Aufgabe erfüllen, oder daß eine sinnvolle Abstraktion nicht durchgeführt wurde.

**Bewertetes Merkmal:** Komplexität (Volumen der Schnittstelle)

**Ebene der Bewertung:** Klassen

**Bewertungsansatz:** Je mehr Methoden eine Klasse besitzt, desto höher ist ihr (methodenbedingtes) Volumen.

**Wertebereich:** $\mathbb{N}$

**Referenzwert:** 6 (7)

**Toleranz:** 2 (3)

**Quelle:** Buth (1991), Li und Henry (1993), Lorenz und Kidd (1994), Morschel (1994), Williams (1994)

**Kommentar:** Bei der Ermittlung der Meßwerte während der Systemanalyse werden nur diejenigen Methoden berücksichtigt, die explizit modelliert wurden. Die Existenz der sog. impliziten Methoden wird vorausgesetzt; die Meßwerte werden sich daher beim Übergang ins Design bzw. zur Implementierung entsprechend erhöhen. Überschriebene Methoden werden in der Klasse, für die sie modelliert werden, redefiniert und werden daher bei der Bewertung durch dieses Maß berücksichtigt.

---

| **Softwaremaß:** Anzahl der Objektbeziehungen |
| --- |

**Erläuterung:** Objektbeziehungen beschreiben physische oder logische Verknüpfungen zwischen Objekten und bestehen in den meisten Fällen zwischen Objekten verschiedener Klassen. Um eine Klasse vollständig verstehen zu können, müssen auch alle Objektbeziehungen, die von Objekten der Klasse eingegangen werden können, nachvollzogen und verstanden werden. Zudem werden die Objektbeziehungen der Systemanalyse bei der Implementierung in der Regel mit Hilfe zusätzlicher Attribute abgebildet. Sie leisten daher einen Beitrag zur Komplexität der Klasse. Zusätzlich ist die Klasse an alle anderen Klassen, zu deren Objekten Objektbeziehungen bestehen, gekoppelt.

**Bewertetes Merkmal:** Komplexität (Volumen)

**Ebene der Bewertung:** Klassen

**Bewertungsansatz:** Je mehr Objektbeziehungen für eine Klasse modelliert wurden, desto höher ist ihr (beziehungsbedingtes) Volumen.

**Wertebereich:** $\mathbb{N}$

**Referenzwert:** 2 (3)

**Toleranz:** 1 (2)

**Quelle:** –

**Kommentar:** Bei der Bestimmung des Maßes wird lediglich die Anzahl der modellierten Beziehungen berücksichtigt. Zu wie vielen verschiedenen Klassen die Objekte gehören, zu denen Objektbeziehungen bestehen, wird ebenso vernachlässigt wie die Kardinalität der Beziehungen.

Zeigt ein Vergleich der Meßwerte dieses Maßes mit denen des Maßes *Anzahl Partner von Objektbeziehungen*, S. 180, daß mehrere Objektbeziehungen zwischen den Klassen modelliert wurden, so sollte überlegt werden, ob die Anzahl der modellierten Objektbeziehungen durch Anwendung von Entwurfsmustern wie etwa des Darsteller-Rollen-Musters (vgl. Schader und Rundshagen (1996)) reduziert werden kann.

---

**Softwaremaß:** Anzahl Aggregationsstrukturen (Klasse in der Rolle der Gesamtheit)

---

**Erläuterung:** Aggregationsstrukturen beschreiben Enthaltenseinsrelationen zwischen den Objekten von i.a. verschiedenen Klassen. Mit Aggregationsstrukturen können sowohl physische als auch logische oder konzeptionelle Enthaltenseinsrelationen beschrieben werden (vgl. Schader und Rundshagen (1996)). Die Anzahl der Klassen, mit deren Objekten die Objekte der betrachteten Klasse als Gesamtheit (Aggregation) in Beziehung stehen, gibt daher an, Objekte wie vieler verschiedener Klassen in einem Objekt der betrachteten Klasse physisch, logisch oder auch konzeptionell enthalten sein können.

Um eine Klasse vollständig verstehen zu können, müssen auch alle Aggregationsstrukturen, an denen Objekte der Klasse beteiligt sein können, verstanden werden. Dies setzt die Kenntnis der Klassen voraus, zu deren Objekten Aggregationsstrukturen bestehen. Die Aggregationsstrukturen leisten damit einen Beitrag zur Komplexität und Kopplung der Objekte einer Klasse.

Interessant ist hier ein Vergleich der mit dem Maß *Anzahl der Partner von Aggregationsstrukturen (Teile)*, S. 180, ermittelten Werte: Er zeigt, durch wie viele Aggregationsstrukturen die Objekte im Schnitt verknüpft sind. Bestehen zwischen zwei Klassen bzw. ihren Objekten mehrere gleichgerichtete Aggregationsstrukturen, so kann der Sachverhalt oft mit Hilfe von Rollen einfacher modelliert werden.

**Bewertetes Merkmal:** Komplexität (Volumen)

**Ebene der Bewertung:** Klassen

**Bewertungsansatz:** Je mehr Aggregationsstrukturen, in denen Objekte der betrachteten Klasse die Rolle der Gesamtheit einnehmen, für eine Klasse modelliert wurden, desto höher ist ihre Komplexität (beziehungsbedingtes Volumen).

**Wertebereich:** $\mathbb{N}$

**Referenzwert:** 2 (2)

**Toleranz:** 1 (1)

**Quelle:** –

**Kommentar:** Bei der Bestimmung des Maßes wird lediglich die Anzahl der modellierten Aggregationsstrukturen berücksichtigt. Auf Objekte wie vieler verschiedener Klassen sich die Strukturen verteilen, wird ebenso vernachlässigt wie die Kardinalität der Beziehungen.

---

**Softwaremaß:** Anzahl Aggregationsstrukturen (Klasse in der Rolle des Teils)

---

**Erläuterung:** Aggregationsstrukturen beschreiben Enthaltenseinsrelationen zwischen den Objekten von i.a. verschiedenen Klassen. Mit Aggregationsstrukturen können sowohl physische als auch logische oder konzeptionelle Enthaltenseinsrelationen beschrieben werden (siehe hierzu auch Schader und Rundshagen (1996)). Die Anzahl der Gesamtheiten, mit deren Objekten die Objekte der betrachteten Klasse als Teil in Beziehung stehen, gibt daher an, in wie vielen Objekten anderer Klassen ein Objekt der betrachteten Klasse physisch, logisch oder auch konzeptionell enthalten sein kann.

Um eine Klasse insgesamt zu verstehen, müssen auch alle Aggregationsstrukturen, an denen Objekte der Klasse beteiligt sein können, verstanden werden. Zudem werden die

Aggregationsstrukturen der Systemanalyse bei der Implementierung in der Regel mit Hilfe zusätzlicher Attribute abgebildet. Die Aggregationsstrukturen leisten damit einen Beitrag zur Komplexität und zur Kopplung der Objekte einer Klasse.

Werden Objekte einer Klasse in mehreren anderen Klassen als Teile verwendet, so sollte die Klasse möglichst vollständig und stabil sein.

Interessant ist hier ein Vergleich der mit dem Maß *Anzahl der Partner von Aggregationsstrukturen (Gesamtheiten)*, S. 181, ermittelten Werte: Er zeigt, durch wie viele Aggregationsstrukturen die Objekte im Schnitt verknüpft sind. Bestehen zwischen zwei Klassen bzw. ihren Objekten mehrere gleichgerichtete Aggregationsstrukturen, so kann der Sachverhalt i.a. mit Hilfe von Rollen einfacher modelliert werden.

**Bewertetes Merkmal:** Komplexität (Volumen)

**Ebene der Bewertung:** Klassen

**Bewertungsansatz:** Je mehr Aggregationsstrukturen, in denen Objekte der betrachteten Klasse die Rolle des Teils einnehmen, für eine Klasse modelliert wurden, desto höher ist ihre Komplexität (beziehungsbedingtes Volumen).

**Wertebereich:** $\mathbb{N}$

**Referenzwert:** 1 (1)

**Toleranz:** 0 (0)

**Quelle:** –

**Kommentar:** Bei der Bestimmung des Maßes wird lediglich die Anzahl der modellierten Aggregationsstrukturen berücksichtigt. Auf Objekte wie vieler verschiedener Klassen sich die Strukturen verteilen, wird ebenso vernachlässigt wie die Kardinalität der Beziehungen.

---

| **Softwaremaß:** Anzahl Elemente |
| --- |

**Erläuterung:** Die Anzahl der Elemente einer Klasse läßt Rückschlüsse auf den Aufwand zu, der zum Entwickeln, Verstehen, Modifizieren und Warten der Klasse erbracht werden muß, denn es müssen jeweils alle Elemente der Klasse korrekt verstanden und verarbeitet werden.

Klassen, die vergleichsweise hohe Werte aufweisen, sollten dahingehend überprüft werden, ob sie durch Aufspalten in mehrere kleinere Klassen vereinfacht werden können. Denn eine hohe Anzahl von Elementen kann darauf hindeuten, daß die Klasse der Abbildung von mehr als einem inhaltlichen Konzept dient.

Enthalten Klassen wenige oder sogar keine Elemente, so weist dies auf einen zu hohen Detaillierungsgrad der Modellierung hin (vgl. u.a. Rundshagen (1995).

**Bewertetes Merkmal:** Komplexität (Volumen)

**Ebene der Bewertung:** Klassen

**Bewertungsansatz:** Je mehr Elemente eine Klasse besitzt, desto höher ist ihr Volumen.

**Wertebereich:** $\mathbb{N}$

**Referenzwert:** 9 (12)

**Toleranz:** 4 (5)

**Quelle:** Li und Henry (1993) (nur Attribute und Methoden)

**Kommentar:** Bei der Bewertung der Meßergebnisse ist zu berücksichtigen, daß das Maß die verschiedenen Elemente einer Klasse, d.h. ihre Attribute und Methoden sowie die modellierten Beziehungen in vereinfachender Weise gleich bewertet. Soll eine Klasse aufgrund einer vergleichsweise hohen Anzahl von Elementen einer Überprüfung unterzogen werden, so sollten hierzu die Einzelbewertungen der eingehenden Softwaremaße *Anzahl der Attribute*, S. 173, *Anzahl der Methoden*, S. 173, *Anzahl der Objektbeziehungen*, S. 174, *Anzahl der Aggregationsstrukturen (Klasse in der Rolle der Gesamtheit)*, S. 174 und *Anzahl der Aggregationsstrukturen (Klasse in der Rolle des Teils)*, S. 175 berücksichtigt werden.

---

**Softwaremaß:** Anzahl der Basisklassen

**Erläuterung:** Eine Klasse erbt von allen ihren Basisklassen Elemente und damit Komplexität. Daher hat die Anzahl der Basisklassen einer Klasse Einfluß auf den Aufwand, der für Entwicklung, Test, Änderung und Erweiterung der Klasse vorzusehen ist. Es müssen jeweils alle Basisklassen der Klasse mit berücksichtigt werden, da die zum Verständnis einer Klasse notwendigen Informationen „über die Basisklassen verteilt" sind.

Weil eine Klasse jeweils echte Spezialisierung ihrer Basisklassen sein sollte, wird sie um so spezieller, desto mehr Basisklassen (direkte und indirekte) sie hat. Daher kann die Anzahl der Basisklassen ein Indikator für den Spezialisierungsgrad und damit indirekt für die Wiederverwendbarkeit einer Klasse sein.

**Bewertetes Merkmal:** Komplexität (strukturell, vererbungsbedingt)

**Ebene der Bewertung:** Klassen

**Bewertungsansatz:** Je mehr direkte und indirekte Basisklassen eine Klasse besitzt, desto höher ist ihre vererbungsbedingte Komplexität.

**Wertebereich:** $\mathbb{N}$

**Referenzwert:** 2

**Toleranz:** 1

**Quelle:** Buth (1991)

**Kommentar:** Dieses Maß berücksichtigt lediglich die Anzahl der Basisklassen, nicht aber den Aufbau, die Struktur der Basisklassen.

---

**Softwaremaß:** Tiefe einer Klasse in der Vererbungsstruktur

**Erläuterung:** Die (maximale) Tiefe einer Klasse in ihrer Vererbungsstruktur, d.h. der maximale Abstand der Klasse von einer Wurzelklasse, läßt Rückschlüsse auf ihre vererbungsbedingte Komplexität zu.

Eine Klasse ist um so spezieller, je tiefer sie im Vererbungsgraphen angesiedelt ist, da sie von allen ihren Basisklassen Komplexität erbt. Dies läßt Rückschlüsse auf den Aufwand zu, der für Test, Änderung und Erweiterung der Klasse vorzusehen ist, da jeweils alle über der Klasse liegenden Ebenen der Vererbungsstruktur mit berücksichtigt werden müssen.

Je tiefer eine Klasse im Vererbungsgraphen angesiedelt ist, desto spezieller ist sie im allgemeinen. (Bei einfacher Vererbung stimmt die Tiefe einer Klasse in einer Vererbungsstruktur überein mit der Anzahl ihrer Basisklassen.) Dies kann sich negativ auf ihre Wiederverwendbarkeit auswirken. Einen zusätzlichen Einblick ermöglicht hier die Betrachtung der *Anzahl der Basisklassen*, S. 177.

**Bewertetes Merkmal:** Komplexität (strukturell, vererbungsbedingt)

**Ebene der Bewertung:** Klassen

**Bewertungsansatz:** Die Tiefe einer Klasse in einer Vererbungsstruktur wirkt sich steigernd auf ihre vererbungsbedingte Komplexität aus.

**Wertebereich:** $\mathbb{N}$

**Referenzwert:** 2

**Toleranz:** 1

**Quelle:** Buth (1991), Chidamber und Kemerer (1991), Fetcke (1995), Lorenz und Kidd (1994)

**Kommentar:** Der voreingestellte Referenzwert entspricht nicht der bekannten $7 \pm 2$-Regel, deckt sich jedoch mit verschiedenen Untersuchungen anderer Autoren, vgl. Bieman (1994). Die $7 \pm 2$ -Regel wurde aus Untersuchungen der Aufnahmefähigkeit des menschlichen Gehirns abgeleitet (vgl. z.B. Miller (1963), Broadbent (1975)), deren Übertragbarkeit auf die Softwareentwicklung und insbesondere auf die Modellierung von Vererbungsstrukturen allerdings bezweifelt werden darf (vgl. auch Coulter (1983)). Problematisch ist die Anwendung der Regel bei Bibliotheksklassen. Hier liegen meist tiefere Vererbungssstrukturen vor.

---

**Softwaremaß:** Anzahl der direkten Basisklassen

**Erläuterung:** Die Anzahl der direkten Basisklassen einer Klasse gibt Auskunft darüber, ob die Klasse (auf direktem Weg) durch mehrfache Vererbung entsteht oder nicht. Die mehrfache Vererbung sollte wegen der sich daraus möglicherweise ergebenden Komplikationen (Namenskonflikte, aufwendigeres Nachvollziehen der Vererbungsstruktur) sehr bewußt eingesetzt werden. Bei Klassen, die durch Mehrfachvererbung entstehen, ist zu überlegen, ob mit anderen Mitteln eine weniger komplexe Modellierung erreicht werden kann (vgl. Coad und Yourdon (1991b) zu alternativen Modellierungsansätzen).

**Bewertetes Merkmal:** Komplexität (strukturell, vererbungsbedingt)

**Ebene der Bewertung:** Klassen

**Bewertungsansatz:** Besitzt eine Klasse mehr als eine direkte Basisklasse, so steigert dies die vererbungsbedingte Komplexität der Klasse.

**Wertebereich:** $\mathbb{N}$

**Referenzwert:** 1

**Toleranz:** 0

**Quelle:** Lorenz und Kidd (1994)

**Kommentar:** –

| **Softwaremaß:** Anzahl der möglichen Zustände |
| --- |

**Erläuterung:** Das Zustandsdiagramm einer Klasse dient der Darstellung der Lebenszyklen der Objekte des statischen Modells, sofern sie ein interessantes dynamisches Verhalten aufweisen (vgl. Schader und Rundshagen (1996)).

Die Anzahl der modellierten Zustände, die Objekte einer Klasse einnehmen können, läßt Rückschlüsse darauf zu, wie komplex das dynamische Verhalten dieser Objekte ist.

**Bewertetes Merkmal:** Komplexität (logische)

**Ebene der Bewertung:** Klassen

**Bewertungsansatz:** Je mehr Zustände die Objekte einer Klasse im Laufe ihres Lebenszyklus annehmen können, desto höher ist ihre logische Komplexität.

**Wertebereich:** $\mathbb{N}$

**Referenzwert:** 2

**Toleranz:** 1

**Quelle:** –

**Kommentar:** –

| **Softwaremaß:** Anzahl der möglichen Zustandsübergänge |
| --- |

**Erläuterung:** Die Anzahl der Zustandsübergänge, die Objekte einer Klasse im Laufe ihres Lebenszyklus durchlaufen können, läßt Rückschlüsse darauf zu, wie komplex das dynamische Verhalten dieser Objekte ist.

**Bewertetes Merkmal:** Komplexität (logische)

**Ebene der Bewertung:** Klassen

**Bewertungsansatz:** Je mehr Zustandsübergänge Objekte einer Klasse im Laufe ihres Lebenszyklus durchlaufen können, desto höher ist ihre logische Komplexität.

**Wertebereich:** $\mathbb{N}$

**Referenzwert:** 3

**Toleranz:** 0

**Quelle:** –

**Kommentar:** Die Anzahl der Zustandsübergänge sollte in Beziehung gesetzt werden zur Anzahl der modellierten Zustände.

| **Softwaremaß:** Anzahl der Nachrichtenempfänger |
| --- |

**Erläuterung:** Die Anzahl der Klassen, mit denen eine Klasse (bzw. ihre Objekte) als Sender von Nachrichten in Verbindung steht, ist ein Indikator für die Kopplung der Klasse (Kopplung durch Methodenaufrufe).

Eine Klasse, die oder deren Objekte Nachrichten an viele andere Klassen oder deren Objekte senden können, sind von der Ausführung dieser Methoden abhängig. Große entstehende Abhängigkeiten haben Einfluß auf die Test-, Wart-, Erweiterbarkeit und Wiederverwendbarkeit der Klasse. Dasselbe gilt für den Aufwand, der zu ihrer Entwicklung aufgewendet werden muß Alle aufgerufenen Methoden müssen jeweils korrekt verstanden und verarbeitet werden. Bei Änderungen der Schnittstelle der Methoden sind zudem Seiteneffekte zu befürchten. Daher sollten Klassen, die von vergleichsweise vielen anderen Klassen abhängen, daraufhin überprüft werden, ob die entstehenden Abhängigkeiten reduziert werden können.

**Bewertetes Merkmal:** Kopplung durch Methodenaufrufe

**Ebene der Bewertung:** Klassen

**Bewertungsansatz:** Die Kopplung einer Klasse ist um so höher, je mehr Methodenaufrufe zu Objekten anderer Klassen modelliert wurden.

**Wertebereich:** $\mathbb{N}$

**Referenzwert:** 2 (2)

**Toleranz:** 1 (1)

**Quelle:** –

**Kommentar:** Bei der Ermittlung der Anzahl der Nachrichtenverbindungen wird nicht zwischen Nachrichten zur Erzeugung von Objekten und anderen Nachrichten unterschieden.

---

| **Softwaremaß:** Anzahl Partner von Objektbeziehungen |
| --- |

**Erläuterung:** Objektbeziehungen beschreiben physische oder logische Verknüpfungen zwischen Objekten und bestehen in den meisten Fällen zwischen Objekten verschiedener Klassen. Um eine Klasse vollständig verstehen zu können, müssen auch alle Objektbeziehungen, die von Objekten der Klasse eingegangen werden können, nachvollzogen und verstanden werden. Dies setzt die Kenntnis der Klassen voraus, zu deren Objekten Objektverbindungen bestehen. Die Objektverbindungen leisten damit einen Beitrag zur Komplexität und Kopplung der Objekte einer Klasse.

**Bewertetes Merkmal:** Kopplung durch nicht vererbungsbedingte Beziehungen

**Ebene der Bewertung:** Klassen

**Bewertungsansatz:** Je mehr andere Klassen es gibt, deren Objekte über Objektbeziehungen mit Objekten der betrachteten Klasse verknüpft sind, desto höher ist die Kopplung der betrachteten Klasse durch Objektbeziehungen.

**Wertebereich:** $\mathbb{N}$

**Referenzwert:** 2 (3)

**Toleranz:** 1 (2)

**Quelle:** –

**Kommentar:** Bei der Bestimmung des Maßes wird lediglich die Anzahl der gekoppelten Klassen bestimmt. Wie viele Beziehungen jeweils zu Objekten dieser Klassen bestehen, wird ebenso vernachlässigt wie die Kardinalität der Beziehungen.

---

| **Softwaremaß:** Anzahl Partner von Aggregationen (Teile) |
| --- |

**Erläuterung:** Aggregationsstrukturen beschreiben Enthaltenseinsrelationen zwischen den Objekten von i.a. verschiedenen Klassen. Mit Aggregationsstrukturen können sowohl physische als auch logische oder konzeptionelle Enthaltenseinsrelationen beschrieben werden (siehe hierzu auch Schader und Rundshagen (1996)). Die Anzahl der Klassen, mit deren Objekten die Objekte der betrachteten Klasse als Gesamtheit (Aggregation) in Beziehung stehen, gibt daher an, Objekte wie vieler verschiedener Klassen in einem Objekt der betrachteten Klasse physisch, logisch oder auch konzeptionell enthalten sein können.

Um eine Klasse vollständig verstehen zu können, müssen auch alle Aggregationsstrukturen, an denen Objekte der Klasse beteiligt sein können, verstanden werden. Dies setzt die Kenntnis der Klassen voraus, zu deren Objekten Aggregationsstrukturen bestehen. Die Aggregationsstrukturen leisten so einen Beitrag zur Komplexität und Kopplung der Objekte einer Klasse.

**Bewertetes Merkmal:** Kopplung durch nicht vererbungsbedingte Beziehungen

**Ebene der Bewertung:** Klassen

**Bewertungsansatz:** Je mehr andere Klassen es gibt, deren Objekte über Aggregationsstrukturen als Teile mit Objekten der betrachteten Klasse verknüpft sind, desto höher ist die Kopplung der betrachteten Klasse durch Aggregationsstrukturen, in denen die betrachtete Klasse die Rolle der Gesamtheit einnimmt.

**Wertebereich:** $N$

**Referenzwert:** 2 (2)

**Toleranz:** 1 (1)

**Quelle:** –

**Kommentar:** Bei der Bestimmung des Maßes wird lediglich die Anzahl der gekoppelten Klassen bestimmt. Wie viele Strukturen jeweils zu Objekten dieser Klassen bestehen, wird ebenso vernachlässigt wie die Kardinalität der Beziehungen.

---

| **Softwaremaß:** Anzahl Partner von Aggregationen (Gesamtheiten) |
|---|

**Erläuterung:** Aggregationsstrukturen beschreiben Enthaltenseinsrelationen zwischen den Objekten von i.a. verschiedenen Klassen. Mit Aggregationsstrukturen können sowohl physische als auch logische oder konzeptionelle Enthaltenseinsrelationen beschrieben werden (siehe hierzu auch Schader und Rundshagen (1996)). Die Anzahl der Klassen, mit deren Objekten die Objekte der betrachteten Klasse als Teil in Beziehung stehen, gibt daher an, in wie vielen Objekten anderer Klassen ein Objekt der betrachteten Klasse physisch, logisch oder auch konzeptionell enthalten sein kann.

Um eine Klasse insgesamt zu verstehen, müssen auch alle Aggregationsstrukturen, an denen Objekte der Klasse beteiligt sein können, verstanden werden. Dies setzt die Kenntnis der Klassen voraus, zu deren Objekten Aggregationsstrukturen bestehen. Die Aggregationsstrukturen leisten damit einen Beitrag zur Komplexität und Kopplung der Objekte einer Klasse.

Werden Objekte einer Klasse in mehreren anderen Klassen als Teile verwendet, so sollte die Klasse möglichst vollständig und stabil sein.

**Bewertetes Merkmal:** Kopplung durch nicht vererbungsbedingte Beziehungen

**Ebene der Bewertung:** Klassen

**Bewertungsansatz:** Je mehr andere Klassen es gibt, deren Objekte über Aggregationsstrukturen als Gesamtheiten mit Objekten der betrachteten Klasse verknüpft sind, desto höher ist die Kopplung der betrachteten Klasse durch Aggregationsstrukturen, in denen die betrachtete Klasse die Rolle des Teils einnimmt.

**Wertebereich:** $\mathbb{N}$

**Referenzwert:** 1 (1)

**Toleranz:** 0 (0)

**Quelle:** –

**Kommentar:** Bei der Bestimmung des Maßes wird lediglich die Anzahl der gekoppelten Klassen bestimmt. Wie viele Strukturen jeweils zu Objekten dieser Klassen bestehen, wird ebenso vernachlässigt wie die Kardinalität der Beziehungen.

---

| **Softwaremaß:** Anzahl der Server |
| --- |

**Erläuterung:** Die Anzahl der Klassen, die Server einer Klasse sind, gibt an, wie viele andere Klassen bei deren Entwicklung, Test und Wartung der betrachteten Klasse berücksichtigt werden müssen, denn Veränderungen in jeder der Server-Klassen können Seiteneffekte innerhalb der Klasse hervorrufen. Die Anzahl der Server läßt damit Rückschlüsse auf die Sensibilität der betrachteten Klasse gegenüber Änderungen in anderen Klassen des Systems und damit auch auf deren Wiederverwendbarkeit zu.

Klassen, die oder deren Objekte durch vielfältige nicht vererbungsbedingte Beziehungen miteinander verbunden sind, sind häufig weniger unabhängig von anderen Klassen, eher kontextspezifisch gestaltet und damit weniger leicht wiederverwendbar und sollten daher daraufhin überprüft werden, ob die bestehenden Kopplungen reduziert werden können.

**Bewertetes Merkmal:** Kopplung durch nicht vererbungsbedingte Beziehungen

**Ebene der Bewertung:** Klassen

**Bewertungsansatz:** Von je mehr Server-Klassen eine Klasse abhängt, desto höher ist ihre Kopplung durch nicht vererbungsbedingte Beziehungen.

**Wertebereich:** $\mathbb{N}$

**Referenzwert:** 3 (4)

**Toleranz:** 2 (3)

**Quelle:** Chidamber und Kemerer (1991)

**Kommentar:** Bei der Interpretation der Meßergebnisse ist zu berücksichtigen, daß bei der Ermittlung der Server von der Art der entstehenden Kopplungen abstrahiert wird. D.h. die bestehenden nicht vererbungsbedingten Beziehungen werden in vereinfachender Weise gleich gewichtet. Soll eine Klasse aufgrund einer vergleichsweise hohen Anzahl von Servern einer Überprüfung unterzogen werden, so sollten hierzu die Einzelbewertungen der eingehenden Softwaremaße *Anzahl der Partner von Objektbeziehungen*, S. 180, *Anzahl der Partner von Aggregationsstrukturen (Teile)*, S. 180, und *Anzahl der Partner von Aggregationsstrukturen (Gesamtheiten)*, S. 181, berücksichtigt werden.

---

**Softwaremaß:** Anteil überschriebener Methoden

---

**Erläuterung:** Der Anteil der geerbten Methoden, die in der betrachteten Klasse überschrieben werden, zeigt, wie viele der von der Basisklasse geerbten Methoden an die Belange der abgeleiteten Klasse angepaßt werden müssen.

Wenn sehr viele der Methoden, die eine Klasse erbt, überschrieben werden, so kann dies ein Hinweis darauf sein, daß die abgeleitete Klasse keine echte Spezialisierung ihrer Basisklasse ist. Der Anteil der überschriebenen Methoden sollte jedoch in Bezug gesetzt werden zur insgesamt vorhandenen Anzahl der Methoden, bevor diesem Interpretationsansatz gefolgt wird.

Klassen, bei denen vergleichsweise viele der geerbten Methoden überschrieben werden, sollten daraufhin überprüft werden, ob ihre Ansiedlung innerhalb der Vererbungsstruktur gerechtfertigt ist (besteht keine eindeutige „is a"- Beziehung, so kann der Zusammenhang häufig auch mit Hilfe von Aggregationsstrukturen sinnvoll modelliert werden).

**Bewertetes Merkmal:** Bindung an eine Vererbungsstruktur

**Ebene der Bewertung:** Klassen

**Bewertungsansatz:** Werden viele geerbte Methoden innerhalb einer abgeleiteten Klasse überschrieben, so ist dies ein Hinweis darauf, daß die Bindung der Klasse an die Vererbungsstruktur bzw. an ihre Basisklassen überprüft werden sollte.

**Wertebereich:** $[0, 1]$

**Referenzwert:** 0.5

**Toleranz:** 0.1

**Quelle:** Lorenz und Kidd (1994) (Anzahl überschriebener Methoden)

**Kommentar:**   Diese Überlegungen gelten nicht für sog. Protokollklassen, die das Verhalten in so abstrakter Weise bereitstellen, daß ihre Methoden in den abgeleiteten Klassen überschrieben werden müssen. Protokollklassen bzw. die von ihnen geerbten Methoden sollten von dieser Betrachtung ausgenommen werden. Auch bei mehrfacher Vererbung kann die Interpretation nicht ohne weiteres übernommen werden.

---

**Softwaremaß:** Anzahl der direkten abstrakten Basisklassen

---

**Erläuterung:** Die Anzahl der direkten abstrakten Basisklassen hilft bei der Interpretation der Meßergebnisse des Maßes *Anteil überschriebener Methoden*, S. 182.

Abstrakte Basisklassen werden häufig im Hinblick auf künftige Systemerweiterungen modelliert. Oft handelt es sich um sog. Protokollklassen. Sie verfügen i.a. über Methoden, die in den abgeleiteten Klassen überschrieben werden müssen, wodurch der Anteil überschriebener Methoden in den abgeleiteten Klassen automatisch zunimmt.

**Bewertetes Merkmal:** Komplexität (strukturell, vererbungsbedingt)

**Ebene der Bewertung:** Klassen

**Bewertungsansatz:** Überschreibt eine Klasse viele der von ihrer Basisklasse geerbten Methoden, so ist dies bei Verwendung abstrakter Protokollklassen beabsichtigt. Die Meßergebnisse dienen daher als zusätzliche Information zur Interpretation der Meßergebnisse des Maßes *Anteil überschriebener Methoden*, S. 182.

**Wertebereich:** $\mathbb{N}$

**Referenzwert:** 1

**Toleranz:** 0

**Quelle:** –

**Kommentar:** –

---

**Softwaremaß:** Anteil der eigenen Methoden

**Erläuterung:** Das Verhältnis von „eigenen" Methoden zu insgesamt vorhandenen Methoden einer Klasse gibt an, welcher prozentuale Anteil der Methoden einer Klasse durch Vererbung entsteht.

Hohe Prozentsätze weisen auf eine niedrige Bindung der Vererbungsstruktur hin, da entweder wenige der geerbten Methoden unverändert, d.h. ohne Überschreiben genutzt werden, oder weil die Klasse über sehr viel mehr eigene Methoden verfügt, als sie erbt. Diese Aussage ist allerdings relativ zu der Anzahl der überhaupt vorhandenen Methoden zu interpretieren.

Es ist also zu überlegen, ob in diesem Falle eine Vererbungsstruktur ein angemessenes Modellierungskonstrukt ist. Evtl. könnte es sinnvoll sein, statt dessen Aggregationsstrukturen einzusetzen.

Der geerbte Anteil der Methoden zeigt außerdem, welche Komplexität der Schnittstelle durch Vererbung entsteht und ist daher ein Indikator für die strukturelle Komplexität. Die Informationen über den geerbten Anteil sind nicht innerhalb der Klasse selbst zu suchen, sondern über ihre Basisklassen verteilt.

**Bewertetes Merkmal:** Bindung an eine Vererbungsstruktur; Komplexität (strukturell, vererbungsbedingt)

**Ebene der Bewertung:** Klassen

**Bewertungsansatz:** Je größer der Anteil der eigenen Methoden ist, desto weniger ähnlich ist eine abgeleitete Klasse ihren Basisklassen.

Je geringer der Anteil der eigenen Methoden einer Klasse ist, desto höher ist die vererbungsbedingte Komplexität (genauer: das vererbungsbedingte Volumen).

**Wertebereich:** [0,1]

**Referenzwert:** 0.5

**Toleranz:** 0.25

**Quelle:** Williams (1994)

**Kommentar:** Die Interpretation der Meßwerte zur Ähnlichkeit der Klassen in einer Vererbungsstruktur ist bei Einsatz mehrfacher Vererbung problematisch. Auch bei Einsatz von Protokollklassen ist dieser Interpretationsansatz nicht o.w. gültig.

---

**Softwaremaß:** Anteil der eigenen Elemente

**Erläuterung:** Der Anteil der eigenen Elemente am Gesamtvolumen einer Klasse kann als Indikator für die Ähnlichkeit dienen, die zwischen einer Klasse und ihrer Basisklasse besteht (bei einfacher Vererbung).

Vererbungsstrukturen sollten generell zur Modellierung einer „is a" Relation eingesetzt werden, weshalb prinzipiell eine große Ähnlichkeit der Klassen innerhalb einer Vererbungsstruktur anzustreben ist. Ein großer geerbter Anteil deutet (bei einfacher Vererbung) auf eine große Ähnlichkeit hin.

Dieses sollte jedoch überprüft werden. Besteht keine „is a"-Relation, kann der Zusammenhang i.a. auf andere Weise sinnvoller modelliert werden. Vor Interpretation der Meßwerte sollte jedoch der Bezug zur Anzahl der insgesamt vorhandenen Elemente hergestellt werden.

Der geerbte Anteil einer Klasse zeigt außerdem, welche Komplexität einer Komplexität einer Klasse durch Vererbung entsteht und ist daher ein Indikator für die strukturelle Komplexität. Die Informationen über den geerbten Anteil sind nicht innerhalb der Klasse selbst zu suchen, sondern über ihre Basisklassen verteilt.

**Bewertetes Merkmal:** Bindung an eine Vererbungsstruktur; Komplexität (strukturell, vererbungsbedingt)

**Ebene der Bewertung:** Klassen

**Bewertungsansatz:** Je größer der Eigenanteil einer Klasse ist, desto weniger ähnlich ist sie ihren Basisklassen.

Je geringer der Eigenanteil einer Klasse ist, desto höher ist die vererbungsbedingte Komplexität (genauer: das vererbungsbedingte Volumen).

**Wertebereich:** $[0, 1]$

**Referenzwert:** 0.5

**Toleranz:** 0.3

**Quelle:** Williams (1994) für Methoden

**Kommentar:** Die Interpretation der Meßwerte im Hinblick auf die Ähnlichkeit ist bei Einsatz mehrfacher Vererbung problematisch. Zudem wird nur die Anzahl der Elemente berücksichtigt, von der Art der Elemente wird abstrahiert.

---

| **Softwaremaß:** Anzahl abstrakter Server |
| --- |

**Erläuterung:** Die Anzahl der abstrakten Server-Klassen zeigt, wie viele der Klassen, von denen die betrachtete Klasse bzw. ihre Objekte abhängen, abstrakt sind.

Es ist sehr selten, daß Klassen völlig unabhängig von anderen Klassen des Systems sind. Im allgemeinen gehört zu einer Klasse eine Menge anderer Klassen, mit deren Objekten Objekte der Klasse zusammenarbeiten, von denen die Klasse daher abhängt und ohne die sie nicht o.w. verwendet werden kann.

Dabei sollte es sich um Abhängigkeiten handeln, die im Zeitablauf als stabil betrachtet werden können. Klassengruppen sind um so flexibler, je leichter sie erweitert werden können, ohne daß die bereits existierenden Klassen der Klassengruppe verändert werden müssen. Die Verwendung abstrakter Klassen ist in diesem Sinne besonders empfehlenswert. Die Anzahl der abstrakten Klassen innerhalb einer Klassengruppe ist daher ein Indikator für die Flexibilität bzw. den Abstraktionsgrad einer Klassengruppe (vgl. Martin (1994)).

Ist eine Klasse von vergleichsweise vielen Servern abhängig und sind dabei nur wenige der

Server abstrakt, so ist zu überprüfen, ob die modellierten Abhängigkeiten nicht allgemeiner formuliert und auf diese Weise gegenüber künftigen Änderungen stabilisiert werden können.

**Bewertetes Merkmal:** Abstraktionsgrad

**Ebene der Bewertung:** Klassen

**Bewertungsansatz:** Je größer der Anteil der abstrakten Server an den Servern einer Klasse ist, desto höher ist der Abstraktionsgrad der Klasse in bezug auf die modellierten Beziehungen.

**Wertebereich:** $\mathbb{N}$

**Referenzwert:** 1 (2)

**Toleranz:** 0 (1)

**Quelle:** –

**Kommentar:** Zur Bewertung des Abstraktionsgrads wird bestimmt, welcher Anteil der Server einer Klasse abstrakt ist (Softwaremaß *Anteil abstrakter Server*, S. 186). Das Softwaremaß *Anzahl abstrakter Server* wird nur als eingehende Größe bestimmt. Eine isolierte Anwendung des Maßes ist auch nur bedingt sinnvoll, da die Anzahl der Server generell minimiert werden sollte. Der Versuch, einen im Sinne dieses Maßes hohen Abstraktionsgrad zu erreichen, führt daher zu einem Konflikt.

---

| **Softwaremaß:** Anteil der abstrakten Server |
| --- |

**Erläuterung:** Der Anteil der Server, die für eine Klasse modelliert wurden, und die abstrakt sind, läßt Rückschlüsse darauf zu, wie abstrakt die modellierten Beziehungen gestaltet wurden.

Siehe auch Erläuterungen zum Softwaremaße *Anzahl der abstrakten Server einer Klasse*, S. 185.

**Bewertetes Merkmal:** Abstraktionsgrad

**Ebene der Bewertung:** Klassen

**Bewertungsansatz:** Je größer der Anteil der abstrakten Server an den Servern einer Klasse ist, desto höher ist der Abstraktionsgrad der Klasse in bezug auf die modellierten Beziehungen.

**Wertebereich:** [0,1]

**Referenzwert:** 0.5 (0.4)

**Toleranz:** 0.25 (0.3)

**Quelle:** vergleichbar: Martin (1995) über Klassengruppen

**Kommentar:** Die Server einer Klasse werden hier in vereinfachender Weise alle gleich bewertet, unabhängig davon, in welcher Beziehung sie zu der bewerteten Klasse stehen. Um die Meßergebnisse richtig werden su können, ist stets auch die *Anzahl der Server*, S. 182, zu berücksichtigen.

---

**Softwaremaß:** Abstraktheit

---

**Erläuterung:** Dieses „Maß" gibt an, ob eine Klasse abstrakt ist oder nicht. Abstrakte Klassen erhalten den Meßwert 1, konkrete Klassen den Meßwert 0.

**Bewertetes Merkmal:** Abstraktionsgrad

**Ebene der Bewertung:** Klassen

**Bewertungsansatz:** Der Abstraktionsgrad einer abstrakten Klasse ist höher als der einer konkreten Klasse.

**Wertebereich:** $\{0, 1\}$

**Referenzwert:** 1

**Toleranz:** 0

**Quelle:** –

**Kommentar:** –

---

**Softwaremaß:** Anzahl der Nachrichtensender

---

**Erläuterung:** Die Anzahl der Nachrichtensender zeigt, von wievielen anderen Klassen bzw. deren Objekten die Klasse bzw. ihre Objekte genutzt werden und wieviele andere Klassen von Änderungen der Schnittstelle der betrachteten Klasse bzw. ihrer Methoden betroffen sein können.

Klassen, die von vergleichsweise vielen „Klienten" genutzt werden, sollten hinsichtlich ihres Leistungsumfangs vollständig und stabil sein.

**Bewertetes Merkmal:** Bedeutung (nutzungsbedingt)

**Ebene der Bewertung:** Klassen

**Bewertungsansatz:** Je mehr Klassen bzw. Objekte Methoden der betrachteten Klasse bzw. ihrer Objekte aufrufen, desto größer ist die Bedeutung, die der Klasse bei der Erfüllung der Systemverantwortlichkeiten zukommt.

**Wertebereich:** $\mathbb{N}$

**Referenzwert:** 2 (3)

**Toleranz:** 1 (1)

**Quelle:** –

**Kommentar:** Die Funktionalität der bewerteten Klasse bleibt hier unberücksichtigt. Zudem wird bei der Ermittlung der Meßwerte nicht zwischen Nachrichten zur Erzeugung von Objekten und anderen Nachrichten unterschieden.

---

**Softwaremaß:** Anzahl der direkt abgeleiteten Klassen

---

**Erläuterung:** Die Anzahl der von einer Klasse direkt abgeleiteten Klassen ist ein Indikator dafür, wie sinnvoll die Vererbungsstruktur ist.

Wird von einer Klasse nur eine Klasse abgeleitet, sollte überprüft werden, ob Basisklasse und abgeleitete Klasse sinnvoll zusammengefaßt werden können. Derartige Ableitungen können jedoch z.B. im Hinblick auf künftige Entwicklungen sinnvoll sein.

Von Klassen, die hoch in der Vererbungsstruktur angesiedelt sind, sollten mehr Klassen abgeleitet werden als von Klassen, die tief in der Vererbungsstruktur angesiedelt sind (vgl. Chidamber und Kemerer (1991)). Werden von einer Klasse vergleichsweise viele Klassen direkt abgeleitet, so ist zu überlegen, ob die Struktur durch Einführung einer zusätzlichen Basisklasse in sinnvoller Weise ausgeglichener gestaltet werden kann.

**Bewertetes Merkmal:** Bedeutung (vererbungsbedingt)

**Ebene der Bewertung:** Klassen

**Bewertungsansatz:** Klassen, von denen nur eine einzige Klasse direkt abgeleitet wird, sollten überprüft werden.

**Wertebereich:** $\mathbb{N}$

**Referenzwert:** 3

**Toleranz:** 1

**Quelle:** Abreu und Carapuca (1994)

**Kommentar:** –

---

| **Softwaremaß:** Anzahl der abgeleiteten Klassen |
| --- |

**Erläuterung:** Die Anzahl der direkt und indirekt von einer Klasse abgeleiteten Klassen läßt Rückschlüsse auf die vererbungsbedingte Bedeutung, die die betrachtete Klasse im System hat.

Werden von einer Klasse vergleichsweise viele Klassen abgeleitet, so handelt es sich in der Regel um eine wichtige Abstraktion innerhalb des Problembereichs, die möglichst stabil und hinsichtlich ihres Leistungsumfangs vollständig sein sollte.

Die Anzahl der von einer Klasse abgeleiteten Klassen gibt zudem Aufschluß darüber, wieviele Klassen von Änderungen der Klasse direkt und indirekt beeinflußt werden können. Sie zeigt außerdem, Objekte wie vieler Klassen wie Objekte der Klasse verwendet werden können. Dies kann für Laufzeitbetrachtungen interessant sein, wenn statischer und dynamischer Typ der referenzierten Objekte voneinander abweichen können.

**Bewertetes Merkmal:** Bedeutung (vererbungsbedingt)

**Ebene der Bewertung:** Klassen

**Bewertungsansatz:** Je mehr Klassen von einer Klasse abgeleitet werden, desto höher ist ihre vererbungsbedingte Bedeutung.

**Wertebereich:** $\mathbb{N}$

**Referenzwert:** 4

**Toleranz:** 2

**Quelle:** Buth (1991)

**Kommentar:** –

# C.3   Softwaremaße für Vererbungsstrukturen

---
**Softwaremaß:** Anzahl der Klassen einer Vererbungsstruktur
---

**Erläuterung:** Die Anzahl der Klassen in einer Vererbungsstruktur gibt an, wie viele Klassen untersucht werden müssen, um die Vererbungsstruktur als Ganzes zu verstehen. Je mehr Klassen eine Vererbungsstruktur enthält, desto mehr Aufwand ist für ihre Entwicklung, Veränderung, Wartung und Verwaltung notwendig.

**Bewertetes Merkmal:** Komplexität (Volumen)

**Ebene der Bewertung:** Vererbungsstrukturen

**Bewertungsansatz:** Je mehr Klassen eine Vererbungsstruktur enthält, desto höher ist ihr Volumen.

**Wertebereich:** $\mathbb{N}$

**Referenzwert:** 6

**Toleranz:** 3

**Quelle:** Buth (1991)

**Kommentar:** Bei Anwendung des Maßes wird von Art und Aufgabe der modellierten Klassen abstrahiert. Problematisch ist die Betrachtung des Referenzwerts in bezug auf Klassenbibliotheken. Hier liegen oft Vererbungsstrukturen mit weit mehr Klassen vor.

---
**Softwaremaß:** Tiefe einer Vererbungsstruktur
---

**Erläuterung:** Die Tiefe einer Vererbungsstruktur zeigt, wie viele Ebenen die Vererbungsstruktur umfaßt. Je mehr Ebenen vorhanden sind, desto aufwendiger ist es, die Vererbungsstruktur als Ganzes zu verstehen, zu entwickeln, zu verändern oder zu warten.

**Bewertetes Merkmal:** Komplexität (strukturelle)

**Ebene der Bewertung:** Vererbungsstrukturen

**Bewertungsansatz:** Die Tiefe einer Vererbungsstruktur trägt zu ihrer Komplexität bei. Je tiefer eine Vererbungsstruktur ist, desto höher ist die strukturelle Komplexität.

**Wertebereich:** $\mathbb{N}$

**Referenzwert:** 3

**Toleranz:** 1

**Quelle:** Abreu und Carapuca (1994), IBM (1993)

**Kommentar:** Der voreingestellte Referenzwert entspricht nicht der bekannten $7 \pm 2$-Regel, deckt sich jedoch mit verschiedenen Untersuchungen anderer Autoren (vgl. Bieman (1994)). Die $7 \pm 2$-Regel wurde aus Untersuchungen der Aufnahmefähigkeit des menschlichen Gehirns abgeleitet (vgl. z.B. Miller (1963), Broadbent (1975)), deren Übertragbarkeit auf die Softwareentwicklung und insbesondere auf die Modellierung von Vererbungsstrukturen allerdings bezweifelt werden darf (vgl. auch Coulter (1983))).

Problematisch ist die Anwendung der Regel auf Klassenbibliotheken. Hier liegen in der Regel weit tiefere Vererbungsstrukturen vor.

---

**Softwaremaß:** Breite einer Vererbungsstruktur

---

**Erläuterung:** Die maximale Breite einer Vererbungsstruktur, d.h. die maximale Anzahl von Klassen in einer Ebene der Vererbungsstruktur, zeigt, wie viele strukturell verschiedene Klassen gleicher Tiefe in der Vererbungsstruktur enthalten sind.

Enthält eine Vererbungsstruktur Ebenen mit vergleichsweise vielen Klassen, so kann das ein Zeichen dafür sein, daß die Vererbungsstruktur bei künftig nötigen Erweiterungen leicht „ausufert".

**Bewertetes Merkmal:** Komplexität (strukturelle)

**Ebene der Bewertung:** Vererbungsstrukturen

**Bewertungsansatz:** Die Breite der Ebenen einer Vererbungsstruktur leistet einen Beitrag zur Komplexität der Vererbungsstruktur. Je mehr Klassen maximal auf einer Ebene der Vererbungsstruktur angesiedelt sind, desto größer ist ihre Komplexität.

**Wertebereich:** $I\!N$

**Referenzwert:** 3

**Toleranz:** 1

**Quelle:** –

**Kommentar:** Problematisch ist die Übertragung des Referenzwertes auf die Bewertung von Klassenbibliotheken, da hier i.a. Strukturen größerer Breite vorliegen.

---

**Softwaremaß:** Anzahl der „Blätter" einer Vererbungsstruktur

---

**Erläuterung:** Die Anzahl der Blätter einer Vererbungsstruktur gibt an, wieviele strukturell verschiedene Klassen in der Vererbungsstruktur enthalten sind. Dies zeigt, wie viele unterschiedliche Klassen korrekt verstanden und verarbeitet werden müssen, um die Vererbungsstruktur als Ganzes verstehen zu können.

**Bewertetes Merkmal:** Komplexität (strukturelle)

**Ebene der Bewertung:** Vererbungsstrukturen

**Bewertungsansatz:** Je mehr Blätter eine Vererbungsstruktur hat, desto höher ist ihre strukturelle Komplexität.

**Wertebereich:** $I\!N$

**Referenzwert:** 5

**Toleranz:** 2

**Quelle:** Buth (1991)

**Kommentar:** Problematisch ist die Übertragung des Referenzwertes auf die Bewertung von Klassenbibliotheken, da hier i.a. eine höhere Anzahl an Blättern vorliegt.

---

**Softwaremaß:** Anzahl der Klassen mit mehr als einer Basisklasse

---

**Erläuterung:** Die Anzahl der Klassen einer Vererbungsstruktur mit mehr als einer Basisklasse zeigt, wie häufig innerhalb der Vererbungsstruktur die Mehrfachvererbung eingesetzt wurde. Mehrfachvererbung sollte wegen der sich daraus möglicherweise ergebenden Komplikationen (Namenskonflikte, aufwendigeres Nachvollziehen und Verstehen der Verrebungsstruktur) nur sehr bewußt eingesetzt werden. Einige Autoren raten vom Gebrauch der Mehrfachvererbung sogar gänzlich ab.

**Bewertetes Merkmal:** Komplexität (strukturelle)

**Ebene der Bewertung:** Vererbungsstrukturen

**Bewertungsansatz:** Enthält eine Vererbungsstruktur Klassen, die von mehr als einer Basisklasse abgeleitet sind, so wird die strukturelle Komplexität der Vererbungsstruktur als hoch eingestuft.

**Wertebereich:** $N$

**Referenzwert:** 0

**Toleranz:** 0

**Quelle:** –

**Kommentar:** Das Maß unterscheidet nicht zwischen Vererbungsstrukturen, die mehrere mehrfach abgeleitete Klassen enthalten und solchen, die nur eine mehrfach abgeleitete Klasse beinhalten.

---

**Softwaremaß:** Anteil der überschriebenen Methoden einer Vererbungsstruktur

**Erläuterung:** Die Anzahl der verschiedenen Methoden, die für die durch eine Vererbungsstruktur verbundenen Klassen modelliert wurden, im Verhältnis zur Anzahl der innerhalb einer Vererbungsstruktur überschriebenen Methoden läßt Rückschlüsse auf die Polymorphie der Vererbungsstruktur zu.

Die Vererbung hat wegen des Polymorphismus und des späten Bindens einen Einfluß auf die logische Komplexität einer Vererbungsstruktur (vgl. z.B. Budd (1991) zum Jojo-Effekt). Denn der Polymorphismus kann das Nachvollziehen der Abläufe im System sehr erschweren, wenn er nicht bewußt eingesetzt wird. Vererbungsstrukturen, in denen Methoden überschrieben werden, teilweise sogar überschrieben werden müssen, sollten entsprechend gut dokumentiert sein.

**Bewertetes Merkmal:** Komplexität (logische)

**Ebene der Bewertung:** Vererbungsstrukturen

**Bewertungsansatz:** Je höher der Anteil der überschriebenen Methoden einer Vererbungsstruktur ist, desto leichter ist es möglich, daß beim Nachvollziehen der Systemabläufe Probleme auftreten. Daher wird die logische Komplexität um so höher bewertet.

**Wertebereich:** $[0, 1]$

**Referenzwert:** 0.35

**Toleranz:** 0.15

**Quelle:** –

**Kommentar:** Die Meßwerte sollten in Beziehung gesetzt werden zur Anzahl der insgesamt vorhandenen Methoden.

# C.4   Softwaremaße für Abläufe

**Softwaremaß:** Anzahl der beteiligten Objekte

**Erläuterung:** Die Anzahl der Objekte, die an einem Ablauf beteiligt, d.h. im zugehörigen Ereignisfolgediagramm dargestellt sind, läßt Rückschlüsse darauf zu, wie verteilt die Verarbeitungen realisiert sind. Abläufe, an denen vergleichsweise viele verschiedene Objekte beteiligt sind, sollten daraufhin überprüft werden, ob hier nicht eine Möglichkeit zur Ausgliederung wiederverwendbarer Teilabläufe übersehen wurde.

**Bewertetes Merkmal:** Komplexität (Volumen)

**Ebene der Bewertung:** Abläufe (Ereignisfolgediagramme)

**Bewertungsansatz:** Je mehr Objekte an einem Ablauf beteiligt sind, desto höher ist das Volumen des Ablaufs.

**Wertebereich:** $\mathbb{N}$

**Referenzwert:** 7

**Toleranz:** 2

**Quelle:** –

**Kommentar:** Die Anzahl der in einem Ereignisfolgediagramm modellierten Objekte sagt nichts darüber aus, wie viele Objekte zur Laufzeit tatsächlich vorhanden sind, und wie viele Objekte dementsprechend zur Laufzeit tatsächlich in der im Ereignisfolgediagramm dargestellten Form miteinander kommunizieren.

**Softwaremaß:** Anzahl der modellierten Ereignisse (Methodenaufrufe)

**Erläuterung:** Die Anzahl der Ereignisse gibt an, wie viele Kommunikationsbeziehungen zwischen den beteiligten Objekten entstehen, um die durch das Ereignisfolgediagramm repräsentierten Systemabläufe darzustellen.

**Bewertetes Merkmal:** Komplexität (Volumen)

**Ebene der Bewertung:** Abläufe (Ereignisfolgediagramme)

**Bewertungsansatz:** Je mehr Ereignisse in einem Ereignisfolgediagramm verknüpft werden, desto höher ist das Volumen des dargestellten Ablaufs.

**Wertebereich:** $\mathbb{N}$

**Referenzwert:** 11

**Toleranz:** 3

**Quelle:** –

**Kommentar:** –

**Softwaremaß:** Anzahl der beteiligten Klassen

**Erläuterung:** Die Anzahl der Klassen, von denen jeweils mindestens ein Objekt im betrachteten Ereignisfolgediagramm dargestellt wurde, gibt an, wie viele Klassen verstanden werden müssen, um den dargestellten Ablauf nachvollziehen zu können.

**Bewertetes Merkmal:** Komplexität (strukturelle)

**Ebene der Bewertung:** Abläufe (Ereignisfolgediagramme)

**Bewertungsansatz:** Je größer die Anzahl der Klassen ist, deren Objekte am bewerteten Ablauf beteiligt sind, desto höher ist die Komplexität des Ablaufs einzustufen (strukturelle Komplexität).

**Wertebereich:** $\mathbb{N}$

**Referenzwert:** 5

**Toleranz:** 2

**Quelle:** –

**Kommentar:** Ereignisfolgediagramme beschreiben mögliche Objektinteraktionen, vermitteln jedoch nicht alle Informationen, die Ablaufpläne bei der herkömmlichen Softwareentwicklung bereitstellen. Durch Vererbung, Polymorphismus und spätes Binden ist eine herkömmliche Betrachtungsweise von Abläufen bei der objektorientierten Softwareentwicklung nur noch bedingt sinnvoll. Daher hat die Bewertung der strukturellen Komplexität anhand von Ereignisfolgediagrammen nicht die gleiche Aussagekraft wie die Bewertung der strukturellen Komplexität mit Hilfe der Programmablaufpläne bei der herkömmlichen Softwareentwicklung.

# C.5  Softwaremaße für Subjekte

| |
|---|
| **Softwaremaß:** Anzahl der Klassen eines Subjekts |

**Erläuterung:** Die Anzahl der Klassen eines Subjekts gibt an, wie viele Klassen bei der Entwicklung, bei Test, Wartung und Wiederverwendung des betrachteten Subjekts berücksichtigt werden müssen.

Subjekte, die vergleichsweise viele Klassen beinhalten, sollen daraufhin überprüft werden, ob sie sinnvoll in verschiedene Subjekte aufgespalten werden können. Denn eine hohe Anzahl Klassen in einem Subjekt kann darauf hindeuten, daß das Subjekt keine konzeptionelle Einheit bildet.

Subjekte, die nur sehr wenige Klassen enthalten, können auf eine zu detaillierte Strukturierung hinweisen. Ggf. können sie sinnvoll in andere Subjekte integriert werden.

**Bewertetes Merkmal:** Komplexität (Volumen)

**Ebene der Bewertung:** Subjekte

**Bewertungsansatz:** Das Volumen eines Subjekts ist um so höher, je mehr Klassen es beinhaltet.

**Wertebereich:** $\mathbb{N}$

**Referenzwert:** 13

**Toleranz:** 4

**Quelle:** Vgl. Buth (1991) über das Gesamtsystem

**Kommentar:** Klassen von Subjekten, die im betrachteten Subjekt enthalten sind, werden mitgezählt. Bei der Bewertung des Volumens werden alle Merkmale der enthaltenen Klassen vernachlässigt.

---

**Softwaremaß:** Anzahl der in einem Subjekt enthaltenen Subjekte

**Erläuterung:** Die Anzahl der in einem Subjekt enthaltenen weiteren Subjekte gibt an, in wie viele konzeptionell eigenständige Teilbereiche das Subjekt aufgeteilt werden kann.

Subjekte, die mehrere andere Subjekte enthalten, sind deshalb in der Regel komplex. Hier kann eine problembedingte Komplexität die Ursache sein. Evtl. liegt jedoch eine ungeschickte Gliederung des Problembereichs in Subjekte vor.

**Bewertetes Merkmal:** Komplexität (strukturelle)

**Ebene der Bewertung:** Subjekte

**Bewertungsansatz:** Die strukturelle Komplexität eines Subjekts ist um so höher, je mehr weitere Subjekte es enthält.

**Wertebereich:** $\mathbb{N}$

**Referenzwert:** 2

**Toleranz:** 1

**Quelle:** –

**Kommentar:** Bei der Anwendung dieses Maßes werden alle Merkmale der enthaltenen Subjekte vernachlässigt.

---

**Softwaremaß:** Anzahl der nachrichtenempfangenden Subjekte

**Erläuterung:** Die Anzahl der Subjekte, die Klassen enthalten, mit denen Objekte des betrachteten Subjekts kommunizieren, ist ein Indikator für die Kopplung eines Subjekts (Kopplung durch Methodenaufrufe). Ein Subjekt ist von allen Subjekten abhängig, deren Objekte Nachrichten aus dem Subjekt empfangen. Diese Abhängigkeiten sind bei Entwicklung, Test und Wartung des Subjekts zu berücksichtigen und beeinflussen zusätzlich die Wiederverwendbarkeit des Subjekts.

Subjekte, die von mehreren anderen Subjekten abhängen, sollten daraufhin überprüft werden, wie diese Abhängigkeiten reduziert werden können.

**Bewertetes Merkmal:** Kopplung durch Methodenaufrufe

**Ebene der Bewertung:** Subjekte

**Bewertungsansatz:** Die Kopplung eines Subjekts ist um so höher, mit je mehr anderen Subjekten bzw. den darin enthaltenen Klassen / Objekten es kommuniziert.

**Wertebereich:** $\mathbb{N}$

**Referenzwert:** 2

**Toleranz:** 1

**Quelle:** –

**Kommentar:** –

---

**Softwaremaß:** Anzahl der Nachrichtenempfänger in anderen Subjekten

**Erläuterung:** Die Anzahl der Klassen anderer Subjekte, mit denen Objekte des betrachteten Subjekts kommunizieren, ist ein Indikator für die Kopplung eines Subjekts (Kopplung durch Methodenaufrufe).

Ist die Kopplung durch Methodenaufrufe an ein anderes Subjekt notwendig, so sollten zu so wenigen Klassen wie möglich Beziehungen bestehen. Evtl. kann die Kommunikation über eine Schnittstellenklasse erfolgen, wie sie im Entwurfsmuster „Facade" bei Gamma *et al.* (1995) beschrieben wird.

**Bewertetes Merkmal:** Kopplung durch Methodenaufrufe

**Ebene der Bewertung:** Subjekte

**Bewertungsansatz:** Die Kopplung eines Subjekts ist um so höher, mit je mehr Klassen bzw. deren Objekten anderer Subjekte die Objekte eines Subjekts kommunizieren.

**Wertebereich:** $N$

**Referenzwert:** 2

**Toleranz:** 1

**Quelle:** –

**Kommentar:** Vgl. auch Softwaremaß *Anzahl der nachrichtenempfangenden Subjekte*, S. 194.

---

**Softwaremaß:** Anzahl der Server-Subjekte

**Erläuterung:** Die Anzahl der Subjekte, die Klassen enthalten, die mit Objekten der Klassen des betrachteten Subjekts über nicht vererbungsbedingte Beziehungen verknüpft sind, ist ein Indikator für die Kopplung eines Subjekts (Kopplung durch nicht vererbungsbedingte Beziehungen).

Ein Subjekt ist von allen Subjekten abhängig, deren Objekte durch nicht vererbungsbedingte Beziehungen an Objekte des betrachteten Subjekts gekoppelt sind. Diese Abhängigkeiten sind bei Entwicklung, Test und Wartung des Subjekts zu berücksichtigen und beeinflussen zusätzlich die Wiederverwendbarkeit des Subjekts.

Subjekte, die von mehreren anderen Subjekten abhängen, sollten daraufhin überprüft werden, wie diese Abhängigkeiten reduziert werden können.

**Bewertetes Merkmal:** Kopplung durch nicht vererbungsbedingte Beziehungen

**Ebene der Bewertung:** Subjekte

**Bewertungsansatz:** Die Kopplung eines Subjekts ist um so höher, zu je mehr anderen Subjekten bzw. den darin enthaltenen Klassen / Objekten nicht vererbungsbedingte Beziehungen bestehen.

**Wertebereich:** $N$

**Referenzwert:** 2

**Toleranz:** 1

**Quelle:** –

**Kommentar:** Bei der Bewertung mit dem Softwaremaß wird von der Art und der Bedeutung der modellierten Beziehungen abstrahiert.

---

**Softwaremaß:** Anzahl der Server-Klassen in anderen Subjekten

**Erläuterung:** Die Anzahl der Klassen anderer Subjekte, mit denen Objekte des betrachteten Subjekts über nicht vererbungsbedingte Beziehungen verknüpft sind, ist ein Indikator für die Kopplung eines Subjekts (Kopplung durch nicht vererbungsbedingte Beziehungen).

Ist die Kopplung durch nicht vererbungsbedingte Beziehungen an ein anderes Subjekt notwendig (vgl. Erläuterung zu Softwaremaß *Anzahl der Server-Subjekte*, S. 195), so sollten zu so wenigen Klassen wie möglich Beziehungen bestehen. Evtl. kann die Kommunikation über eine Schnittstellenklasse erfolgen, wie sie im Entwurfsmuster „Facade" bei Gamma *et al.* (1995) beschrieben wird.

**Bewertetes Merkmal:** Kopplung (durch nicht vererbungsbedingte Beziehungen)

**Ebene der Bewertung:** Subjekte

**Bewertungsansatz:** Die Kopplung eines Subjekts ist um so höher, zu je mehr Klassen bzw. Objekten anderer Subjekte nicht vererbungsbedingte Beziehungen bestehen.

**Wertebereich:** $N$

**Referenzwert:** 2

**Toleranz:** 1

**Quelle:** –

**Kommentar:** Bei der Bewertung mit dem Softwaremaß wird von der Art und der Bedeutung der modellierten Beziehungen abstrahiert.

---

**Softwaremaß:** Anzahl der Klientensubjekte

**Erläuterung:** Jedes Subjekt sollte einen sinnvollen, eigenständigen Teilbereich des Problembereichs repräsentieren. Außerdem sollte es zur Erfüllung der Systemverantwortlichkeiten beitragen.

Die Anzahl der Klientensubjekte eines Subjekts zeigt, aus wie vielen konzeptionell verschiedenen Teilbereichen heraus das Subjekt genutzt wird. Je mehr Klientensubjekte ein Subjekt hat, desto stabiler sollte es im Hinblick auf künftige Veränderungen des Problembereichs sein.

**Bewertetes Merkmal:** Bedeutung (nutzungsbedingt)

**Ebene der Bewertung:** Subjekte

**Bewertungsansatz:** Je mehr Klienten ein Subjekt hat, desto größer ist seine nutzungsbedingte Bedeutung.

**Wertebereich:** $N$

**Referenzwert:** 2

**Toleranz:** 1

**Quelle:** –

**Kommentar:** Problematisch ist die Bewertung mit Hilfe dieses Maßes, wenn es sich um Schnittstellensubjekte handelt, die aus keinem der anderen modellierten Subjekte aufgerufen werden.

---

**Softwaremaß:** Anzahl der Klientenklassen in anderen Subjekten

**Erläuterung:** Jedes Subjekt sollte einen sinnvollen, eigenständigen Teilbereich des Problembereichs repräsentieren. Außerdem sollte es zur Erfüllung der Systemverantwortlichkeiten beitragen. Die Anzahl der Klienten eines Subjekts zeigt, von wieviele andere Subjekte Dienste des betrachteten Subjekts nutzen und ist damit ein Indikator für die Bedeutung des Subjekts.

**Bewertetes Merkmal:** Bedeutung (nutzungsbedingt)

**Ebene der Bewertung:** Subjekte

**Bewertungsansatz:** Je mehr Klienten ein Subjekt hat, desto größer ist seine nutzungsbedingte Bedeutung im System.

**Wertebereich:** $N$

**Referenzwert:** 2

**Toleranz:** 1

**Quelle:** –

**Kommentar:** Problematisch ist die Bewertung mit Hilfe dieses Maßes, wenn es sich um Schnittstellensubjekte handelt, die aus keinem der anderen modellierten Subjekte aufgerufen werden.

---

**Softwaremaß:** Anzahl der Klassen in Vererbungsstrukturen

**Erläuterung:** Der Einsatz von Vererbungsstrukturen dient der Flexibilisierung von Systemen im Hinblick auf künftige Systemerweiterungen sowie der Vermeidung von Redundanzen und stellt eines der zentralen Konzepte der objektorientierten Softwareentwicklung dar.

Subjekte, die wenige oder keine Vererbungsstrukturen enthalten, sollten daraufhin überprüft werden, ob Möglichkeiten zum Einsatz von Vererbungsstrukturen übersehen wurden. Dabei ist die Modellierung von Vererbungsstrukturen nur dann empfehlenswert, wenn eine inhaltliche „is a"-Beziehung zwischen der abgeleiteten Klasse und ihrer Basisklasse besteht.

**Bewertetes Merkmal:** Zweckmäßigkeit

**Ebene der Bewertung:** Subjekte

**Bewertungsansatz:** Der Einsatz von Vererbungsstrukturen ist sinnvoll. Bei Subjekten, die keine oder nur sehr wenige Klassen in Vererbungsstrukturen enthalten, wurde die Modellierung von Vererbungsstrukturen u.U. versäumt.

**Wertebereich:** $N$

**Referenzwert:** 6

**Toleranz:** 3

**Quelle:** Williams (1994) (ähnlich)

**Kommentar:** Die Anzahl der Klassen eines Systems, die in Vererbungsstrukturen eingesetzt werden, sollte ins Verhältnis zur Anzahl der im Subjekt enthaltenen Klassen gesetzt werden. Vgl. Softwaremaß *Anteil der Klassen in Vererbungsstrukturen*, S. 198.

---

**Softwaremaß:** Anteil der Klassen in Vererbungsstrukturen

**Erläuterung:** Der Einsatz dieses Maßes dient der Relativierung der Ergebnisse des Softwaremaßes *Anzahl Klassen in Vererbungsstrukturen*, S. 197.

**Bewertetes Merkmal:** Zweckmäßigkeit

**Ebene der Bewertung:** Subjekte

**Bewertungsansatz:** Der Einsatz von Vererbungsstrukturen ist sinnvoll. Bei Subjekten, die keine oder nur sehr wenige Klassen in Vererbungsstrukturen besitzen, wurde die Modellierung von Vererbungsstrukturen u.U. versäumt.

**Wertebereich:** [0,1]

**Referenzwert:** 0.60

**Toleranz:** 0.20

**Quelle:** Williams (1994) (ähnlich)

**Kommentar:** –

---

**Softwaremaß:** Anzahl der abstrakten Klassen eines Subjekts

**Erläuterung:** Abstrakte Klassen werden mit Blick auf die Wiederverwendung entworfen. Daher ist die Anzahl der in einem Subjekt enthaltenen abstrakten Klassen ein Indikator dafür, welche Rolle die Wiederverwendbarkeit beim Systementwurf spielte.

Abstrakte Klassen sollen für verschiedene Anwendungsfälle verwendbar und hinsichtlich ihres Leistungsumfangs vollständig und stabil sein.

Werden nur wenige abstrakte Klassen modelliert, so kann dies ein Indikator dafür sein, daß der Wiederverwendungsgedanke beim Entwurf stärker berücksichtigt werden sollte. Werden vergleichsweise viele abstrakte Klassen modelliert, kann sich das auf den Aufwand zur Durchführung des Entwicklungsprojekts auswirken, da mit der Schaffung allgemeiner, wiederverwendbarer Klassen i.a. ein gewisser Mehraufwand verbunden ist.

**Bewertetes Merkmal:** Abstraktionsgrad

**Ebene der Bewertung:** Subjekte

**Bewertungsansatz:** Der Abstraktionsgrad eines Subjekts ist um so höher, je mehr abstrakte Klassen ein Subjekt enthält.

**Wertebereich:** $N$

**Referenzwert:** 2

**Toleranz:** 1

**Quelle:** Buth (1991), Lorenz und Kidd (1994)

**Kommentar:** Die Anzahl der abstrakten Klassen eines Subjekts sollte ins Verhältnis zur Anzahl der im Subjekt enthaltenen Klassen gesetzt werden. Vgl. Softwaremaß *Anteil der abstrakten Klassen eines Subjekts*, S. 199.

---

**Softwaremaß:** Anteil der abstrakten Klassen

**Erläuterung:** Der Einsatz dieses Maßes dient der Relativierung der Ergebnisse des Softwaremaßes *Anzahl der abstrakten Klassen*, S. 198.

**Bewertetes Merkmal:** Abstraktionsgrad

**Ebene der Bewertung:** Subjekte

**Bewertungsansatz:** Der Abstraktionsgrad eines Subjekts ist um so höher, je mehr abstrakte Klassen ein Subjekt enthält.

**Wertebereich:** [0,1]

**Referenzwert:** 0.25

**Toleranz:** 0.1

**Quelle:** Buth (1991), Lorenz und Kidd (1994)

**Kommentar:** –

# Literaturverzeichnis


Abreu, F. und R. Carapuca (1994). *Candidate metrics for object-orientied software within a taxonomy framework.* Journal of Systems and Software (26), 87–96.

Albrecht, A. und J.E. Gaffney (1983). *Software function, source lines of code, and development effort prediction: A software science validation.* IEEE Transactions on Software Engineering 9(6), 639–648.

Balzert, H. (1993). *CASE - Systeme und Werkzeuge.* 5. Aufl., BI Wissenschaftsverlag.

Balzert, H. (1995). *Methoden der objektorientierten Systemanalyse.* BI Wissenschaftsverlag.

Basili, V. (1980). *Product Metrics.* In: Tutorial on models and metrics for software management and engineering, Los Alamitos. IEEE.

Basili, V. und Jr.R.W. Reiter (1979). *Evaluating automatable measures of software development.* In: Proceedings Workshop on quantitative Software models. S. 107–116.

Baumann, K. und M. Schader (1996). *Der objektorientierte Softwareentwicklungsprozeß: Analyse, Bewertung und Verbesserung.* Diskussionspapier 5-96. Universität Mannheim.

Beier, T. (1996). *Unterstützung des Projektmanagements objektorientierter Entwicklungsprojekte mit Hilfe von Softwaremetriken und CASE-Tools.* Diplomarbeit. Universität Mannheim.

Berard, E. (1993). *Essays on object-oriented software-engineering.* 1. Aufl., Prentice Hall. Englewood Cliffs, New Jersey.

Beyer, O., H. Hackl, V. Pieper und J. Tiedge (1980). *Wahrscheinlichkeitsrechnung und mathematische Statistik.* 2. Aufl., Verlag Harri Deutsch. Thun und Frankfurt am Main.

Bhandari, I., M. Halliday, E. Tarver, D. Brown, J. Chaar und R. Chillarege (1993). *A case study of software process improvement during development.* IEEE Transactions on Software Engineering 19(12), 1157–1170.

Bieman, J. (1994). *Evaluating inheritance use through measurement.* In: S. Bilow (Hrsg.). Proceedings OOPSLA'94. http://www.tek.com/Network-Displays/-Library/met.html.

Boehm, B., J.R. Brown, H. Kaspar, M. Lipow, G.J. MacLeod und M.J. Merrit (1978). *Characteristics of software quality.* In: TRW Series of Software Technology. 1. Aufl., North Holland, Amsterdam.

Booch, G. (1991). *Object-oriented analysis and design with applications.* 1. Aufl., Bejamin/Cummings Publishing Company, Inc.

Booch, G. (1994). *Qualitätsmaße.* ObjektSpektrum (4), 53–56.

Booch, G. (1994b). *Object-oriented analysis and design with applications.* 2. Aufl., Benjamin/Cummings Publishing Company, Inc.

Booch, G. (1996). *Object solutions – Managing the object-oriented project.* Addison-Wesley.

Bouldin, B. (1989). *What are you measuring? Why are you measuring it?.* Software Magazine, August, 30–39.

Broadbent, D. (1975). *The magical number seven after fifteen years.* In: A. Kennedy (Hrsg.). Studies in long term memory. Wiley. Kapitel 13, 3–18.

Browne, J. und M. Shaw (1981). *Towards a scientific basis for software-evaluation.* In: A. Perlis (Hrsg.). Software Metrics: an analysis and evaluation. The Massachusetts Institute of Technology. Cambridge Massachusetts. 19–42.

Budd, T. (1991). *An introduction to object-oriented programming.* Addison-Wesley.

Bundesregierung (1996). *Das Mietrecht.* Presse und Informationsamt.

Bunse, C., B. Krüger und A. Portz (1994). *Übersicht und Bewertung kommerziell verfügbarer SQS-Werkzeuge.* Technical Report STTI-94-04-D. Software-Technologie-Transfer-Initiative Kaiserslautern. Universität Kaiserslautern.

Buth, A. (1991). *Softwaremetriken für objektorientierte Programmiersprachen.* Arbeitspapier 545. GMD.

Card, D. und R.L. Glass (1990). *Measuring software design quality.* Prentice Hall.

Chen, E. (1978). *Program complexity and programmer productivity.* IEEE Transactions on Software Engineering 4(3), 187–194.

Chen, J. und J.F. Lu (1993). *A new metric for object-oriented design.* Information and software technology 35(4), 232–240.

Chidamber, S. und C.F. Kemerer (1991). *Towards a metrics suite for object oriented design.* In: Sigplan Notices. Vol. 26. Conference Proceedings OOPSLA'91. 197–211.

Chidamber, S. und C.F. Kemerer (1994). *A metrics suite for object-orientied design.* IEEE Transactions on Software Engineering 20(6), 476–493.

Churcher, N. und M.J. Shepperd (1995). *Comments on a metrics suite for object-oriented design.* IEEE Transactions on Software Engineering 21(3), 263–265.

Coad, P., D. North und M. Mayfield (1995). *Object models: strategies, patterns & Applications.* Prentice Hall. Englewood Cliffs, New Jersey.

Coad, P. und E. Yourdon (1991). *Object-oriented analysis.* 2. Aufl., Yourdon Press. Englewood Cliffs, New Jersey.

Coad, P. und E. Yourdon (1991b). *Object-oriented design.* 1. Aufl., Yourdon Press. Englewood Cliffs, New Yersey.

Conte, S., H.E. Dunsmore und V.Y. Shen (1986). *Software engineering metrics and models.* The Benjamin/Cummings Publishing Company Inc.

Convent, B. (1994). *Software-Wiederverwendung.* Universität Mannheim. Skript zur Vorlesung.

Coulter, N. (1983). *Software science and cognitive psychology.* IEEE Transactions on software engineering 9(2), 166–171.

Curtis, B. (1979). *In search of software complexity.* In: Workshop on quantitative software models for reliability. 96–106.

Daly, J., A. Brooks, J. Miller, M Roper und M. Wood (1995). *The effect of inheritance on the maintainability of object-oriented software: an empirical study.* In: Proceedings of the International Conference on Software Maintenance ICSM'95, OPIO (Nice).

Darscht, P. (1994). *Assessing objects along the development process.* In: S. Bilow (Hrsg.). Proceedings OOPSLA'94. http://www.tek.com/Network-Displays/-Library/met.html.

DeMarco, T. (1979). *Structured analysis and system specification.* 2. Aufl., Yourdon Press.

Denert, E. (1991). *Software-Engineering.* Springer-Verlag.

Dennis, R. (1988). *Reusable Ada software guidelines.* In: W. Tracz (Hrsg.). Software reuse: Emerging technology. Computer Society Press. 257–264.

Duden (1990). *Fremdwörterbuch.* Dudenverlag.

Dumke, R. (1992). *Software-Entwicklung nach Maß.* 1. Aufl., Vieweg Verlagsgesellschaft. Braunschweig/Wiesbaden.

Dumke, R., E. Foltin, R. Koeppe und A. Winkler (1996). *Softwarequalität durch Meßtools*. Friedrich Vieweg & Sohn Verlagsgesellschaft. Braunschweig / Wiesbaden.

Dumke, R. und H. Zuse (1994). *Software-Metriken in der objektorientierten Softwareentwicklung*. In: F. Lehner (Hrsg.). Die Wartung von wissensbasierten Systemen. Haensel-Hohenhausen.

Ejiogu, L. (1991). *Software engineering with formal metrics*. McGraw Hill.

Elshoff, J. (1976). *An analysis of some commercial PL/1 programs*. IEEE Transactions on Software Engineering (2), 113–120.

Embley, D. und S.N. Woodfield (1987). *Cohesion and coupling for abstract data types*. In: Proceedings of the 6th Phoenix Conference on Computers and Communications. IEEE. Phoenix, Arizona. 229–234.

Emerson, T. (1984). *A discriminant metric for module cohesion*. In: Proceedings of the 7th International Conference on Software Engineering. 294–303.

Erni, K. (1996). *Anwendung multipler Metriken bei der Entwicklung objektorientierter Frameworks*. In: H. Zuse und R. Dumke (Hrsg.). 5. Workshop der GI-Arbeitsgruppe Softwaremetriken. Forschungsbericht des Fachbereichs Informatik Nr. 1995-25. Technische Universität Berlin.

Erni, K. und C. Leverentz (1995). *Applying design-metrics to object-oriented frameworks*. Beitrag zum Metrics Symposium 1996, Berlin.

Fellger, T. (1996). *Strukturierung und Klassifikation von Erfahrungswissen mit hypertextbasierter Realisierung*. Diplomarbeit. Universität Mannheim.

Fenton, N. (1993). *Software metrics, a rigorous approach*. 1. Aufl., Chapman & Hall. London.

Fenton, N. und A. Melton (1990). *Deriving structurally based software measures*. Journal of Systems and Software (12), 177–187.

Fenton, N. und R.W. Whitty (1986). *Axiomatic approach to software metrication through program decomposition*. The Computer Journal 29(4), 330 – 339.

Ferstl, O. und E.J. Sinz (1990). *Objektmodellierung betrieblicher Informationssysteme im semantischen Objektmodell (SOM)*. Wirtschaftsinformatik 32(6), 566–581.

Fetcke, T. (1995). *Software-Metriken in der objektorientierten Programmierung*. Studie 229. GMD.

Gamma, E., R. Helm, Johnson R. und J. Vlissides (1995). *Design patterns: Elements of reusable object-oriented software*. Addison-Wesley.

Glass, G. und B. Schuchert (1995). *The STL <Primer>*. Prentice Hall. New Jersey.

Goodman, P. (1993). *Practical implementation of software metrics*. McGraw Hill 1992.

Grady, R. (1990). *Work-Product analysis: The philosopher's stone of software?*. IEEE Software, März, 26–34.

Graham, I. (1994). *Migrating to object technologie*. Addison-Wesley. Wokingham, England.

Günther, H., H.D. Rombach und G. Ruhe (1996). *Kontinuierliche Qualitäts-verbesserung in der Software-Entwicklung - Erfahrungen bei der Allianz Lebensversicherungs-AG*. Wirtschaftsinformatik 38(2), 160–171.

Gustafson, D. und B. Prasad (1991). *Properties of software measures*. In: T. Denvir, R. Herman und R. Whitty (Hrsg.). Formal aspects of measurement. Springer Verlag. 179–193.

Halstead, M. (1977). *Elements of Software Science*. Elsevier North Holland. New York.

Harrison, W., K. Magel, R. Kluczny und A. DeKock (1982). *Applying software complexity metrics to program maintenance*. IEEE Computer (9), 29–33.

Hausen, H., M. Müllerburg und M. Schmidt (1987). *Über das Prüfen, Messen und Bewerten von Software*. Informatik-Spektrum (10), 123–144.

Henderson-Sellers, B. (1991). *A book of object-oriented knowledge*. 1. Aufl., Prentice Hall.

Henderson-Sellers, B. (1991b). *Some metrics for object-oriented software-engineering*. In: J. Potter (Hrsg.). Technology of object-oriented languages and systems. TOOLS 6th conference, New York. 131–139.

Henderson-Sellers, B. (1993). *The economics of reusing library classes*. Journal of Object-Oriented Programming, Juli/August, 43–50.

Henderson-Sellers, B. (1995). *OO Metrics Programme*. Object Magazine 5(6), 72–95.

Henderson-Sellers, B. und L. Constantine (1991b). *Object-oriented development and functional decomposition*. Journal of object-oriented programming 3(8), 11–16.

Henry, S. und D. Kafura (1981). *Software structure metrics based on information flow*. IEEE Transactions on Software Engineering 7(5), 510–518.

Henry, S. und M. Humphrey (1993). *Object-oriented vs. procedural programming languages: effectiveness in program maintenance*. Journal of object-oriented Programming, Juni, 41–49.

Hetzel, B. (1993). *Making software measurement work - building an effektive measurement program.* QED Publishing Group. Boston.

Hitz, M. (1996). *Measuring reuse attributes in object-oriented systems.* In: OOIS'95 Proceedings, Dublin City University, Dezember 1995. Springer-Verlag.

Hitz, M. und B. Montazeri (1995). *Measuring coupling and cohesion in object-oriented systems.* Technical Report 950201. Institut für Angewandte Informatik und Informationssysteme, Universität Wien.

Hitz, M. und B. Montazeri (1995b). *Measuring product attributes of object-oriented systems.* In: W. Schäfer und P. Botella (Hrsg.). Proceedings of the 5th European Software Engineering Conference (ESEC 95), Barcelona, Spain, September 25-28 1995. Springer Verlag.

Hövel, E. (1996). *Implementation eines flexiblen Bewertungsalgorithmus für MAOOAM-Analysemodelle.* Studienarbeit. Universität Mannheim.

IBM (1993). *Object oriented metrics (version 1.0).* Object oriented technology center.

IEEE (1983). *Standard glossary of software engineering terminology.* Standard 723-1983.

Jacobson, I., M. Christerson, P. Jonsson und G. Övergaard (1992). *Object-oriented software engineering.* Addison-Wesley.

Kain, J. (1994). *Measuring the ROI of reuse.* Object Magazine, Juni, 49–54.

Kearney, J., R.L. Sedlmeyer, W.B. Thompson, M.A. Gray und M.A. Adler (1986). *Software complexity measurement.* Communications of the ACM 29(11), 1044–1050.

Kitchenham, B., L.M. Pickard und S.J. Linkman (1990). *An evaluation of some design metrics.* Software Engineering Journal (1), 50–58.

Kitchenham, B. und S.J. Linkman (1990). *Design metrics in practice.* Information and Software Technology 32(4), 304 –310.

Kolewe, R. (1993b). *Position paper for OOPSLA 1993 metrics workshop.* In: S. Bilow (Hrsg.). *Proceedings OOPSLA '93.* http://www.tek.com/Network-Displays/Library/met.html.

Küffmann, K. (1994). *Software-Wiederverwendung.* Vieweg Verlag.

Kuhlmann, K. (1994). *Ein Katalog objektorientierter Qualitätsmaße.* Diskussionspapier 2-94. Universität Mannheim.

Kuhlmann, K. (1995). *Kopplung, Bindung und Komplexität.* Diskussionspapier 3-95. Universität Mannheim.

Kuhlmann, K. (1996a). *Ein Katalog objektorientierter Produktmaße.* Diskussions-papier 1-96. Universität Mannheim.

Kuhlmann, K. (1996b). *Komplexität, Kopplung und Bindung bei der objektorientierten Softwareentwicklung.* In: H. Zuse und R. Dumke (Hrsg.). *5. Workshop der GI-Arbeitsgruppe Softwaremetriken.* Forschungsbereicht des Fachbereichs Informatik Nr. 1995-25. Technische Universität Berlin. 28–36.

Laranjeira, L. (1990). *Software size estimation of object-oriented systems.* IEEE Transactions on Software Engineering 16(5), 510–522.

Lehner, F. (1994). *Software-Dokumentation und Messung der Dokumentationsqualität.* 1. Aufl., Carl Hanser Verlag.

Leverentz, C. (1993). *Objektorientierte Software-Entwicklung (Einführung und Vergleich verschiedener Analysemethoden).* Publikation 5. Forschungszentrum Informatik. Karlsruhe.

Lewis, J., S. Henry, D. Kafura und R.S. Schulman (1991). *An empirical study of the object-oriented paradigm and software reuse.* In: ACM (Hrsg.). OOPSLA'91 Conference Proceedings. 184–196.

Li, W., S. Henry, D. Kafura und R. Schulman (1995). *Measuring object-orientied design.* Journal of object-orientied Programming, Juli/August, 48–55.

Li, W. und S. Henry (1993). *Maintenance metrics for the object-oriented paradigm.* In: Proceedings of the first International Software Metrics Symposium, Baltimore-HD. IEEE Comp. Soc. Press. 52–60.

Lieberherr, K., I. Holland und A. Riel (1988). *Object-oriented programming: An objective sense of style.* In: OOPSLA'88 Proceedings. ACM Press. 323–334.

Lieberherr, K. und I.M. Holland (1989). *Assuring good style for object-oriented programs.* IEEE Software, September, 38–48.

Liggesmeyer, P. (1993). *Wissensbasierte Quaitätsassistenz zur Konstruktion von Prüfstrategien für Software-Komponenten.* BI Wissenschaftsverlag.

Lindermeier, R. und F. Siebert (1995). *Softwareprüfung und Qualitätssicherung.* 2. Aufl., Oldenbourg Verlag.

Lohse, J. und S.H. Zweben (1984). *Experimental evaluation of software design principles: An investigation into the effect of module coupling on system modifiability.* Journal of Systems and Software (4), 301–308.

Lorenz, M. und J. Kidd (1994). *Object-oriented software metrics.* 1. Aufl., Prentice Hall. New Jersey.

Love, T. (1991). *Timeless design of information systems.* Object Magazine, November/Dezember, 42-48.

Mancl, D. und W. Havanas (1990). *A study of the impact of C++ on software maintenance.* IEEE Conference on Software maintenance, Los Alamitos, Calif., Proceedings, 63–69.

Martin, R. (1994). *OO design quality metrics - An analysis of dependencies.* In: S. Bilow (Hrsg.). *Proceedings OOPSLA '94.* http://www.tek.com/Network-Displays/Library/met.html.

Martin, R. (1995). *Designing object-orientied C++ applications using the booch method.* Prentice Hall. Englewood Cliffs, New Jersey.

McCabe, T. (1976). *A complexity measure.* IEEE Transactions on Software Engineering (4), 308–319.

McCabe, T. und A.H. Watson (1994). *Combining comprehension and testing in object-oriented development.* Object Magazine, März/April, 63–66.

McGregor, J. (1995). *Managing metrics in an iterative environment.* Object Magazine 5(6), 62–71.

Miller, G. (1963). *The magical number seven, plus or minus two: Some limits on our capacity for processing information.* Psychological Review, März, 81–97.

Möller, K. und D.J. Paulish (1993). *Software-Metriken in der Praxis.* 1. Aufl., Oldenbourg Verlag. München.

Moreau, D. und W.D. Dominick (1989). *Object-oriented graphical information systems: Research plan and evaluation metrics.* Journal of Systems and Software (10), 23–28.

Morris, K. (1989). *Metrics for object-oriented software development environments.* Master's thesis. MIT Sloan School of Management.

Morschel, I. (1994). *Applying object-oriented metrics to enhance software quality.* In: R. Dumke und H. Zuse (Hrsg.). Theorie und Praxis der Softwaremessung. 1. Aufl., Deutscher Universitätsverlag. Wiesbaden. 97–110.

Morschel, I. (1995). *Ein integriertes wissensbasiertes Tutorsystem für die Ausbildung in objektorientierter Programmierung.* Dissertation. Institut für Informatik der Universität Stuttgart.

Morschel, I. und G. Getto (1996). *Zielorientierte Software-Qualitätsverbesserung.* Objekt Spektrum (2), 30–38.

Munson, J. und T.M. Khosgoftaar (1992). *Measuring dynamic program complexity.* IEEE Software, November, 48–55.

Musser, D. und A. Saini (1996). *STL Tutorial and reference guide.* Addison-Wesley. Reading, Mass.

Myers, G. (1978). *Composite/structured design*. Van Nostrand Reinhold Company. New York.

Offutt, A., M.J. Harrold und P. Kolte (1993). *A software metric for module coupling*. Journal of Systems and Software (20), 295–308.

OMG (1995). *Business objects*. First class, Sonderheft.

OMG (1995b). *CORBA: Common facilities architecture*. Object Management Group. Revision 4.0.

OMG (1996). *CORBAservices: Common object services specification*. Object Management Group, updated revisited edition.

Patel, S., W. Chu und R. Baxter (1992). *A measure for composite module cohesion*. ACM Press (4), 38–48.

Pfanzagl, J. (1964). *Allgemeine Methodenlehre der Statistik I*. Band 746/746a In: Sammlung Göschen. DeGruyter.

Pfanzagl, J. (1971). *Theory of measurement*. 2. Aufl., Physica-Verlag.

Prather, R. (1984). *An axiomatic theory of software complexity measure*. The Computer Journal 27(4), 340–347.

Rains, E. (1991). *Function points in an Ada object-orientied design?*. ACM Press OOPS Messenger (4), 23–25.

Rajaraman, C. und M.R. Lyu (1992). *A study of coupling in C++ programs*. In: Technology of Object-Oriented Languages and Systems (TOOLS8), Proceedings. Prentice Hall International. 225–234.

Ramamorphy, C., W.-T. Tsai, T. Yamura und A. Bhide (1985). *Metrics guided methodology*. COMPSAC 85, 111–120.

Riel, A. (1994). *Heuristics for object-oriented analysis and design*. In: Software Devcon '94, Tagungsbeitrag. SIGS Conferences, Inc.

Rising, L. und F.W. Calliss (1994). *An information-hiding metric*. Journal of Systems and Software (26), 211–220.

Rombach, H. (1981). *Modelle und Metriken für Software-Systeme - Eine Literaturübersicht*. Softwaretechnik-Trends, August 1981. 3-40.

Rombach, H. (1984). *Quantitative Bewertung von Software-Qualitätsmerkmalen auf der Basis struktureller Kenngrößen*. Dissertation. Universität Kaiserslautern.

Rombach, H. (1990). *Design measurement: Some lessons learned*. IEEE Software, März, 17–25.

Rombach, H. (1991). *Practical benefits of goal-oriented measurement.* In: Software Reliability and Metrics, Kapitel 14. Elsevier Science Publishers. 217–235.

Rombach, H. (1993). *Software-Qualität und -qualitätsssicherung.* Informatik-Spektrum (16), 267 –272.

Rombach, H. und V.R. Basili (1987). *Quantitative Software-Qualitätssicherung.* Informatik-Spektrum (10), 145–158.

Rombach, H. und V.R. Basili (1987b). *Quantitative assessment of maintenance.* In: Proceedings of the Conference on Software Maintenance, Austin Texas. IEEE Comp. Soc. Press. 134–144.

Rumbaugh, J. (1994). *Modeling models and viewing views: A look at the model view controller framework.* Journal of object-oriented programming, Mai, 14–21.

Rumbaugh, J., M. Blaha, W. Premerlani, F. Eddy und W. Lorensen (1991). *Object-oriented modeling and design.* 1. Aufl., Prentice Hall. Englewood Cliffs, New Jersey.

Rundshagen, M. (1995). *Computergestützte Konsistenzsicherung in der objektorientierten Systemanalyse.* Physika Verlag.

Sakkinen, M. (1989). *Comments on the law of Demeter.* Sigplan notices 23(12), 38–44.

Schach, S. (1996). *The cohesion and coupling of objects.* Journal of object oriented programming (1), 48–50.

Schader, M., A. Korthaus, S. Kuhlins, K. Kuhlmann, S. Marx und C. Tapper (1995). *Objektorientiertes Design.* Skript zur Vorlesung im WS95/96.

Schader, M. und M. Rundshagen (1996). *Objektorientierte Systemanalyse.* 2. Aufl., Springer-Verlag.

Schader, M. und S. Kuhlins (1995). *Programmieren in C++.* 3. Aufl., Springer Verlag.

Schmidt, H., C. Ballarin und F. Indolfo (1995). *Konstruktion eines Geschäftsprozeß-Baukastens zur Steuerung von Fertigungszellen.* ObjektSpektrum (5), 42–49.

Schmidthals, A. (1993). *Verstehen von Softwarewartung auf der Basis quanititativer Kennzahlen.* Diplomarbeit. Universität Kaisierslautern.

Seibt, D. (1987). *Die Function-Point-Methode: Vorgehensweise, Einsatzbedingungen und Anwendungserfahrungen.* Angewandte Informatik (11), 3–11.

Selby, R. und V.R. Basili (1991). *Analyzing error-prone system structure.* IEEE Transactions on Software Engineering 17(2), 141–152.

Sharble, R. und S.S. Cohen (1993). *The object-oriented brewery: A comparison of two object-oriented development methods.* Software engineering notes 18(2), 60–73.

Shepperd, M. (1988). *An evaluation of software product metrics.* Information and Software Technology (3), 177–188.

Shepperd, M. (1990). *Design metrics: An empirical analysis.* Software Engineering Journal, Januar, 3–10.

Shepperd, M. und D. Ince (1993). *Derivation and validation of software metrics.* 1. Aufl., Oxford University Press.

Shlaer, S. und S.J. Mellor (1991). *Object-oriented systems analysis, Modeling the world in data.* 1. Aufl., Prentice Hall Inc.. Englewood Cliffs, New Jersey.

Sneed, H. und G. Rothhardt (1996). *Software-Messung.* Wirtschaftsinformatik 38(2), 172–180.

Stein, W. (1994). *Objektorientierte Analysemethoden – Vergleich, Bewertung, Auswahl.* BI Wissenschaftsverlag. Mannheim.

Steyer, R. und M. Eid (1993). *Messen und Testen.* Springer Verlag.

Stiebellehner, J., G. Kappl und H. Schauer (1994). *Kopplungs- und Konzentrationszahlen für objektorientierte Software.* In: R. Dumke und Zuse (Hrsg.). Theorie und Praxis der Softwaremessung. 1. Aufl., Deutscher Universitätsverlag. Wiesbaden. 111–135.

Sullivan, J. (1975). *Measuring the complexity of computer software.* Mitre corporation. P.O. Box 208, Bedford, MA 01730.

Taylor, D. (1993). *Software metrics for object technology.* Object Magazine, März/April, 22–28.

Tegarden, D., S.D. Sheetz und D.E. Monarchi (1992). *Effectiveness of traditional software metrics for object-oriented systems.* In: 25th Hawaii International Conference on System Sciences (HICSS-92), Proceedings. IEEE. 359–368.

Thaller, G. (1993). *Qualitätsoptimierung der Software-Entwicklung.* Vieweg. Braunschweig / Wiesbaden.

Troy, D. und S.H. Zweben (1981). *Measuring the quality of structured designs.* Journal of Systems and Software (2), 113–120.

Verband der Lebensversicherungs-Unternehmen e.V. (1994). *Konzept zur objektorientierten Darstellung von Lebensversicherungs-Systemen.* Ergebnisbericht 27. Ausschuß für Betriebstechnik.

Verner, J. und D.R. Jeffrey (1992). *Software metrics for the management of case-based development.* In: R. Clarke und J. Cameron (Hrsg.). IFIP TC 9 Conference on Managing Information Technology's Organisational Impact II. North Holland, London. 241–253.

Wallmüller, E. (1995). *Ganzheitliches Qualitätsmanagement in der Informationsverarbeitung.* Carl Hanser Verlag. München.

Wallmüller, E. (1996). *Qualitätsmanagement in der Informationsverarbeitung - Bewußte Gestaltung von Prozessen und deren Umgebung.* Wirtschaftsinformatik 38(2), 137–146.

Weinand, A. (1992). *Objektorientierte Architektur für graphische Benutzeroberflächen.* Springer-Verlag.

Weyuker, E. (1988). *Evaluating software complexity measures.* IEEE Transactions on Software Engineering 14(9), 1357–1365.

Whitmire, S. (1993). *Applying Function Points to Object-Oriented Software.* In: J. Keyes (Hrsg.). Software Engineering Productivity Handbook. Windcrest/McGraw Hill, Kapitel 13.

Wild, F. (1991). *Managing class coupling.* UNIX Review 9(10), 45–47.

Wilde, N. und R. Huitt (1992). *Maintenance support for object-oriented programs.* IEEE Transactions on Software Engineering 18(12), 1038–1044.

Williams, J. (1994). *Metrics for object oriented projects.* In: Software Devcon'94, Conference Proceedings. SIGS Conferences, Inc. 245–250 und Tagungsbeitrag.

Winkens, D. (1997). *Realisierung einer Benutzeroberfläche für das Werkzeug ME-MOS.* Diplomarbeit. Universität Mannheim.

Woodward, M. (1993). *Difficulties using cohesion and coupling as quality indicators.* Software quality journal (2), 109–127.

Yourdon, E. (1993). *Die westliche Programmierkunst am Scheideweg.* Carl Hanser Verlag. München, Wien.

Yourdon, E. (1994). *Object-oriented systems design: An integrated approach.* Prentice Hall.

Yourdon, E. und L. Constantine (1979). *Structured Design.* 1. Aufl., Yourdon Press. Englewood Cliffs, New Jersey.

Zuse, H. (1991). *Software Complexity: Measures and Methods.* 1. Aufl., De Gruyter.

Zuse, H. (1994). *Foundations of the validation of object-oriented software measures.* In: R. Dumke und H. Zuse (Hrsg.). Theorie und Praxis der Softwaremessung. 1. Aufl., Deutscher Universitätsverlag. Wiesbaden. 136–213.

Zuse, H. und K. Drabe (1996). *Zuse/Drabe-measure information system*. In: H. Zuse und R. Dumke (Hrsg.). 5. Workshop der GI-Arbeitsgruppe Softwaremetriken. Forschungsbereicht des Fachbereichs Informatik Nr. 1995-25. Technische Universität Berlin.

# Index